D1721249

Kerstin Wagner und Isabell Wahba

Personalpolitik in schwierigen Zeiten

REDLINE WIRTSCHAFT

Kerstin Wagner und Isabell Wahba

Personalpolitik in schwierigen Zeiten

Neue Wege mit dem Siemens-beE-Modell

REDLINE WIRTSCHAFT

Kerstin Wagner / Isabell Wahba
Personalpolitik in schwierigen Zeiten
Neue Wege mit dem Siemens-beE-Modell
Frankfurt: Redline Wirtschaft, 2005
ISBN 3-636-03037-X

Projektleiter: Gerald Odoj, Siemens AG
Lektorat: Lektoratsbüro Dr. Braun, Jena

Umschlag: Init, Büro für Gestaltung, Bielefeld
Satz: Redline GmbH, M. Zech
Druck: Himmer, Augsburg
Bindearbeiten: Thomas, Augsburg
Printed in Germany

Dieses Buch widmen wir
Constantin Vico
und
Michael.

Inhaltsverzeichnis

Geleitwort

von Dr. Jürgen Radomski
Personalvorstand der Siemens AG

Die Wettbewerbsfähigkeit eines Unternehmens wird heute mehr denn je dadurch bestimmt, wie rasch und gut es gelingt, Geschäftsstrategien, Produkte, Leistungen und Wertschöpfungsstrukturen immer wieder auf sich verändernde Rahmenbedingungen anzupassen. Dabei sind Produkt-, Regional- und Personalstrategie eng miteinander verbunden. Nur wer innovative Produkte und Dienstleistungen anbietet, kann zusätzliche Nachfrage generieren, nur wer als Erster auf den Markt kommt, kann seine hohen Entwicklungskosten amortisieren und nur wer wettbewerbsfähige Preise aufweist, kann seine Waren und Dienstleistungen absetzen. Permanente Innovationen, das Erschließen neuer Kunden und Märkte, aber auch die Nutzung regionaler Standortvorteile sowie eine aktive Portfoliopolitik sind dafür grundlegende Voraussetzungen, eine kontinuierliche Personalanpassung ist die logische Konsequenz.

Dies erfordert ein leistungsfähiges, flexibles Personalmanagement, das insbesondere bei einem unumgänglichen Personalabbau Verantwortungsbewusstsein und Kreativität beweist, wenn es darum geht, Mitarbeitern, deren Arbeitsplatz wegfällt, Alternativen aufzuzeigen. So eignen sich beispielsweise Modelle wie Time Out, Sabbatical, Teilzeit oder Kurzarbeit in Fällen, in denen der Personalabbau konjunkturell bedingt und daher zeitlich befristet ist. Fällt der Arbeitsplatz an einem Standort komplett weg, haben sich Transfergesellschaften bewährt. Sie unterstützen die betroffenen Mitarbeiter dabei, intern oder extern einen Ersatzarbeitsplatz zu finden. Dies ist übrigens ganz im Eigeninteresse des Unternehmens, denn nur wer beim Personalabbau offen und fair mit seinen Mitarbeitern umgeht, ist auch in Zeiten des Personalaufbaus als Arbeitgeber attraktiv. Betriebsbedingte Kündigungen müssen immer die ‚ultima ratio' sein, das gebietet die soziale Verantwortung den Mitarbeitern gegenüber.

Vorwort

von Dr. Matthias Bellmann
Personalvorstand der Karstadt Quelle AG
(ehemals Leiter Referat Personal ICN weltweit)

Dass es einmal ein Buch geben würde, in dem meine Mitarbeiterinnen ihre Erfahrungen mit der Gründung und der Umsetzung einer betriebsorganisatorisch eigenständigen Einheit (beE) beschreiben würden, hätte ich mir Ende 2002 nicht träumen lassen. Damals sahen wir uns gemeinsam dem Zwang einer raschen und einschneidenden Personalreduzierung in einem schwierigen Umfeld gegenüber, um die existenzielle Krise eines ganzen Unternehmensbereichs zu meistern und um eine Vielzahl von Arbeitsplätzen wieder sicherer zu machen.

Von einer Vermittlung von 80 % der vom Arbeitsplatzabbau betroffenen Mitarbeiterinnen und Mitarbeiter in neue Aufgaben mit Hilfe der beE habe ich damals allerdings sehr wohl geträumt. Dass dies Wirklichkeit wurde, ist dem konzeptionellen Geschick, dem Managementtalent und dem großen Engagement des ganzen Teams zu verdanken, aber auch der Bereitschaft der Kandidaten, sich der unterstützten Jobsuche in einem schwachen Arbeitsmarkt zu stellen, und ihrem zum Teil zweijährigen Durchhaltevermögen.

Aus meiner Sicht hat das in diesem Buch vorgestellte Modell allerdings Bedeutung über den konkreten Fall hinaus. Denn es wird zunehmend deutlicher, dass sich Unternehmen und Unternehmensteile, wollen sie überleben, in immer kürzeren Zyklen drastischen Anpassungs- und Veränderungsnotwendigkeiten unterziehen müssen. Der Job, der ein Berufleben lang sicher ist, gehört längst der Vergangenheit an. Und selbst die Erwartung, die eigene berufliche Funktion habe zumindest einige Jahre Bestand, wird trügerisch.

Schneller Wandel und Wechsel um der Wettbewerbsfähigkeit willen sind die künftigen Konstanten vor allem in Wirtschaftsorganisationen. Und das fordert den Mitarbeitern und dem Management rasche Veränderungen ab. Dabei stoßen die etablierten betrieblichen Methoden zur Anpassung von Personalkapazitäten, aber auch die arbeitsmarkt- und sozialpolitischen Instrumente zunehmend an Grenzen, da ihre Wirkungen zu unpräzis, der Aufwand zu hoch und die Akzeptanz zu gering sind.

Es ist aber auch eine Frage der Kultur, ob sich Unternehmen tätige Solidarität denen gegenüber zu leisten bereit sind, die gänzlich unverschuldet ihren Arbeitsplatz verlieren. Die besten internen Kräfte für die Jobvermittlung verfügbar zu machen und bis weit in die Konsolidierungsphase einer Restrukturierung vorzuhalten, wie in dem hier beschriebenen Beispiel, ist sicherlich keine Selbstverständlichkeit. Zumal es erst galt zu erlernen und zu organisieren, was schließlich als beE ein allgemein beachteter und geachteter Erfolg wurde.

Gute Organisationen werden sich einer derartigen Herausforderung in Zukunft stellen. Denn verantwortliche Personalführung ist eben nicht nur das gekonnte Recruiting neuer Mitarbeiter oder deren persönliche Entwicklung. Sie schließt – bei allen unvermeidbaren Schmerzen für die Betroffenen – auch die professionelle Hilfestellung bei der Vermittlung in neue Tätigkeiten ein. Das ist bekanntlich ein weites Feld, und eine betriebsorganisatorisch eigenständige Einheit ist nur einer der möglichen Ansätze. Aber sie kann – und dazu ermutigt dieses Buch – eine ausgesprochen erfolgreiche und nutzbringende Lösung für alle Beteiligten darstellen.

Danksagung

Die in diesem Buch beschriebene Arbeit der Transfergesellschaft beE ICN bei Siemens konnte nur durch die engagierte Zusammenarbeit vieler Menschen innerhalb und außerhalb der Siemens AG gelingen. Sie alle haben dazu beigetragen, dass die Tätigkeit der beE ICN von Erfolg gekrönt war und wir unsere positiven Erfahrungen in diesem Buch weitergeben können. Wir wollen ihnen daher an dieser Stelle unseren aufrichtigen Dank aussprechen.

An erster Stelle sei genannt Herr Dr. Matthias Bellmann (ehemals Leiter Referat Personal ICN weltweit, jetzt Personalvorstand der Karstadt Quelle AG). Er rief das Projekt der ersten Transfergesellschaft der Siemens AG zusammen mit der Arbeitnehmervertretung ins Leben, übertrug uns die verantwortungsvolle Aufgabe der Leitung und Umsetzung und begleitete unsere Arbeit stets mit großer Unterstützung. Dank schulden wir auch Herrn Rainer Bartsch (ehemals Personalleiter von Siemens ICN Deutschland, jetzt Personalleiter von Siemens COM Deutschland) und Herrn Bernhard Grunow (Leiter von Siemens Personnel Services), die uns den Freiraum gaben, unsere Ideen in die Tat umzusetzen.

Unser besonders herzlicher Dank gilt dem gesamten Team der beE ICN: unserem kaufmännischen Leitungskollegen Winfried Kles sowie Uwe Hagenberg, Brenda Hecktheuer, Gabriele Hofmann, Steffen Peschgens, Petra Schönknecht, Veronika Setzer, Matthias Will und Sibylle Würthner. Sie alle waren mit großem Engagement und unerschöpflicher Motivation maßgeblich am Konzept und der Realisierung der beE ICN beteiligt. Bei der Erstellung dieses Buches unterstützten uns zudem Iris Duchetsmann, Regine Fuchs, Holger Grußendorf und Andreas Rey und Angela Schulz.

Ein Dank für die erfolgreiche Kooperation gilt allen externen Partnerfirmen, Beratern und Trainern, sowie Herrn Wolfgang Kohnle für die professionelle Steuerung der Qualifizierungsmaßnahmen.

Für die stets konstruktive Zusammenarbeit danken wir außerdem Peter Baer und Anna Wagner vom Fachservice bei Siemens COM, dem Beirat der beE ICN (Herrn Rainer Bartsch, Frau Michaela Bürger, Herrn Olaf Horsthemke, Herrn Reiner Otto, Herrn Michael Leppek, Herrn Gerd Petzold), den Kollegen von Siemens Corporate Personnel, der Agentur für Arbeit München, allen voran Herrn Fuchs und Herrn Will, ebenfalls Herrn RA Leonhard Bayer (Stellvertretender Geschäftsführer des Verbands der Bayerischen Metall- und Elektro-Industrie e.V., Region München-Oberbayern) sowie Frau Verena Groh, Herrn Egon Kroiß und Herrn Wolfgang Kropf.

Herrn Gerald Odoj, Leiter Group Communication von Siemens COM, danken wir dafür, dass er unsere Idee zu diesem Buch mit Offenheit aufnahm und wertvolle Hinweise beisteuerte. Herrn Torsten Engelhardt von DAS AMT danken wir für die erfolgreiche Zusammenarbeit. Frau Dr. Dagmar Braun vom Lektoratsbüro Dr. Braun stand uns vom Konzept über die Texterstellung bis zum fertigen Manuskript stets mit Rat und Tat zur Seite. Ihr danken wir für ihre Ideen und ihren Einsatz.

Unser Dank gehört auch und vor allem unseren Männern Christian und Christian, die mit Geduld und Verständnis unsere Arbeit begleiteten und auf viele gemeinsame Stunden verzichteten.

München, im Dezember 2004

Kerstin Wagner und Isabell Wahba

Glossar und Abkürzungsverzeichnis

AFG = Arbeitsförderungsgesetz

Arbeitgeberzuschuss = Betrag, um den der Arbeitgeber das >Transferkurzarbeitergeld auf die Höhe des >garantierten Nettoentgelts aufstockt.

ArEV = Arbeitsentgeltverordnung

BAG = Bundesarbeitsgericht

beE = betriebsorganisatorisch eigenständige Einheit

Bemessungsentgelt (= Soll-Entgelt) = monatliches Bruttoarbeitsentgelt, das der Arbeitnehmer ohne den Arbeitsausfall erzielt hätte. Für die Berechnung des KuG (vergleiche >pauschaliertes Nettoentgelt) wird das Bemessungsentgelt nur bis zu einer Bemessungshöchstgrenze berücksichtigt.

Betriebsänderung, § 111 BetrVG = als Betriebsänderung im Sinne des Betriebsverfassungsgesetzes gelten:

- Einschränkung oder Stilllegung des ganzen Betriebs oder von wesentlichen Betriebsteilen
- Verlegung des ganzen Betriebs oder von wesentlichen Betriebsteilen
- Zusammenschluss mit anderen Betrieben oder die Spaltung von Betrieben
- Grundlegende Änderungen der Betriebsorganisation, des Betriebszwecks oder der Betriebsanlagen
- Einführung grundlegend neuer Arbeitsmethoden und Fertigungsverfahren

Betriebsvereinbarung = Vertrag zwischen Arbeitgeber und Betriebsrat im Rahmen des Mitwirkungs- und Mitbestimmungsrechts des Betriebsrats. Die festgelegten Bedingungen für die Arbeitsverhältnisse haben Normcharakter und gelten unmittelbar. Für die Regelung bestimmter Fragen besteht ein Mitbestimmungsrecht des Betriebsrats, besonders in sozialen Angelegenheiten.

BetrVG = Betriebsverfassungsgesetz

BITKOM = Bundesverband Informationswirtschaft, Telekommunikation und neue Medien e. V.

BQG = Beschäftigungs- und Qualifizierungsgesellschaft

ESF = Europäischer Sozialfond

garantiertes Nettoentgelt = monatliche Nettoentgelt, das den Arbeitnehmern in einer beE für die gesamte Laufzeit garantiert wird.

ICN = Information and Communication Networks; bis 30.09.2004 Netzwerksparte der Siemens AG, seit 01.10.2004 Zusammenschluss mit der Mobilfunksparte zur Telekommunikationssparte „Communications" (Com)

IHK = Industrie- und Handelskammer

Interessenausgleich, § 112 BetrVG = durch Verhandlung erreichtes Abkommen zwischen Arbeitgeber und Betriebsrat (bei mindestens 20 wahlberechtigten Arbeitnehmern) über zukünftige Betriebsänderungen wie Einschränkungen, Zusammen- oder Stilllegung von Teilen oder des gesamten Betriebes gemäß Betriebverfassungsgesetz; wird schriftlich niedergelegt. Im Interessenausgleich werden Ablauf und Umfang der Änderungen sowie Ausgleichsmaßnahmen für die betroffenen Arbeitnehmer geregelt.

Ist-Entgelt = Bestandteil des bei Kurzarbeit gezahlten Entgelts an einen Arbeitnehmer. Das Ist-Entgelt ist dasjenige Entgelt, das der Arbeitgeber dem Arbeitnehmer für während der Kurzarbeit anfallende Urlaubs-, Feier- und Krankheitstage zahlt. Für diese Tage besteht kein Anspruch auf Kurzarbeitergeld, da an diesen Tagen kein Arbeitsausfall entsteht. > Kurzlohn

KSchG = Kündigungsschutzgesetz

Kurzarbeitergeld, KuG, § 169 ff. SGB III = Kurzarbeitergeld wird Arbeitnehmern bei vorübergehendem Arbeitsausfall gezahlt, wenn dadurch die Arbeitsplätze erhalten werden können. So sollen Arbeitslosigkeit und die damit verbundenen Zahlungen von Arbeitslosengeld vermieden werden. Neben der Unterstützung der Arbeitnehmer will die Bundesagentur für Arbeit zugleich auch den Betrieben helfen, die sonst nach der Entlassung eingearbeiteter Arbeitskräfte, bei einer Besserung der wirtschaftlichen Lage, neue Fachkräfte suchen und einstellen müssten.

Kurzlohn = > Ist-Entgelt

pauschaliertes Nettoentgelt = Das pauschalierte Nettoentgelt errechnet sich aus dem bisherigen monatlichen Bruttoentgelt abzüglich der Steuern (je nach Steuerklasse und Kinderfreibeträgen, jedoch ohne individuelle Freibeträge) sowie abzüglich der Sozialversicherungsbeiträge (mit einem durchschnittlichen (= *pauschalierten*) Krankenversicherungsbeitrag, nicht dem tatsächlichen individuellen Krankenversicherungsbeitrag). Das pauschalierte Nettoentgelt bildet die Berechnungsgrundlage für die Entgeltersatzleistungen.

SGB = Sozialgesetzbuch

Sozialauswahl, § 1 KSchG = Bei Entlassungen aus betriebsbedingten Gründen ist der Arbeitgeber zu einer Auswahl nach sozialen Gesichtspunkten verpflichtet. Berücksichtigt werden dabei das

Alter, die Dauer der Beschäftigung sowie bei schwerbehinderten Mitarbeitern der Grad der Behinderung (§ 1 Abs. 3 KSchG).

Sozialplan, § 112 BetrVG = eine schriftliche Vereinbarung zwischen Betriebsrat und Arbeitgeber über den Ausgleich oder die Milderung der wirtschaftlichen Nachteile zu verstehen, die dem Arbeitnehmer infolge von geplanten Betriebsänderungen entstehen. Ein Sozialplan hat die Wirkung einer Betriebsvereinbarung.

Transferkurzarbeitergeld, Transfer-KuG, § 216 b SGB III = = Transferkurzarbeitergeld wird Arbeitnehmern bei drohenden Entlassungen im Rahmen einer betriebsinternen Änderung im Sinne des Betriebsverfassungsgesetzes gewährt um Arbeitslosigkeit möglichst zu vermieden.

TzBfG = Teilzeitbefristungsgesetz

Einleitung

Immer wieder geraten Unternehmen in schwierige wirtschaftliche Situationen, sei es durch Konjunkturflauten, sei es durch unternehmerische Fehlentscheidungen. In solchen Krisen sehen sich Firmen häufig zu Entlassungen gezwungen – keine leichte Entscheidung angesichts hoher Arbeitslosenzahlen und einer schwierigen Arbeitsmarktsituation. Denn welcher Manager entlässt seine Mitarbeiter gerne in eine ungewisse Zukunft? So suchen Arbeitgeber und Arbeitnehmervertreter gerade heute nach Alternativen zu betriebsbedingten Kündigungen, also nach neuen Wegen des sozialverträglichen Personalabbaus. Transfergesellschaften sind dabei ein ganz aktuelles Thema. Sie sollen den Mitarbeitern neue Arbeitsplätze vermitteln. Doch bei Arbeitnehmern sind sie als Abschiebebahnhöfe und Warteschleife vor der Arbeitslosigkeit verschrien.

Anders beim Münchner Siemens-Konzern: In der Wirtschaftskrise der Jahre 2002 und 2003 gründete er für seine Netzwerksparte „Information and Communication Networks" (ICN) eine hauseigene Arbeitsvermittlung, die als „betriebsorganisatorisch eigenständige Einheit" (beE) nicht viel mehr als den gesetzlichen Rahmen mit den gängigen Transfergesellschaften gemein hatte. Bei der konzeptionellen Ausgestaltung und der Funktionsweise dieser internen Arbeitsvermittlung beschritt Siemens ganz eigene Wege und erzielte damit außergewöhnlichen Erfolg: 80 Prozent der Mitarbeiter fanden eine neue Arbeit und verließen die Netzwerksparte mit einer klaren Zukunftsperspektive. Das Modell mit dem Namen „beE ICN" erregte in Managerkreisen und bei der Presse bundesweit Aufsehen.

Dieses Aufsehen war nicht nur durch den großen Vermittlungserfolg bedingt, sondern auch dadurch, dass Transfergesellschaften üblicherweise an externe Träger vergeben werden. Der Münchner Konzern setzte hingegen ein hauseigenes Team ein. Mit dieser internen Umsetzung einer Transfergesellschaft liegen bisher kaum Erfahrungen bei Industrieunternehmen und Personaldienstleistern vor. Es gibt daher bis heute nur wenig Material, auf das man bei der Realisierung einer solchen internen Vermittlungseinheit zurückgreifen könnte.

Diese Lücke füllt das vorliegende Buch: Es richtet sich an alle Wirtschaftsmanager, die sich über diese innovative Form einer Transfergesellschaft informieren wollen oder die Einführung in ihrem Unternehmen erwägen. Es ist gleichzeitig ein Wegweiser für all jene, die mit der operativen Umsetzung einer solchen Transfergesellschaft beauftragt sind. Sie finden darin die Grundlagen einer „betriebsorganisatorisch eigenständigen Einheit" (beE) mit den wichtigsten personalwirtschaftlichen Aspekten, die für die unternehmerische Praxis relevant sind. Jeder dieser Aspekte wird illustriert und verständlich gemacht am Beispiel der beE ICN bei Siemens. Die Leser lernen dadurch neben dem notwendigen Wissen über die interne Form einer Transfergesellschaft auch das Konzept des Münchner Erfolgsmodells kennen und erhalten wertvolle Tipps und Kniffe aus der Praxis. Dabei lässt sich das Modell nicht nur für Großunternehmen oder Konzerne wie die Siemens AG, sondern ebenso in mittelständischen Unternehmen anwenden. Denn die einzelnen Bausteine des Modells lassen sich bedarfsgerecht an die jeweiligen Rahmenbedingungen eines Betriebes anpassen.

Transfergesellschaften können ein Weg zum sozialverträglichen Personalabbau sein, wenn die notwendigen Umstrukturierungen ein Ausmaß annehmen, bei dem die gängigen Instrumente wie Vorruhestand, Altersteilzeit oder Arbeitszeitverkürzung an ihre Grenzen stoßen. *Kapitel 1* gibt einen kurzen Überblick über die üblichen Methoden des sozialverträglichen Abbaus und zeigt auf, aus welchem Umfeld die innovative Idee einer internen Arbeitsvermittlung bei der Siemens AG entstand.

Kapitel 2 schildert kurz die Hintergründe, vor denen sich die Form der heutigen Transfergesellschaften entwickelte und umreißt die aktuellen gesetzlichen Grundlagen für die Einrichtung einer solchen „betriebsorganisatorisch eigenständigen Einheit" (beE). Dabei muss man für die Entscheidung, ob man eine Transfergesellschaft betriebsintern etabliert oder doch an einen externen Träger vergibt, die Vor- und Nachteile beider Lösungen kennen. Auch hierzu gibt das Kapitel Hilfestellung. Die Autorinnen plädieren aufgrund ihrer eigenen Erfahrung mit dem Siemens-Modell eindeutig für die interne Form, wenn die dafür nötigen Voraussetzungen gegeben sind.

Die nächsten Schritte zur Einrichtung einer Transfergesellschaft sind die Verhandlungen mit der Arbeitnehmervertretung sowie die Kooperation mit der Agentur für Arbeit. Was man hierbei beachten muss und wie Siemens dabei vorging, kann man in den *Kapiteln 3 und 4* nachlesen.

Ist die Entscheidung für die Einrichtung einer beE gefallen und sind alle nötigen Voraussetzungen geklärt, folgt die Planungsphase mit dem inhaltlichen Konzept dafür, wie man die Mitarbeiter erfolgreich auf neue Arbeitsplätze vermitteln will. *Kapitel 5* stellt das grundlegende Konzept der Münchner beE ICN vor und zeigt, worauf man beim Entwurf eines solchen Konzepts achten sollte. Von großer Bedeutung bei der Planung ist auch der Dialog mit den betroffenen Mitarbeitern. Gerade wegen der bestehenden Vorurteile gegenüber den klassischen Beschäftigungsgesellschaften brauchen sie umfassende Informationen darüber, was eine moderne Transfergesellschaft für sie bedeutet. Hier soll der Erfahrungsbericht dabei helfen, sich frühzeitig auf die kritischen Punkte und Fragen im Dialog mit den betroffenen Mitarbeiter einzustellen, um nicht vor Beginn der eigentlichen Vermittlungsleistungen bereits gegen Widerstände arbeiten zu müssen.

Kapitel 6 beleuchtet die Mitarbeiterstruktur in der beE ICN.

Nachdem die bisherigen Kapitel sich mit den Fragen der Planung und Einführung einer Transfergesellschaft beschäftigten, lüftet *Kapitel 7* das eigentliche Erfolgsgeheimnis der Siemens-beE-ICN: die Vermittlungsarbeit mit allen ihren Leistungen für die Mitarbeiter. Hier wird der Kernpunkt dieses innovativen Best-Practice-Modells offenbar: Die Mitarbeiter wurden so lange intensiv von Personal- und Arbeitsmarktexperten betreut, bis sie tatsächlich einen neuen Arbeitsplatz gefunden hatten. Der Leser erfährt im Detail, wie dies in einer Zeit größter wirtschaftlicher Anspannung und allgegenwärtigen Personalabbaus gelingen konnte.

In der Standardliteratur wie in der bisherigen Praxis wurde von internen Transfergesellschaften häufig mit dem Argument abgeraten, dass man dafür zu viele Kompetenzen im Haus außerhalb des eigentlichen Kerngeschäfts aufbauen müsse. Dieses Argument ist nach Meinung der Autorinnen nicht tragfähig. In Kapitel 8 zeigen sie, warum, und helfen, die notwendigen Kompetenzen im eigenen Hause aufzuspüren und aufzubauen.

Kapitel 9 befasst sich mit der ganz praktischen Frage nach der nötigen Infrastruktur für die Einrichtung einer Transfergesellschaft: Welche Räume sind notwendig, welche technische Ausrüstung braucht man und welche IT-Systeme muss man anschaffen, um für die Vermittlungsarbeit gerüstet zu sein. In ihrer Arbeit in der beE ICN bei Siemens machten die Autorinnen die Erfahrung, dass eine gut durchdachte und über das unbedingt Notwendige hinausgehende Infrastruktur äußerst positive Wirkung auf die Zusammenarbeit mit den zu vermittelnden Mitarbeitern hat. Auch hier geben sie aufschlussreiche Beispiele aus der eigenen Praxis.

Bei der Entscheidung für oder gegen das Modell einer Transfergesellschaft spielen selbstverständlich auch die zu erwartenden Kosten eine wichtige Rolle: Welche Kostenblöcke kommen auf ein Unternehmen zu? Welche Zuschüsse kann man beantragen und was muss man beachten, um in den Genuss von Transferkurzarbeitergeld und anderen Fördermöglichkeiten zu kommen? Antworten auf diese Fragen gibt *Kapitel 10.*

Auch eine Kommunikationsstrategie und ein gezieltes Marketing gehören zur Arbeit einer Transfergesellschaft. *Kapitel 11* gibt Aufschluss darüber, wie man diese Arbeit bei den betroffenen Mitarbeitern, der gesamten Belegschaft und der Öffentlichkeit bekannt macht und so nicht nur ein wichtiges Zeichen in Krisenzeiten setzt, sondern auch vielfältige Kontakte zum Arbeitsmarkt erschließt – ein weiterer Mosaikstein für eine erfolgreiche Vermittlung.

Die Autorinnen bleiben auch die Zahlen zu ihrer Erfolgsgeschichte aus München nicht schuldig und liefern damit in *Kapitel 12* den Beweis, dass dieses innovative Modell eine echte Alternative zu anderen Wegen des Personalabbaus ist. Sie zeigen auch, dass über die reinen Zahlen hinaus viele weitere Erfolge für solch eine interne Arbeitsvermittlung sprechen.

Untermauert werden diese Fakten durch die Aussagen dreier Mitarbeiter, die ihren Arbeitsplatz in der Netzwerksparte der Siemens AG verloren, in die Transfergesellschaft eintraten und dort die Vermittlungsarbeit selbst erlebten. In *Kapitel 13* schildern sie ihre Erfahrungen und beurteilen das Modell der Transfergesellschaft aus Sicht der Betroffenen.

Alle Manager, die über die Einrichtung einer Transfergesellschaft in ihrem eigenen Unternehmen nachdenken müssen, finden in all diesen Kapiteln viele gute Argumente dafür (und gegen die klassischen Wege des Abbaus). Die Leser erfahren darin zunächst die allgemeinen Informationen zum jeweiligen Thema. Dann schildern die Autorinnen die Umsetzung in der beE ICN. Unter der Rubrik „Auf den Punkt gebracht" sind am Ende einiger Kapitel diejenigen Grundsätze zusammengefasst, die sich in der Praxis bei Siemens als besonders bedeutsam erwiesen haben. Zusätzlich finden sich überall im Text solche Tipps, wie sie sich das Münchner Team der Siemens-beE für seine eigene Arbeit gewünscht hätte.

Die Autorinnen verwenden im gesamten Text die allgemeinen Begriffe „Mitarbeiter", „Arbeitnehmer", „Kandidaten" usw. Damit sind selbstverständlich sowohl Frauen als auch Männer gemeint.

1 Die Ausgangssituation

In den Jahren 2001 bis 2003 erlebte die Weltwirtschaft nach dem Höhenflug des so genannten „Neuen Marktes" einen unerwarteten und jähen Abschwung. Diese Entwicklung zwang auch in Deutschland zahllose Unternehmen zu radikalen Umstrukturierungen und damit auch zu umfassenden Personalanpassungen. Im Zuge dieser Krise verstärkte sich erneut die Diskussion darum, auf welchem Weg Personalanpassungen großen Ausmaßes zu realisieren sind. Dabei ist die oberste Prämisse aller Unternehmensleitungen, möglichst sozialverträgliche Abbaumodelle zu finden und betriebsbedingte Kündigungen lediglich als ‚ultima ratio' einzusetzen.

Zunächst verstand man unter dem Begriff der „Sozialverträglichkeit" vor allem den Schutz von solchen Arbeitnehmern, die bei der Suche nach einer neuen Beschäftigung geringere Chancen auf dem Arbeitsmarkt als andere haben, beispielsweise Arbeitnehmer ab einem gewissen Alter oder Arbeitnehmer, die durch familiäre Verhältnisse in ihrer Mobilität eingeschränkt sind. Sie werden, wenn Entlassungen unvermeidbar sind, durch die Vorgabe einer so genannten „Sozialauswahl" besonders geschützt.

Angesichts eines stark verengten Arbeitsmarkts, der seit Jahrzehnten anhaltenden hohen Arbeitslosigkeit und der daraus resultierenden Belastung der sozialen Sicherungssysteme bedeutet „sozialverträglich" mittlerweile aber ebenfalls, dass diejenigen Arbeitnehmer, die nicht unter den Schutz der Sozialauswahl fallen, auch nicht einfach mit einer hohen Abfindung in die Arbeitslosigkeit verabschiedet werden. Stattdessen suchen und entwickeln Arbeitsmarktpolitik und Wirtschaftsunternehmen zunehmend nach Alternativmodellen, um Arbeitsplätze zu erhalten oder den Personalabbau abzumildern.

1.1 Methoden des sozialverträglichen Abbaus

Die heute in Wirtschaftsunternehmen praktizierten Methoden des sozialverträglichen Abbaus setzen sich zusammen aus solchen Wegen, die seit Jahren zum Standard-Repertoire der Personalarbeit gehören, und anderen Modellen, die erst in den letzten Jahren unter dem Einfluss des aktuellen Arbeitsmarktes entstanden. Bei der Bewertung dieser unterschiedlichen Instrumente spielen unter anderem drei Kriterien eine wichtige Rolle:

- Wie schnell muss der Abbau realisiert werden?
- Wie viele Arbeitsplätze müssen insgesamt abgebaut werden?
- Ermöglicht die Methode eine vorübergehende oder eine dauerhafte Senkung der Personalzahlen?

Eine Auswahl der derzeit üblichen Möglichkeiten, Personalkapazitäten anzupassen und dabei, soweit möglich, Kündigungen zu vermeiden, sind im Folgenden im Überblick dargestellt.

1. Aufhebungsverträge:
Das am weitesten verbreitete Instrument für einen sozialverträglichen Personalabbau ist der Aufhebungsvertrag.[1] Man versteht darunter die einvernehmliche Beendigung des Arbeitsverhältnisses. Dazu kann das Unternehmen seinen Mitarbeitern während einer begrenzten Zeit die Möglichkeit bieten, sich freiwillig für einen Aufhebungsvertrag mit Zahlung einer Abfindung zu entscheiden. Diese Abfindung dient allerdings immer nur dazu, den finanziellen Nachteil zu kompensieren, der durch den Verlust des Arbeitsplatzes entsteht. Eine darüber hinausgehende Unterstützung des Arbeitnehmers erfolgt nicht und ist auch nicht das Ziel des monetären Ausgleichs durch die Abfindungszahlung. Dieses Angebot ist vor allem für solche Mitarbeiter attraktiv, die ohnehin über einen beruflichen Wechsel nachdenken.

Mit Aufhebungsverträgen kann ein Unternehmen schnellen und dauerhaften Effekt bei der Reduktion von Personalzahlen

---

1. Marr/Steiner (2003), S. 71.

erreichen. Es kann damit Abbau kleinerer und mittlerer Größenordnungen bewältigen.

2. *Vorruhestand:*
Unter Vorruhestand versteht man die vorzeitige Beendigung des Arbeitsverhältnisses eines Mitarbeiters, bevor dieser das gesetzliche Rentenalter erreicht. Dabei wird das Arbeitsverhältnis in der Regel ebenfalls durch einen Aufhebungsvertrag beendet. Auch hier zahlt das Unternehmen eine Abfindung für den Verlust des Arbeitsplatzes, und zwar häufig in Form einer monatlichen Leistung bis zum Bezug der Altersrente. Die Höhe dieser monatlichen Abfindung hängt meist davon ab, welches Alter und wie viele Jahre der Betriebszugehörigkeit der Mitarbeiter bei seinem Austritt aus dem Unternehmen erreicht hat. Viele Unternehmen haben dazu betriebsinterne Absprachen. Vorruhestandsregelungen sind allerdings mit einem erheblichen finanziellen Aufwand für den Arbeitgeber verbunden. Dieser sollte daher vor Abschluss einer solchen Vereinbarung immer prüfen, ob stattdessen Altersteilzeit (vergleiche unten) möglich und organisatorisch und betriebswirtschaftlich sinnvoll ist. Andererseits können durch Vorruhestandsvereinbarungen die Personalzahlen dauerhaft und relativ schnell reduziert werden, da die Mitarbeiter sofort aus dem Unternehmen ausscheiden können.

3. *Altersteilzeit:*
Altersteilzeit ist neben dem Vorruhestand die zweite übliche Alternative, um die Arbeitsverhältnisse älterer Mitarbeiter frühzeitig zu beenden. Sie soll Arbeitnehmern ab einem Alter von 55 Jahren einen gleitenden Übergang vom Erwerbsleben in die Altersrente ermöglichen. Dabei vereinbart der Arbeitnehmer mit dem Arbeitgeber, dass seine Arbeitszeit bis zum Bezug der Altersrente auf die Hälfte der bisherigen wöchentlichen Arbeitszeit reduziert wird. Dazu kann der Arbeitnehmer entweder bis zum Erreichen des gesetzlichen Rentenalters kontinuierlich Teilzeit arbeiten oder während der ersten Hälfte der Altersteilzeit-Phase Vollzeit arbeiten, um dann in der zweiten Hälfte von seinen Aufgaben freigestellt zu sein.

Eine schnelle oder starke Reduktion der Personalzahlen ist mit diesem Instrument allerdings nicht zu erreichen, da die Mitarbeiter noch mindestens ein Jahr im Unternehmen verbleiben.

4. Arbeitszeitverkürzung:
Hierbei wird die regelmäßige wöchentliche Arbeitszeit der Mitarbeiter verkürzt, ihre Gehälter werden entsprechend dieser Verkürzung angepasst. Die dabei eingesparten Kosten verwendet das Unternehmen für den Erhalt der vom Abbau bedrohten Arbeitsplätze. Im Geltungsbereich eines Tarifvertrages kann ein Arbeitgeber eine solche Regelung nicht einseitig treffen, sondern nur mit Zustimmung der Tarifvertragsparteien. Dabei wird die Arbeitszeitverkürzung üblicherweise mit einer Beschäftigungssicherung (d. h. Ausschluss betriebsbedingter Kündigungen) verbunden. Mit den übertariflichen Mitarbeitern muss der Arbeitgeber darüber hinaus eine individualvertragliche Vereinbarung treffen.

Die Arbeitszeitverkürzung ist jedoch lediglich ein Instrument zur vorübergehenden Kapazitätsanpassung. Die Anzahl der Mitarbeiter bleibt dabei aber unverändert. Zudem kann diese Methode bei Abbau größeren Ausmaßes nur einen gewissen Teil der Arbeitsplätze erhalten.

5. Ausgliederung einzelner Betriebseinheiten:
Bei diesem Modell gliedert das Unternehmen einzelne Aufgaben und Tätigkeiten in eine eigene Einheit aus, mit dem Ziel, diese mit der gleichen Belegschaft fortzuführen. Diese Einheit kann entweder von einem externen Unternehmen übernommen werden oder als eigenständiges Unternehmen am Markt (Buy Out) agieren. Bedenken muss man dabei allerdings, dass diese Entscheidung von strategischer Bedeutung und die Umsetzung einer solchen Maßnahme mit viel Planung und Zeitaufwand verbunden ist. Beschreitet ein Unternehmen diesen Weg, kann es damit seine Personalzahlen jedoch dauerhaft und umfassend senken.

6. Insourcing:
Im Gegensatz zur Ausgliederung werden beim so genannten Insourcing keine Personalkapazitäten innerhalb des Unternehmens

reduziert. Aufgaben und Tätigkeiten, die bisher über Dienst- und Werkverträge an externe Partner vergeben waren, werden nun von eigenen Mitarbeitern übernommen, deren Weiterbeschäftigung dadurch gesichert ist. Die Realisierung dieser Methode ist abhängig von den Kündigungsmöglichkeiten der Verträge.

7. *Sabbatical:*

Sabbaticals wurden zunächst als so genannte „Forschungssemester" an Universitäten eingeführt: Auszeiten von z. B. einem halben Jahr, in denen die Professoren vom Lehrbetrieb ausgenommen sind und sich vollständig ihren Forschungsprojekten widmen können. Diese Möglichkeit der Freistellung wird mittlerweile auch gerne in Wirtschaftsunternehmen eingesetzt. Das Angebot eines Sabbatical ist für solche Mitarbeiter interessant, die eine Auszeit von ihren beruflichen Aufgaben wünschen. Danach kehren sie in der Regel in ihre vorherige bzw. eine vergleichbare Tätigkeit zurück. Der Zeitrahmen für Sabbaticals beträgt nicht immer das herkömmliche halbe Jahr, sondern kann individuell verkürzt oder auch verlängert werden. Das Unternehmen kann dabei die Entgeltzahlung fortführen oder reduzieren, in einzelnen Fällen auch ganz ruhen lassen.

Sabbaticals sind grundsätzlich keine dauerhafte Personalabbaumaßnahme; sie eignen sich nur für Einzelfälle, können aber helfen, kurzfristige Kapazitätsschwankungen im Unternehmen auszugleichen.

8. *Stipendien:*

Eine Option zur mittelfristigen Kapazitätsanpassung ist, Mitarbeiter mit konkretem Studienwunsch unter monatlichen Zahlungen freizustellen. Dabei ruht für einen festgelegten Zeitraum das Arbeitsverhältnis. Nach Abschluss des Studiums oder eines Aufbaustudiengangs kehrt der Mitarbeiter in das Unternehmen zurück. Diese Methode soll das Qualifikationsniveau der Arbeitnehmer im Einklang mit der unternehmerischen Personalentwicklung erhöhen und die förderungswürdigen Mitarbeiter langfristig an das Unternehmen binden. Diese Form der vorübergehenden Kapazitätsanpassung wird daher nur ausgewählten Mitarbeitern angeboten.

Maßnahme	Eignung Abbaumaßnahmen mit: kleinem Umfang	Eignung Abbaumaßnahmen mit: großem Umfang	Umsetzbarkeit: sofort	Umsetzbarkeit: mittelfristig	Wirkung: vorübergehend	Wirkung: dauerhaft	Reduktion von: Anzahl der Mitarbeiter	Reduktion von: Nur Kosten
Aufhebungsvertrag	✓	✓	✓			✓	✓	
Vorruhestand	✓		✓			✓	✓	
Altersteilzeit	✓			✓		✓	✓	
Arbeitszeitveränderung	✓		✓		✓			✓
Ausgliederung von Betriebsteilen		✓		✓		✓	✓	
Insourcing	✓			✓		✓		✓
Sabbaticals	✓		✓		✓		✓	
Stipendien	✓			✓	✓		✓	
Job Sharing	✓			✓	✓		✓	
Natürliche Fluktuation und Einstellungsstop	✓			✓		✓	✓	
Nichtverlängerung von befristeten Verträgen	✓			✓		✓	✓	
Nichtverlängerung von Leiharbeitsverträgen	✓		✓			✓		✓
Verleih von eigenen Mitarbeitern	✓		✓		✓			✓
Abbau von Mehrarbeit	✓		✓		✓			✓

Abbildung 1: Methoden eines sozialverträglichen Abbaus

9. *Job Sharing:*
Die Arbeitsplatzteilung ist eine besondere Form des Teilzeitarbeitsverhältnisses. Dazu können Arbeitgeber und Arbeitnehmer vereinbaren, dass zwei oder mehrere Arbeitnehmer sich die Arbeitszeit für einen Arbeitsplatz teilen (§ 13 Abs. 1 Satz 1 TzBfG). Dabei müssen die Arbeitnehmer ihre Aufgabenfelder klar regeln und ihre Zusammenarbeit untereinander koordinieren. Diese Maßnahme wird in der Regel einvernehmlich für eine begrenzte Zeit durchgeführt. Nach Ablauf dieser Zeit werden die Mitarbeiter wieder in ihr ursprüngliches volles Arbeitsverhältnis übernommen. Daher eignet sich dieser Weg besonders zur Überbrückung vorübergehender Auftragsflauten.

All diese Formen der Kapazitätsanpassung sind attraktive, allerdings größtenteils mittelfristige, Lösungen, wenn sich die Zahl der abzubauenden Stellen in einem moderaten Rahmen hält. Ist jedoch das Unternehmen zu einer dauerhaften Personalreduktion in größerem Ausmaß gezwungen, stoßen diese Instrumente an ihre Grenzen.

1.2 Praxisbeispiel New Placement bei der Siemens AG

Auch bei der Telekommunikationssparte „Information and Communication Networks" (ICN) der Siemens AG kamen während der wirtschaftlichen Krise der Jahre 2001 bis 2003 viele der oben genannten Anpassungsmodelle zum Einsatz. Daneben verfolgte das Unternehmen aber auch einen ganz neuartigen Ansatz: Es wollte den bevorstehenden notwendigen Personalabbau dadurch abmildern, dass es seinen Arbeitnehmern neue Beschäftigungsmöglichkeiten eröffnete. Da für diese Zielsetzung bis dahin kaum Vorbilder existierten, entwickelte ICN im Jahr 2002 ein Pilotprojekt mit dem Namen „*New Placement*". Dieses Programm basierte auf der innovativen Idee, die vom Abbau betroffenen Mitarbeiter aus dem Unternehmen heraus direkt auf neue Arbeitsplätze bei anderen Arbeitgebern zu vermitteln. Dabei wandte sich *New Placement* vor allem an solche Mitarbeiter, deren Arbeitsplätze durch Umorganisation, Veränderungen des Portfolio oder andere betriebsbedingte Maßnahmen wegfielen, sowie an Mitarbeiter, die sich grundsätzlich einen beruflichen Wechsel vorstellen konnten. Ihnen bot man an, sich bis zu sechs Monate von einem Teil ihrer Arbeitszeit (maximal 50 %) freistellen zu lassen. Während dieser Zeit sollten sie sich intensiv nach einer neuen Position auf dem Arbeitsmarkt umsehen. Unterstützt wurden sie dabei von einem Projektbüro im Hause, in dem ihnen interne und externe Personalberater zur Seite standen. Die Teilnehmer des *New Placement*-Programms durchliefen einen viertägigen Workshop, in dem sie Klarheit über ihre beruflichen Perspektiven und Ziele gewinnen sollten und Tipps für den Bewerbungsprozess erhielten. Während der folgenden Zeit der Arbeitsplatzsuche standen ihnen die Personalexperten zur Job-Beratung zur Verfügung. Sie bauten Kontakte zum Arbeitsmarkt und zu Personalvermittlern auf, durch die sie die Programmteilnehmer bei ihrer Suche unterstützten. Sie organisierten zudem Messen, auf denen sich potenzielle neue Arbeitgeber und wechselwillige Siemens-Mitarbeiter kennen lernen konnten. Wenn die Mitarbeiter nach Beendigung der *New Placement*-Phase keine neue Stelle gefunden hatten, wurden sie wieder in ihrer bisherigen Einheit oder in einer gleichwertigen Aufgabe bei ICN eingesetzt. Insgesamt erzielte das Programm bei einer Teilnahme von mehreren hundert Mitarbeitern eine Erfolgsquote von 50 %, d. h., die Hälfte der Teilnehmer wechselte in eine neue Aufgabe.

Mit diesem Modell erreichte die Telekommunikationssparte eine dauerhafte und relativ schnelle Verringerung ihrer Personalzahlen, wenn auch nur – wie bei den in Kapitel 1.1 Methoden des sozialverträglichen Abbaus genannten Wegen – in einem begrenzten Ausmaß. Die wichtigste Erkenntnis aus dem *New Placement*-Projekt war jedoch, dass die Vermittlung der Mitarbeiter auf eine konkrete neue Tätigkeit ohne den Zwischenschritt der Arbeitslosigkeit als Abbauform in die richtige Richtung wies. Und dies aus den folgenden Gründen:

- Für die Mitarbeiter war ein neuer Job ohne Zweifel die beste Perspektive, die man ihnen für den Wegfall ihres bisherigen Arbeitsplatzes bieten konnte.

- Für das Unternehmen war es ein Weg, seiner sozialen Verantwortung in vollem Umfang gerecht zu werden.

- Arbeitsmarktpolitisch war der vermittlungsorientierte Ansatz wegweisend: Statt großzügiger Vorruhestandsregelungen, die Rentenkassen wie Arbeitslosenversicherung in hohem Maße belasten, oder Abfindungsregelungen, bei denen die Arbeitnehmer bei der Suche nach einer neuen Stelle auf sich gestellt sind, griff *New Placement* noch vor Eintreten der Arbeitslosigkeit, was besonders für Arbeitnehmer mit geringeren Chancen auf dem Arbeitsmarkt ein oft zukunftsentscheidendes Kriterium war.

Als in der Telekommunikationssparte von Siemens eine weitere große Abbauwelle nötig wurde, die auch das Stammhaus des Geschäftsbereichs in München mit über 2300 abzubauenden Stellen erfasste, entschied man sich daher in den Verhandlungen mit den Arbeitnehmervertretern, die Arbeit des Pilotprojekts *New Placement* in weitaus umfassenderem Maße fortzusetzen. Daher wurde im Oktober 2002 die Einrichtung einer so genannten „Transfergesellschaft" mit dem Namen „beE ICN" beschlossen.

2 Das Modell der Transfergesellschaften

Transfergesellschaften sind in der Diskussion um die Möglichkeiten eines sozialverträglichen Abbaus in letzter Zeit in den Blickpunkt der Öffentlichkeit gerückt. Dieses Modell ist in seinen Grundzügen bereits seit den achtziger Jahren bekannt, durchläuft jedoch derzeit sowohl in seiner Zielsetzung als auch in seiner Ausgestaltung einen starken Wandel (vergleiche dazu 2.1 Entstehungsgeschichte). Transfergesellschaften haben gegenüber den in „Methoden des sozialverträglichen Abbaus" (1.1) genannten Instrumenten entscheidende Vorteile:

- Sie ermöglichen einen relativ schnellen und dauerhaften Effekt bei Personalreduktionen.
- Sie greifen bei Personalabbau jeglicher Größenordnung.
- Sie bieten Arbeitgeber und Arbeitnehmern Rechtssicherheit in der Abbauphase.

Die den Transfergesellschaften ursprünglich zugrunde liegende Idee ist es, diejenigen Arbeitnehmer, bei denen der Verlust des Arbeitsplatzes unabwendbar ist, in einer eigenen Organisation zusammenzufassen, die den Verlust des Arbeitsplatzes abfedert. Dazu treten die betroffen Arbeitnehmer in eine von den anderen Unternehmensabteilungen unabhängige Einheit über (so genannte „Trennung von den produktiv tätigen Arbeitnehmern"). Diese Einheit hat eine Laufzeit von maximal zwölf Monaten.[1] Während dieser Zeit hat der Arbeitgeber Anspruch auf den Bezug von „Transferkurzarbeitergeld" für die Arbeitnehmer, das heißt, die Agentur für Arbeit zahlt – bei Erfüllung der in Abschnitt 2.2.1 Voraussetzungen

---

1. Bei Einrichtung der Transfergesellschaft „bee ICN" bei Siemens betrug die Laufzeit noch maximal 24 Monate. Die maximale Laufzeit wurde im Zuge von Hartz III zum 01.01.2004 durch § 216b SGB III auf 12 Monate reduziert.

und Rahmenbedingungen genannten Voraussetzungen – einen gewissen Anteil des beE-Gehalts der Arbeitnehmer.[1]

Hatten die Vorläufer von Transfergesellschaften vor allem den Zweck, die sozialen Folgen des Arbeitsplatzverlustes abzumildern, haben Transfergesellschaften heutzutage vorrangig das Ziel, die Aussichten der betroffenen Arbeitnehmer auf einen neuen Arbeitsplatz entscheidend zu erhöhen und die Arbeitnehmer ohne die Zwischenphase der Arbeitslosigkeit auf eine neue Arbeitsstelle zu vermitteln.

2.1 Entstehungsgeschichte[2]

Dass Unternehmen in einem von stetem Strukturwandel geprägten marktwirtschaftlichen System immer wieder gezwungen sind, ihre Personalzahlen in wirtschaftlichen Krisen zu reduzieren, ist nicht neu. So haben Gesetzgeber und Arbeitgeber seit den fünfziger Jahren immer wieder Ideen entwickelt, wie sie die Folgen solcher Krisen für ihre Mitarbeiter sozialverträglich gestalten können. Manche dieser Ideen setzten sich schnell allgemein durch, andere wurden nur vereinzelt umgesetzt, einige davon wurden über die Jahrzehnte in veränderter Form immer wieder aufgenommen. Die Entwicklung hin zur heutigen Form von Transfergesellschaften lässt sich daher schwer in klar voneinander abgegrenzte Schritte unterteilen. Die im Folgenden beschriebene Entstehungslinie versteht sich deshalb als schemenhafter Überblick über die Gesamtentwicklung:

In den Zeiten hoher Wachstumsraten der *fünfziger und sechziger Jahre* konnten sich die betroffenen Arbeitnehmer stets darauf verlassen, schnell wieder einen adäquaten Arbeitsplatz zu finden. Wo dies nicht der Fall war, beispielsweise in den Bergbau- und Stahlindustrieregionen der damaligen Zeit, entstanden die ersten *Sozialpläne*. Sie zielten vor allem darauf, die sozialen Folgen des Arbeitsplatzverlustes abzumildern. Dies geschah hauptsächlich in

---

1. Vor dem 01.01.2004 hieß diese Art von Kurzarbeitergeld „Struktur-Kurzarbeitergeld" und unterlag z. T. anderen Voraussetzungen.
2. Vergleiche zum Folgenden Müller (1992), S. 11–16; Krone/Müller (2000), S. 163 f., Marimón (2002), S. 16 ff.

finanzieller Form, z. B. durch Ausgleichszahlungen für Einkommensverluste, Umzugskosten u. Ä.

Im Laufe der Zeit entwickelte sich die den Sozialplänen zugrunde liegende Idee weiter. Bereits Anfang der *siebziger Jahre* bestand für von Abbau betroffene Arbeitnehmer die Wahl zwischen dem finanziellen Ausgleich durch eine Abfindung und der Möglichkeit, sich stattdessen weiterzubilden, um sich für eine Weiterbeschäftigung in ihrem Unternehmen oder für einen anderen Arbeitsplatz zu qualifizieren. Die Mehrheit der Arbeitnehmer entschied sich jedoch – aufgrund der bis Mitte der siebziger Jahre immer noch guten Arbeitsmarktlage – für die Abfindungszahlung.

Erst in den *achtziger Jahren*, als der Arbeitsmarkt zunehmend angespannter wurde und die existierenden Konzepte nicht mehr griffen, setzten sich mehr und mehr Beschäftigungspläne durch. Ihr Ziel war es, Arbeitnehmer nicht mehr zu entlassen, sondern ihnen u. a. durch Qualifizierungsmaßnahmen die Wiedereingliederung in ihrem Betrieb zu ermöglichen. Gleichzeitig sollten durch die Entwicklung neuer Produkte und neuer Produktionsverfahren neue Arbeitsplätze geschaffen werden. Auf diese sollten dann die Arbeitnehmer nach abgeschlossener Weiterbildung zurückkehren. Gleichzeitig erhöhten sie durch die Qualifizierung ihre Chancen, auch bei einem anderen Arbeitgeber einen neuen Arbeitsplatz zu finden. Dieses Modell war die erste Form einer *„Beschäftigungsgesellschaft"*. Die dafür aufgestellten Beschäftigungspläne enthielten im Wesentlichen Fortbildungsprogramme, Maßnahmen der Arbeitsbeschaffung (ABM), das Mittel der konjunkturellen Kurzarbeit sowie die Zahlung von Unterhaltsleistungen. Vornehmliches Ziel dieses Modells war jedoch weiterhin, die Arbeitnehmer in ihrem bisherigen Unternehmen weiter- bzw. wiederzubeschäftigen. Unter dem anhaltenden Druck einer schwierigen wirtschaftlichen Lage und eines entsprechend engen Arbeitsmarktes entwickelten sich diese Beschäftigungsgesellschaften weiter zu selbstständigen *„Beschäftigungs- und Qualifizierungsgesellschaften"* (BQG) in der Verantwortung überbetrieblicher und überregionaler Trägergesellschaften. Diese begannen, die betroffenen Mitarbeiter nun auch auf dem externen Arbeitsmarkt zu vermitteln. Auf die Entstehung dieser Beschäftigungs- und Qualifizierungsgesellschaften reagierte der Gesetzgeber 1988 mit der Einführung des „Strukturkurzarbeitergeldes" (Struktur-KuG) in § 63 Abs. 4 AFG (Arbeitsförderungsgesetz).[1]

Die deutsche Wiedervereinigung machte schließlich *zu Beginn der neunziger Jahre* verstärkte und neuartige Maßnahmen der Arbeitspolitik notwendig. Zwar nahm man in den neuen Bundesländern das Konzept der Beschäftigungsgesellschaften auf, doch stellte sich schnell heraus, dass der Schwerpunkt der bisherigen Modelle zu sehr auf dem Gedanken der bloßen Qualifizierung lag. Angesichts der grundlegenden Umwälzungen in den Wirtschaftsstrukturen der neuen Bundesländer reichte dies nicht aus, um die große Zahl der von Arbeitslosigkeit bedrohten Arbeitnehmer in neue Beschäftigungsverhältnisse zu überführen. Als Folge entstanden in dieser Zeit die Gesellschaften für Arbeitsförderung, Beschäftigung und Strukturentwicklung, die so genannten *„ABS-Gesellschaften"*. In ihnen sollten struktur- und beschäftigungspolitische Maßnahmen zusammenwirken, um neue Arbeitsplätze zu schaffen. Dabei verfolgte man vor allem gemeinnützige Projekte oder Projekte im Rahmen von Technologie- oder Dienstleistungsinnovationen. Die Bemühungen dieser ABS-Gesellschaften schlugen letztlich allerdings unter anderem deswegen fehl, weil man versuchte, die Betroffenen möglichst am gleichen Standort und in der gleichen Branche zu vermitteln.

Diese Erfahrungen führten im Laufe der neunziger Jahren zu einer weiteren Fortentwicklung der Beschäftigungs- und Qualifizierungsgesellschaften: Sie versuchten nun, durch Qualifizierungsmaßnahmen auch die berufliche Mobilität der Arbeitnehmer zu erhöhen. Mit der Zeit wurde allerdings deutlich, dass auch dies nicht ausreichte, um die betroffenen Arbeitnehmer wirklich vor der Arbeitslosigkeit zu bewahren.

---

1. Im Jahr 2000 wurden die Regelungen über das Struktur-KuG im § 175 SGB III als Nachfolgebestimmung des § 63 Abs. 4 AFG neu gefasst: Betroffene Mitarbeiter werden in einer betriebsorganisatorisch eigenständigen Einheit (beE) in Kurzarbeit zusammengeführt und sind damit organisatorisch und in Abrechnung vom Betrieb getrennt. Neu war nun, dass keine Abhängigkeit von der Lage eines Wirtschaftszwigs mehr bestand, sondern dass ab sofort umfangreiche strukturbedingte Personalanpassungsmaßnahmen eines Betriebs genügten, um Struktur-KuG zu beziehen.

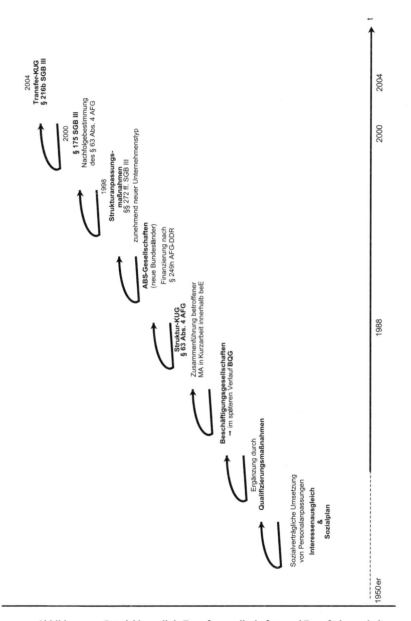

Abbildung 2: Entwicklungslinie Transfergesellschaften und Transferkurzarbeiter-geld

So ist man *heute* zu der Erkenntnis gelangt, dass die Arbeitnehmer neben der reinen Qualifizierung auch Unterstützung beim so genannten „Jobtransfer", d. h. bei der Stellensuche und im Bewerbungsprozess brauchen. Daher setzt sich zunehmend die Form der *„Transfergesellschaften"* durch, deren Aufgabe darin besteht, die von Arbeitslosigkeit bedrohten Arbeitnehmer frühzeitig so zu unterstützen, dass diese von ihrem bisherigen Arbeitsplatz über die Transfergesellschaft direkt auf eine neue Arbeitsstelle wechseln können. Diese Aufgabe umfasst Betreuungsangebote für alle mit dem beruflichen Wechsel verbundenen Schritte, von der Unterstützung bei der beruflichen Neuorientierung über die Weiterqualifizierung bis zur Hilfe im Bewerbungsprozess und der konkreten Stellensuche. Entsprechend legt auch das zum 01.01.2004 in § 216b SGB III eingeführte Transferkurzarbeitergeld (als Nachfolge zum Strukturkurzarbeitergeld) den Schwerpunkt der Förderung auf die Vermittlung in den ersten Arbeitsmarkt unter beschäftigungswirksamer Nutzung von Sozialplänen.

Begriffsklärung „Transfergesellschaft"

So wie sich die unterschiedlichen Konzepte für die Abfederung von Personalabbau stetig weiterentwickelten, entstand im Laufe der Zeit auch eine Vielzahl von Begriffen für die unterschiedlichen Modelle. Einige davon werden nicht mehr gebraucht, andere sind noch im Umlauf, ohne dass eine klare inhaltliche Abgrenzung immer erkennbar wäre: Neben „Beschäftigungsgesellschaft" und „Beschäftigungs- und Qualifizierungsgesellschaft" gibt es auch die Termini „Qualifizierungsgesellschaft", „Arbeitsförderungsgesellschaft", „Personalentwicklungsgesellschaft" oder „Auffanggesellschaft". Mittlerweile setzt sich jedoch zunehmend der Begriff der „Transfergesellschaft" durch. Er trifft den Inhalt und die Zielsetzung der durch das Transferkurzarbeitergeld geförderten aktuellen Form am besten, weil er – anders als beispielsweise der Terminus „Beschäftigungsgesellschaft" – nicht mehr suggeriert, dass diese Organisation den Arbeitnehmern eine neue Beschäftigung bietet. Vielmehr verweist der Begriff darauf, dass eine Transfergesellschaft eine Brücke baut für den Übergang von der bisherigen zu einer neuen Arbeitsstelle. Er wird daher auch für das in diesem Buch beschriebene Modell verwendet. Weil Transfergesellschaften in der Regel in Form einer betriebsorganisatorisch eigenständigen Einheit (beE) organisiert sind, steht auch der Ausdruck „beE" in den folgenden Kapiteln als Synonym für „Transfergesellschaft".

2.2 Die „betriebsorganisatorisch eigenständige Einheit" (beE) (§ 216b SGB III)

Bei der Einrichtung einer Transfergesellschaft ist es empfehlenswert, die Form einer so genannten „betriebsorganisatorisch eigenständigen Einheit" zu wählen. Das bedeutet, dass diejenigen Mitarbeiter eines Unternehmens, deren Arbeitsplätze durch den Abbau wegfallen, in einer eigenen Einheit zusammengefasst werden, die getrennt von den übrigen Abläufen des Unternehmens und seiner Belegschaft organisiert ist. Diese Konstruktion ist eine der Voraussetzungen dafür, dass die Agentur für Arbeit Förderleistungen in Form von Transferkurzarbeitergeld gewähren kann.

Für die Einrichtung einer solchen betriebsorganisatorisch eigenständigen Einheit muss ein Unternehmen die Vorgaben des § 216b SGB III erfüllen. Innerhalb dieses Rahmens gibt es gewisse Gestaltungsmöglichkeiten, um die beE auf die firmenspezifischen Gegebenheiten abzustimmen.

In den folgenden Abschnitten werden die grundlegenden gesetzlichen Bestimmungen für die Einrichtung einer beE aufgezeigt. Der Schwerpunkt liegt dabei auf dem Personalabbau im Zuge einer Betriebsänderung. Die besonderen Aspekte einer beE im Falle von Insolvenz, Sanierung oder Liquidation bleiben hier außer Acht.

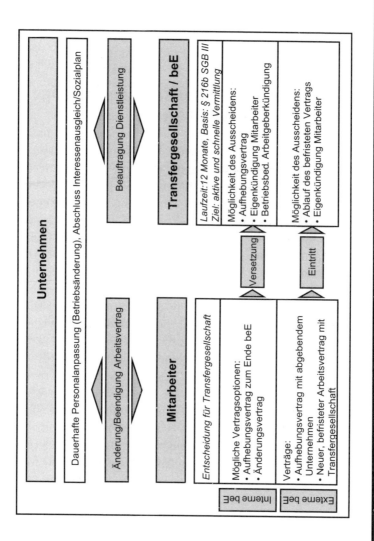

Abbildung 3:   Das Modell der Transfergesellschaft

2.2.1 Voraussetzungen und Rahmenbedingungen

Um für eine als beE organisierte Transfergesellschaft Transferkurzarbeitergeld nach § 216b SGB III beziehen zu können, muss ein
dauerhafter, unvermeidbarer Arbeitsausfall vorliegen. Daneben
müssen betriebliche und persönliche Voraussetzungen erfüllt sein,
die im Folgenden in den wichtigsten Zügen erläutert werden:

1. Die Arbeitnehmer des Unternehmens müssen „*von einem
   dauerhaften unvermeidbaren Arbeitsausfall mit Entgeltausfall
   betroffen*" sein. Ein dauerhafter Arbeitsausfall liegt dann vor,
   wenn der betroffene Betrieb in absehbarer Zeit die aufgebau-
   ten Arbeitskapazitäten nicht mehr benötigt. Das bedeutet,
   dass durch die Maßnahme einer beE nicht nur eine vorübergehende konjunkturelle Schwankung ausgeglichen werden darf.
   Für den Fall eines nur konjunkturellen Arbeitsausfalls besteht
   unter den Voraussetzungen der §§ 169 ff. SGB III die Möglichkeit des Bezugs von konjunkturellem Kurzarbeitergeld. Unvermeidbar ist der Arbeitsausfall regelmäßig dann, wenn im
   Betrieb keine Beschäftigungsmöglichkeit merh vorhanden ist.
   Ein Entgeltausfall tritt ein durch die Reduzierung der Arbeitszeit auf null.

2a. Die Personalanpassung muss aufgrund einer *Betriebsänderung*
    stattfinden. Als Betriebsänderung (§ 111 BetrVG) gelten: Ein-
    schränkung oder Stilllegung des ganzen Betriebes oder we-
    sentlicher Betriebsteile, Verlegung des ganzen Betriebs oder
    von wesentlichen Betriebsteilen, Zusammenschluss mit ande-
    ren Betrieben oder die Spaltung von Betrieben, grundlegende
    Änderungen der Betriebsorganisation, des Betriebszwecks
    oder der Betriebsanlagen sowie Einführung grundlegend neu-
    er Arbeitsmethoden und Fertigungsverfahren.

2b. Die Arbeitnehmer, die vom Arbeitsausfall betroffen sind,
    müssen in einer *beE* zusammengefasst werden. Die Einrich-
    tung dieser beE muss dazu dienen, die Entlassung von Arbeit-
    nehmern zu vermeiden und ihre Chancen auf eine neue
    Beschäftigung im ersten Arbeitsmarkt zu verbessern.

3a. Die betroffenen Arbeitnehmer müssen aufgrund der Personalanpassungen *von Arbeitslosigkeit bedroht* sein. Transferkurzarbeitergeld kann demnach nur für solche Arbeitnehmer bezogen werden, die betriebsbedingt kündbar sind.

3b. Für Arbeitnehmer kann nur dann Transferkurzarbeitergeld bezogen werden, wenn sie nach Beginn des Arbeitsausfalls eine versicherungspflichtige Beschäftigung fortsetzen.

3c. Vom Leistungsbezug ausgeschlossen sind z. B. solche Arbeitnehmer, die nach Ausscheiden aus der beE in den Vorruhestand gehen. Denn das Ziel der Leistung ist die Wiedereingliederung in eine versicherungspflichtige Beschäftigung.

Vom Leistungsbezug ebenfalls ausgeschlossen sind Arbeitnehmer, die bestimmte andere Leistungen, beispielsweise Unterhaltsgeld oder Übergangsgeld beziehen. Auch der Bezug von Krankengeld schließt die Gewährung aus.

3d. Die Arbeitnehmer müssen zudem vor dem Übertritt in die beE an einem *Profiling* teilnehmen. Dabei handelt es sich um eine Analyse der Qualifikationen und Fähigkeiten des Arbeitnehmers. Diese Analyse soll Aufschluss über individuelle Eingliederungsmöglichkeiten und Chancen am Arbeitsmarkt geben (vergleiche 4.3).

4. Der bevorstehende Arbeitsausfall muss der zuständigen Agentur für Arbeit angezeigt werden (vergleiche 4.2).

5a. Der Arbeitgeber (beE) muss während der Laufzeit den Arbeitnehmern entsprechende Vermittlungsvorschläge unterbreiten. Darüber hinaus soll er dem Arbeitnehmer bei Qualifizierungsdefiziten geeignete und dem Arbeitsmarkt entsprechende Maßnahmen anbieten. Das können neben Beratung, Vermittlung von Jobs und fachlicher Qualifizierung auch „Schnupperpraktika" sein. Diese Maßnahmen zur Verbesserung der Eingliederungsaussichten sollen möglichst frühzeitig einsetzen und kontinuierlich weitergeführt werden.

5b. Sobald die beE besteht, muss diese der Agentur für Arbeit jeweils zum Stichtag 30.06. und 31.12. die Daten über ihre Struktur, die Zahl und Altersstruktur ihrer Mitarbeiter sowie die aktuellen Vermittlungsquoten mitteilen.

Die folgende Checkliste gibt diese Punkte noch einmal in Kurzform wieder:

Voraussetzungen für den Bezug von Transferkurzarbeitergeld:

1. Dauerhafter unvermeidbarer Arbeitsausfall mit Entgeltausfall
   a) Dauerhafter Arbeitsausfall
   b) Unvermeidbarkeit des Arbeitsausfalls
   c) Entgeltausfall für betroffene Mitarbeiter
2. Betriebliche Voraussetzungen
   a) Personalanpassungsmaßnahmen wegen Betriebsänderung (§§ 111 BetrVG)
   b) Organisatorische Zusammenfassung der Mitarbeiter in einer beE
3. Persönliche Voraussetzungen
   a) Drohende Arbeitslosigkeit für betroffene Mitarbeiter
   b) Wiederaufnahme einer versicherungspflichtigen Beschäftigung nach Arbeitsausfall
   c) Kein Ausschluss von Kurzarbeitergeld (z. B. bei Krankengeld, Übergangsgeld, Unterhaltsgeld)
   d) Teilnahme am Profiling vor Übertritt in die beE
4. Anzeige über Arbeitsausfall bei der lokalen Agentur für Arbeit
5. Weitere gesetzliche Verpflichtungen für den Träger der beE während der Laufzeit:
   a) Unterbreitung von Vermittlungsvorschlägen durch Arbeitgeber (beE)
   b) Meldungen an Agentur für Arbeit zum 30.06. und 31.12. (Mitarbeiterstruktur, Vermittlungsquote)
   c) Monatliche Betriebsmeldung über Kurzarbeit

Exkurs: Transferkurzarbeitergeld vs. Förderung der Teilnahme an Transfermaßnahmen

Das Transferkurzarbeitergeld darf nicht verwechselt werden mit einer anderen Fördermaßnahme der Agentur für Arbeit, nämlich der „Förderung der Teilnahme an Transfermaßnahmen" (§ 216a SGB III). Diese Leistungen lösen die bisherigen Regelungen über die Zuschüsse zu Sozialplanmaßnahmen (§§ 254–259 SGB III) ab. Transfermaßnahmen sind Maßnahmen, die helfen sollen, drohende Personalanpassungsprozesse bei betrieblichen Restrukturierungen abzufedern. Das bedeutet, dass bereits dann, wenn sich ein Personalabbau ankündigt, Arbeitnehmer an Maßnahmen (Weiterbildungen, Qualifizierungen) teilnehmen können, die ihnen den Wechsel auf einen anderen Arbeitsplatz im ersten Arbeitsmarkt erleichtern. Transfermaßnahmen sind also ein präventiver Ansatz.

Eine Förderung in diesem Sinne ist dann möglich, wenn der Arbeitnehmer aufgrund einer Betriebsänderung von Arbeitslosigkeit bedroht ist und eine zur Eingliederung in den Arbeitsmarkt zweckmäßige Maßnahme von einem Dritten durchgeführt wird. Der Arbeitgeber muss mindestens 50 % der Kosten für Maßnahmen tragen. Je Arbeitnehmer ist der Zuschuss jedoch auf 2.500 Euro begrenzt.

2.2.2 Interne vs. externe Form

Bei der Frage, in welche Organisationsform die in eine beE eingetretenen Mitarbeiter übergehen, muss man grundsätzlich zwei Formen unterscheiden:

a) die interne Form	*b) die externe Form*
In diesem Fall ist die beE zwar eine eigenständige Organisation, sie verbleibt jedoch in der Trägerschaft und damit der Verantwortung des abbauenden Unternehmens. Mitarbeiter, die in eine interne beE wechseln, verbleiben bei ihrem Arbeitgeber; sie bekommen einen Änderungsvertrag	In diesem Fall wechseln die betroffenen Mitarbeiter zu einem vom Unternehmen unabhängigen Träger, in der Regel eine eigene juristische Person. Der bisherige Arbeitgeber schließt einen Kooperationsvertrag mit dem beauftragten Träger; seine Mitarbeiter scheiden per Aufhe-

(ggf. zusammen mit einem Aufhebungsvertrag). Der Änderungsvertrag modifiziert die arbeitsvertraglichen Aufgaben und Pflichten und regelt die Entgeltänderung.	bungsvertrag aus und erhalten stattdessen vom Träger der Transfergesellschaft einen neuen befristeten Arbeitsvertrag (so genannter „dreiseitiger Vertrag"). Der Wechsel zum neuen Arbeitgeber stellt dabei keinen Betriebsübergang dar.

Entscheidungskriterien für interne vs. externe Form

Bei den Überlegungen, welche dieser beiden Formen zur Anwendung kommen soll, müssen Arbeitgeber und Arbeitnehmervertreter entscheiden, wie sie ihrer sozialen Verantwortung am ehesten gerecht werden. Daneben spielen auch wirtschaftliche und organisatorische Aspekte sowie die Erfolgsaussichten eine Rolle.

Folgende Kriterien können für die Entscheidung hilfreich sein:

- Bei welcher Form (intern oder extern) werden sich die meisten Mitarbeiter für den Übertritt in die beE entscheiden?
- Will das Unternehmen dauerhaft Einfluss auf die Ausrichtung und die Aktivitäten in der beE nehmen?
- Will das Unternehmen sich mit diesem Thema noch für zwölf Monate befassen?
- Sollen die betroffenen Mitarbeiter weiterhin Teil des Unternehmens sein?
- Will das Unternehmen selbst seine Mitarbeiter bei der Vermittlung unterstützen und dafür das nötige Wissen über die Mitarbeiterprofile einbringen?
- Sind die notwendigen Voraussetzungen – Kapazitäten, Kompetenzen, Infrastruktur – kurzfristig intern vorhanden?
- Welche der beiden Formen wird von den Arbeitnehmervertretern unterstützt?
- Welches Budget steht zur Verfügung?
- Wie soll dieses Budget zielgerichtet eingesetzt werden?

Entscheidungskriterien für die Auswahl des Trägers der bee

Bei der Entscheidung darüber, ob ein Unternehmen die interne oder externe Form einer bee wählt, spielt auch eine Rolle, dass die Qualität der angebotenen Leistungen und damit die Aussicht auf erfolgreiche Vermittlung in hohem Maße von dem jeweiligen Träger der Transfergesellschaft abhängt. Nachfolgend sind einige Entscheidungskriterien für die Auswahl des Trägers aufgeführt, der sowohl ein externes Beratungsunternehmen als auch ein firmeninternes Beratungsteam sein kann.

Wichtig ist dabei auch, auf welche Kenntnisse und Praxiserfahrungen der Anbieter zurückgreifen kann:

- Welches Beratungskonzept bietet der Träger an?
- Welche Kompetenzen und Erfahrungen besitzen die einzelnen Berater?
- Gibt es Kontakte/Kenntnisse/Schnittstellen zum aktuellen lokalen Arbeitsmarkt?/Welches Vermittlungskonzept wird angeboten?
- Besteht eine Schnittstelle zur zuständigen Agentur für Arbeit?
- Ist Wissen zum Thema Kurzarbeitergeld (Beantragung, Rückerstattung usw.) vorhanden?
- Welche instrumentellen Kenntnisse sind vorhanden, d. h. betriebs- und rechtswissenschaftliche Grundlagen, Kenntnis von Fördermöglichkeiten, Gehaltsabrechnungsexpertise?
- Verfügt der Träger über ein entsprechendes Gehaltsabrechnungssystem (vergleiche 9.3)?

Dabei sollte man auch bedenken, dass einige externe Träger ihre Aufgabe vor allem darin sehen, den Arbeitnehmer ausschließlich in solchen Kenntnissen zu schulen, die es ihm ermöglichen, sich selbst eine andere Arbeitsstelle zu suchen. Das reicht von Hilfestellung bei den Bewerbungsunterlagen bis zu Rollentrainings für das Vorstellungsgespräch. Eines fehlt jedoch sehr häufig im Konzept dieser Beratungsunternehmen: die Schnittstelle zum Arbeitsmarkt. Das bedeutet: Unterstützung bei der Suche nach spezifischen Stellenangeboten und Arbeitgebern, die für den individuellen Arbeitnehmer in Frage kommen, erfolgt nicht. Sie bleibt den Arbeitnehmern selbst überlassen. Auch beim eigentlichen Bewerbungsvorgang, d. h. bei der Kontaktaufnahme mit Arbeitgebern, erhält der Mitarbeiter häufig keine Unterstützung durch die externen Träger.

Setzt ein Unternehmen dagegen für die beE ein internes Vermittlungsteam ein, kann es die Aktivitäten selbst durchführen und Erfolge unmittelbar sicherstellen. Ein solches Team bringt zudem günstige Voraussetzungen für seine Arbeit mit: Es kennt die Profile und Gegebenheiten der betroffenen Mitarbeiter und kann damit schnell und umfassend einschätzen, welche Maßnahmen die Mitarbeiter benötigen, um eine neue Arbeitsstelle zu finden. Unternehmenseigene Personalfachleute wissen auch, welche Anforderungen auf dem aktuellen lokalen Arbeitsmarkt herrschen und können mit den externen Arbeitgebern als Partner kommunizieren. Ein internes beE-Team hat zudem eine doppelte Motivation für die intensive und zielgerichtete Betreuung der beE-Mitarbeiter: Es hat Interesse daran, seinen ehemaligen Kollegen tatsächlich den Weg auf neue Arbeitsplätze zu ebnen, gleichzeitig trägt es mit einer engagierten Vermittlungsarbeit zum Erfolg seines eigenen Unternehmens bei.

Vor diesem Hintergrund fällte die Siemens AG ihre Entscheidung, ein internes Beratungsteam mit der Durchführung für die Laufzeit von 24 Monaten zu beauftragen: Es wollte die Verantwortung für die Qualität der Vermittlungsleistungen seiner Transfergesellschaft nicht an einen betriebsfremden Partner abgeben, sondern selber durch eigene Fachleute in der Hand behalten. Sie sollten den Mitarbeitern neben intensiven Beratungs- und Vermittlungsangeboten den Arbeitsmarkt von Anfang an transparent machen und konkrete neue Arbeitsplätze eröffnen.

3 Die Einrichtung einer Transfergesellschaft

Erwägt ein Unternehmen die Einrichtung einer Transfergesellschaft, sollte es so früh wie möglich die beteiligten Seiten in die Entscheidungsfindung einbeziehen. Denn eine Transfergesellschaft kann nur dann erfolgreich eingeführt und umgesetzt werden, wenn bei allen Partnern Konsens darüber besteht, dass dies eine gute und gangbare Lösung ist. Die beteiligten Partner sind:

1. Arbeitnehmervertreter:
Diese sollten so früh wie möglich in die Überlegungen zu einer Transfergesellschaft einbezogen werden, da sie ein starker Partner in der Überzeugungsarbeit gegenüber der Belegschaft sind. Denn bisher haben die meisten Arbeitnehmer nur wenige Kenntnisse über die Praxis und die Vorteile von Transfergesellschaften und begegnen diesen deshalb häufig mit Skepsis. Akzeptanz für eine Transfergesellschaft ist daher am besten zu erreichen, wenn der Betriebsrat an einem Strang mit der Unternehmensleitung zieht und die Arbeitnehmer entsprechend zum Übertritt in die Transfergesellschaft berät (vergleiche zu den Verhandlungen mit den Arbeitnehmervertretern auch 3.1 und 3.2).

2. Agentur für Arbeit:
Bereits vor den ersten Verhandlungen mit den Arbeitnehmervertretern sollte das Unternehmen erste Gespräche mit den zuständigen Vertretern der Agentur für Arbeit führen, um zu klären, ob überhaupt die Voraussetzungen für die Bezuschussung durch die Agentur für Arbeit gegeben sind (vergleiche dazu 2.2.1 Voraussetzungen und Rahmenbedingungen; zur Zusammenarbeit mit der Agentur für Arbeit vergleiche auch Kapitel 4).

3. Kommune/Land:
In manchen Regionen bestehen unter Umständen auch Zuschussmöglichkeiten durch die Kommune oder das Land. Auch hier lohnt es sich also, rechtzeitig den entsprechenden Kontakt aufzunehmen.

All diese Gespräche dienen jedoch lediglich einer ersten Klärung, ob eine Transfergesellschaft überhaupt eine gangbare Lösung ist. Die konkreten Inhalte und finanzielle Ausgestaltung der Transfergesellschaft können nur durch die gemeinschaftliche Beratung, Verhandlung und Entscheidung mit dem Betriebsrat erarbeitet werden.[1] Das Ergebnis dieser Verhandlungen wird meist als Betriebsvereinbarung in Form eines Interessenausgleichs/Sozialplans festgelegt.

TIPP:

 Bevor diese Einigung nicht schriftlich fixiert wurde, sollte man keine Aussagen zu evtl. Leistungen und Rahmenbedingungen der Transfergesellschaft gegenüber den Mitarbeitern treffen. Nur dies garantiert eine umfassende, einheitliche und klare Kommunikation gegenüber allen internen Parteien (Mitarbeiter, Führungskräfte, Personalorganisation u. a.). Das wiederum ist die Voraussetzung für eine hohe Akzeptanz gegenüber der zwischen Arbeitgeber und Arbeitnehmervertretung ausgehandelten endgültigen Lösung.

3.1 Verhandlungsgegenstände

Gemäß dem Grundsatz der vertrauensvollen Zusammenarbeit zwischen Arbeitgeber und Arbeitnehmervertretung muss der Betriebsrat frühzeitig in die Überlegungen zu den geplanten Kapazitätsanpassungen eingebunden werden. Die dabei zwischen Unternehmensleitung und Betriebsrat meist notwendigen Verhandlungen umfassen die nachfolgenden Punkte:

---

1. Dies gilt nur für Betriebe mit gewählter Arbeitnehmervertretung.

1. Notwendigkeit

Die Unternehmensleitung muss dem Betriebsrat die Notwendigkeit und die Hintergründe des Personalabbaus erläutern. Dabei ist die Situation des Unternehmens (Auftragslage, Marktsituation u. Ä.) ein zentraler Gegenstand. Grundsätzlich sollte ein Arbeitgeber nur dann zu Personalabbaumaßnahmen greifen, wenn zuvor alle Alternativen ausgeschöpft worden sind (*ultima-ratio*-Prinzip). Daher muss er zuvor die Möglichkeiten eines Einstellungsstopps, des Abbaus von Leiharbeitsverhältnissen in Betracht ziehen (vergleiche dazu auch 1.1). Der Schutz der eigenen Mitarbeiter durch die Sicherung ihrer Arbeitsplätze hat dabei immer Vorrang vor der Fremdvergabe von Aufgaben.

2. Umfang

Als Nächstes muss der Umfang des Abbaus bestimmt werden. Auf der Basis der aktuellen Gesamtsituation des Unternehmens muss geklärt werden, ob der gesamte Betrieb oder nur einzelne Betriebsteile vom Abbau betroffen sind. Hier werden bereits erste konkrete Zahlen offen gelegt. Zwar ist die unternehmerische Entscheidung darüber grundsätzlich Sache des Arbeitgebers – in der Entscheidungsfindung darf er aber seine Fürsorgepflicht nicht vernachlässigen.

3. Zeitrahmen

Wichtig ist auch, einen Zeitrahmen für den Abbau zu bestimmen. Dieser richtet sich nach den unternehmerischen Erfordernissen und hängt von der Art der gewählten Abbaumaßnahmen ab.

4. Abbaumaßnahmen

Bei diesem Punkt liegt es sowohl im Interesse des Arbeitgebers als auch des Betriebsrats (und ebenso der Arbeitnehmer), dass der Abbau so sozialverträglich wie möglich gestaltet wird. Dabei sollten die Verhandlungspartner folgende Punkte berücksichtigen:

- Definition besonders *schützenswerter Mitarbeitergruppen, ggf. mit besonderem Kündigungsschutz* (ältere Mitarbeiter, Schwan-

gere, Eltern in Elternzeit, Schwerbehinderte). Diese können von
den Maßnahmen ganz ausgenommen oder privilegiert werden.
• Verhandlung der *konkreten Maßnahmen*, mit denen der Abbau
durchgeführt werden soll. In Betracht kommen hierfür alle in
1.1 genannten Instrumente sowie besonders die Einrichtung
einer beE. Dabei legen Unternehmensleitung und Betriebsrat
die Bedingungen für die jeweiligen Maßnahmen fest.
• Definition der *Anzahl der Mitarbeiter*, die für die jeweilige
Maßnahme vorgesehen sind.
• Festlegung der *Zeitdauer* der einzelnen Abbaumaßnahmen.

Verhandlungsgegenstand „Einrichtung einer beE"

Entscheiden sich die Verhandlungspartner bei den Abbaumaßnahmen auch für die Einrichtung einer beE, sollten sie dafür in ihren
Beratungen die folgenden Eckpunkte klären:

a) *Interne oder externe Transfergesellschaft/Festlegung des Trägers*
    Dabei sollten dem Betriebsrat die jeweiligen Vorzüge der
    beiden Formen dargelegt werden. Basis dafür sollten die in
    2.2.2 genannten Entscheidungskriterien sein.
b) *Festlegung der Laufzeit*
    Für den Bezug von Transferkurzarbeitergeld gilt eine maxima-
    le Laufzeit von zwölf Monaten. Eine längere Laufzeit bedarf
    einer Eigenfinanzierung des Arbeitgebers. Die Minimallauf-
    zeit orientiert sich an den Kündigungsfristen der Mitarbeiter,
    die in die beE wechseln.[1] Des Weiteren muss der Termin für
    den Start der beE festgelegt werden.
c) *Ausgestaltung des Arbeitsvertrags*
    Bei einer internen beE gibt es dafür zwei Möglichkeiten:
    entweder einen befristeten Arbeitsvertrag mit Aufhebungsver-
    trag zum Ende der beE-Laufzeit oder einen unbefristeten
    Arbeitsvertrag mit garantierter Mindestlaufzeit und anschlie-
    ßender Kündigung zum Ende der beE-Laufzeit infolge Be-
    triebsschließung. Bei Ausscheiden der Mitarbeiter aus der

---

1. Mitarbeiter in einer beE können aber sofort aus der beE ausscheiden, um ein neues
   Beschäftigungsverhältnis aufzunehmen.

Transfergesellschaft kann eine Abfindungsregelung gelten, deren Konditionen ebenfalls festgelegt werden müssen. Bei der externen Form der beE unterschreibt der Mitarbeiter einen Aufhebungsvertrag.

d) *Festlegung des Monatsgehalts*
Die Höhe des garantierten monatlichen Nettoentgelts für die Mitarbeiter muss festgelegt werden. Von diesem Gehalt trägt die Agentur für Arbeit den durch das Transferkurzarbeitergeld gedeckten Anteil (vergleiche 10.2). Der Arbeitgeber stockt diesen Anteil auf die festzulegende Höhe auf. Ebenso müssen die Verhandlungspartner die Behandlung von tariflichen Leistungen, Einmalzahlungen u. Ä. klären.

e) *Festlegung der Voraussetzungen für die Einrichtung der beE*
Die Einrichtung der beE kann abhängig gemacht werden von der Gewährung des Transferkurzarbeitergeldes durch die Agentur für Arbeit. Ebenso kann eine Mindestanzahl von Übertritten zur Bedingung gemacht werden. Dies ist gesetzlich nicht erforderlich, kann aber wegen des Investitionsaufwandes sinnvoll sein.

f) *Festlegung des Budgets*
Das Budeget muss insbesondere für die Infrastruktur und die fachliche Qualifizierung festgelegt werden.

g) *Entscheidung über ein Kontrollorgan*
Dies kann beispielsweise die Einrichtung eines Beirats sein.

h) *Festlegung der Vorgehensweise von Controlling und Reporting*
Die Entscheidung über die Form, den Inhalt, die Häufigkeit und die Adressaten der Berichte zum Status der beE-Aktivitäten muss getroffen werden.

TIPP:
☝ *Es ist empfehlenswert, ein Kontrollgremium (beispielsweise einen Beirat aus Arbeitgeber- und Arbeitnehmervertretern) einzusetzen, das die Aktivitäten und die Mittelverwendung in der beE begleitet und überwacht. Dies schafft Transparenz und Vertrauen.*

3.2 Abschluss eines Interessenausgleichs und Sozialplans

Um das Ergebnis ihrer Verhandlungen zu fixieren, schließen Unternehmensleitung und Betriebsrat zur Gründung einer beE in den meisten Fällen einen Interessenausgleich und einen Sozialplan. Diese Betriebsvereinbarungen gelten dann für den gesamten betroffenen Betrieb. Sie enthalten naturgemäß vor allem die in 3.1 als Verhandlungsgegenstände genannten Punkte. Die folgenden Checklisten stellen die spezifischen Inhalte von Interessenausgleich und Sozialplan noch einmal im Überblick dar.

Interessenausgleich

Ein Interessenausgleich dient dem Ausgleich zwischen dem Interesse des Arbeitgebers an der durch seine unternehmerische Entscheidung beschlossenen Betriebsänderung auf der einen Seite und dem Interesse des Arbeitnehmers am (unveränderten) Fortbestand seines Arbeitsverhältnisses auf der anderen Seite. Mit dem Interessenausgleich soll eine Einigung über das Ob, Wann und Wie der Betriebsänderung und damit über die weitgehende Vermeidung von Nachteilen für die Belegschaft erzielt werden.

> **Mögliche Inhalte des Interessenausgleichs**
> 1. Notwendigkeit und Hintergründe des Personalabbaus
> 2. Räumlicher und persönlicher Geltungsbereich der Vereinbarung
>   d. h. welcher Betrieb/welche Betriebsteile und welche Arbeitnehmer sind von der Vereinbarung erfasst? Gleichzeitig kann eine Ausschlussregelung für bestimmte Arbeitnehmergruppen (z. B. Leitende Angestellte oder Arbeitnehmer in befristeten Arbeitsverhältnissen) notwendig sein.
> 3. Umfang des Personalabbaus

4. Maßnahmenkatalog
   Für die einzelnen Maßnahmen müssen auch die Zahl der davon betroffenen Arbeitnehmer sowie die Rahmenbedingungen festgeschrieben werden. Hier muss bereits die Möglichkeit einer beE als Alternative zu Aufhebungsvertrag bzw. betriebsbedingter Kündigung genannt sein.
5. evtl. Sonderregelungen für besonders schutzwürdige Arbeitnehmergruppen

Sozialplan

Ein Sozialplan dient dem Ausgleich oder der Milderung wirtschaftlicher Nachteile, die der Arbeitnehmer durch die Betriebsänderung erleidet. Er enthält daher die konkrete Detaillierung der im Interessenausgleich genannten Maßnahmen sowie die jeweilige Kompensation für die damit verbundenen Verluste der Arbeitnehmer. Haben die Verhandlungsparteien das Ziel, den Wegfall der Arbeitsplätze nicht ausschließlich durch finanzielle Abfindungen zu entschädigen, sondern auch durch Vermittlungs- und Qualifizierungsangebote den Übergang in eine neue Beschäftigung zu erleichtern, so wird dies in einem so genannten Transfersozialplan festgelegt.

Mögliche Inhalte des Transfersozialplans im Hinblick auf die Einrichtung einer beE

1. Betroffene Mitarbeitergruppen
2. Aufhebungs-/Änderungsverträge (vergleiche 3.3)
3. Beginn und Laufzeit der beE
4. Name des Trägers der beE (interne oder externe Form)
5. Höhe des monatlichen Entgelts für die Mitarbeiter
6. Berechnungsmatrix für Abfindungen
7. Finanzielle Mittel und Budget für Qualifizierungsmaßnahmen
8. Gewährung von Transferkurzarbeitergeld durch die Agentur für Arbeit als Bedingung für die Einrichtung der beE
9. evtl. Einrichtung eines Beirats für die beE

3.3 Verträge und Aufgaben für Mitarbeiter einer beE

Im Folgenden soll die Vertragsgestaltung bei Übertritt des Mitarbeiters in eine interne beE beleuchtet werden. (Falls man sich für eine externe beE entschieden hat, werden Mitarbeiter und Arbeitgeber einen Aufhebungsvertrag zur Beendigung des bisherigen Arbeitsverhältnisses unterschreiben, Mitarbeiter und Transfergesellschaften einen neuen, befristeten Vertrag (= dreiseitiger Vertrag) schließen.) Die Arbeitsverträge derjenigen Mitarbeiter, die in die interne beE wechseln, müssen zum Übertritt in die beE geändert werden (Änderungsvertrag). Dies ist deshalb notwendig, weil die Mitarbeiter durch ihre bisherigen Arbeitsverträge zur Erbringung einer definierten Aufgabe verpflichtet sind. Diese Aufgabe ist durch die Betriebsänderung entfallen.

Je nach den im Sozialplan festgehaltenen Entscheidungen sollten zu dem Aufhebungsverträge zum Ende der Laufzeit der beE mit dem Mitarbeiter vereinbart werden. Daneben kommt auch die Vereinbarung eines weiterhin unbefristeten Arbeitsverhältnisses in Betracht, bei dem lediglich die arbeitsvertraglichen Aufgaben modifiziert werden und ggf. aufgrund Betriebsschließung gekündigt werden muss.

In jedem Falle muss man in einem Änderungsvertrag folgende Punkte regeln:

Inhalte des Änderungsvertrags für den Mitarbeiter zum Übertritt in die interne beE

1. Zeitpunkt des Übertritts
2. Laufzeit der beE
3. arbeitsvertragliche Pflichten
4. Bezüge
   (Transfer-KuG + evtl. Aufstockung, Weihnachts-/Urlaubsgeld, Einmalzahlungen)
5. Genehmigung und Anrechnung von Nebentätigkeiten
6. Transfer-KuG-Bezug als Bedingung
7. Abfindungshöhe bei Ausscheiden

8. Fortgeltung der sonstigen Arbeitsbedingungen
9. Pflicht zur sofortigen Arbeitsuchendmeldung der Arbeitnehmer (§ 37 SGB III)
10. Aufhebung des Arbeitsverhältnisses zum Ende der beE-Laufzeit

Die übertretenden Mitarbeiter werden von ihrer bisherigen Aufgabe vollständig freigestellt und in die beE versetzt. Ihre neue Aufgabe besteht nun darin, möglichst schnell eine Anschlussbeschäftigung zu finden. Hierfür sind sie verpflichtet, an den angebotenen Maßnahmen, z. B. Beratungen, Workshops, Qualifizierung usw. teilzunehmen. Dabei haben die Mitarbeiter keine tägliche Anwesenheitspflicht in der beE. Es besteht auch keine vorgeschriebene Arbeitszeit, die sie auf die verschiedenen Aufgaben der Stellensuche verwenden müssten. Wie und wo sie diese Aufgabe angehen, bleibt ihnen weitestgehend selbst überlassen. Sie müssen allerdings erkennen lassen (und gegebenenfalls auch belegen), dass sie aktiv und engagiert nach einer neuen Tätigkeit suchen. Tun sie dies nicht, kann die Agentur für Arbeit die Auszahlung des Transferkurzarbeitergeldes für eine gewisse Zeit aussetzen.

3.4 Die Form der „beE ICN"

Der bei Siemens für ICN geschlossene Interessenausgleich mit Sozialplan enthielt verschiedene Säulen für den Abbau von 2.300 Stellen: Durch Arbeitszeitverkürzung und Insourcing konnten mehrere hundert Arbeitsplätze erhalten werden. Außerdem erhielten alle Mitarbeiter Gelegenheit, sich bis Ende des Jahres 2002 für den Abschluss eines Aufhebungsvertrags zu entscheiden. Oder sie konnten, sofern sie nicht älter als 54 Jahre waren, den Übertritt in die Transfergesellschaft „beE ICN" zum 01.01.2003 wählen. Diese Möglichkeit nahmen am Ende insgesamt 518 Mitarbeiter wahr.

Die Form der „beE ICN" entsprach den in Kapitel 2.2 Die „betriebsorganisatorisch eigenständige Einheit" (beE) (§ 216b SGB III) beschriebenen gesetzlichen Vorgaben und Rahmenbedingungen für eine interne beE. ICN nutzte jedoch den darin enthaltenen Spielraum zum Vorteil seiner Mitarbeiter und schrieb folgendes Vorgehen im Sozialplan fest:

Die beE ICN hatte eine Laufzeit von 14 Monaten; nach damaliger Rechtslage konnte diese, unter Gewährung von Strukturkurzarbeitergeld, auf 24 Monate verlängert werden.[1] Die beE ICN begann am 01.01.2003, mit geplantem Ende zum 28.02.2004. Sie wurde später bis zum 31.12.2004 verlängert.

Der Auftrag der beE bestand darin, die übergetretenen Mitarbeiter so schnell wie möglich in neue, ihrem Profil angemessene Arbeitsplätze auf dem ersten Arbeitsmarkt zu vermitteln. Mit dieser Aufgabe wurde ein elfköpfiges Team aus Siemens-Mitarbeitern betraut.

Da die „beE ICN" eine Einheit innerhalb von Siemens war, blieben die Mitarbeiter auch nach ihrem Übertritt Mitarbeiter der Siemens AG. Dies hatte zwei entscheidende Vorteile: Erstens fiel den Mitarbeitern der Entschluss zu einem Übertritt leichter. Zweitens konnten sie sich weiterhin als Mitarbeiter der Siemens AG bewerben – ein entscheidender Pluspunkt auf dem Arbeitsmarkt.

Für ihren Übertritt erhielten die Mitarbeiter entsprechend den Vorgaben des Sozialplans zu ihrem bestehenden Arbeitsvertrag einen Übertrittsvertrag. Er enthielt die folgenden entscheidenden Punkte:

* Der Mitarbeiter verpflichtet sich, aktiv an den Beratungen, Arbeitsvermittlungs- und Fortbildungsmaßnahmen teilzunehmen.
* Das gesetzlich festgeschriebene Strukturkurzarbeitergeld wurde durch Siemens auf 85 % des bisherigen regelmäßigen Monatsnettos aufgestockt. Damit ging ICN über die bei anderen Arbeitgebern übliche Aufstockung auf 80 % hinaus. In dieser Aufstockung waren Einmalzahlungen wie Urlaubs- und Weihnachtsgeld u. Ä. enthalten.
* Als weitere Sozialplanleistung wurde eine Abfindungszahlung bei Ausscheiden aus der beE vereinbart; diese war umso höher, je schneller die Mitarbeiter zu einem anderen Arbeitgeber wechselten.
* Der Anspruch auf Belegschaftsaktien und vermögenswirksame Leistungen blieb ebenso bestehen wie der Urlaubsanspruch im bisherigen Umfang.
* Die Zeit in der beE wurde zudem für die betriebliche Altersversorgung und die Betriebszugehörigkeit angerechnet. Dies war besonders für langjährige Mitarbeiter ein wichtiges Entscheidungskriterium.

---

1. Rechtslage seit 01.01.2004: Gewährung von Transferkurzarbeitergeld max. 12 Monate.

- Für die erforderlichen fachlichen Qualifizierungsmaßnahmen stellte ICN pro Arbeitnehmer in der beE 4.000 Euro zur Verfügung. Dabei hatte nicht jeder der Mitarbeiter automatisch einen Anspruch auf Schulungen im Wert von 4.000 Euro. Dieser Betrag floss vielmehr in den allen übergetretenen Arbeitnehmern gemeinsamen „Finanztopf", der aus den Gehaltsaufstockungen durch die Siemens AG, den Abfindungen und dem Budget für die jeweiligen Qualifizierungen bestand. Bei Arbeitnehmern, die bald nach ihrem Übertritt, vor Ablauf der 14-monatigen Laufzeit, einen neuen Job fanden, blieb in der Regel ein Teil des eingeplanten Betrags im Finanztopf ungenutzt. Dies erhöhte die Restsumme im „Topf". Das kam den noch nicht vermittelten Kollegen zugute, denn das verbliebene Geld wurde für die Verlängerung der beE-Laufzeit (auf höchstens 24 Monate) genutzt.

Die Tätigkeit der beE ICN wurde von einem sechsköpfigen Beirat kontrolliert, der aus drei Vertretern des Arbeitgebers und drei Arbeitnehmervertretern bestand. Der Beirat genehmigte auf quartalsweisen Zusammenkünften das Budget der beE ICN und die Verwendung dieser Mittel (siehe 9.5). Er überwachte zudem die laufenden Qualifizierungs- und Vermittlungsmaßnahmen sowie die monatlichen Vermittlungserfolge. Im Einzelnen hatte der Beirat folgende Aufgaben und Befugnisse:

1. Genehmigung des Jahresbudgets (Mittelverwendungsplanung)
2. Genehmigung des Quartalsbudgets (Mittelverwendungsplanung) auf Grundlage des genehmigten Jahresbudgets
3. Entgegennahme und Prüfung von Statusberichten (quartalsweise), die Angaben zu folgenden Punkten enthalten mussten:

   - Mittelverwendung
   - Durchgeführte/geplante Qualifizierungsmaßnahmen (Inhalt, Teilnehmer, Kosten)
   - Vermittlungsbemühungen und -erfolge
   - Entscheidung über die Verwendung erwirtschafteter Mittel (einschließlich Strukturkurzarbeitergeld und ESF-Mittel, falls vorhanden), ersparter Remanenzkosten usw. (vergleiche 10.1).

Durch diese Kontrolle stellte ICN sicher, dass es seinen Mitarbeitern in der beE tatsächlich attraktive Betreuungsleistungen und damit die Aussicht auf einen neuen Arbeitsplatz anbot. Schließlich hatte man sich aus genau diesem Grund für die interne Form der Transfergesellschaft entschieden.

4 Die Zusammenarbeit mit der Agentur für Arbeit

Eine häufig gestellte Frage im Zusammenhang mit der Errichtung einer Transfergesellschaft ist die nach der Zusammenarbeit mit der Agentur für Arbeit. – Das Personalteam einer bee befindet sich während der gesamten Zeit von der Planung bis zum Ende der Transfergesellschaft in ständigem Austausch mit der lokalen Agentur für Arbeit. So werden auch die grundlegenden Daten und Profile der bee-Mitarbeiter an die Agentur für Arbeit übermittelt und diese kann eigene (jedoch nicht verpflichtende!) Stellenangebote unterbreiten.

Im Übrigen agiert eine Transfergesellschaft in ihrer eigentlichen Vermittlungstätigkeit allerdings sehr eigenständig. Denn einer der besonderen Aspekte einer Transfergesellschaft ist ja, dass sie die Arbeitnehmer auf neue Arbeitsstellen vermittelt, *bevor* diese arbeitslos werden. Die Aufgaben der Agentur für Arbeit dagegen sind bisher noch hauptsächlich darauf ausgerichtet, Arbeitnehmer zu betreuen, die bereits arbeitslos sind. Außerdem können die Berater der Agentur für Arbeit naturgemäß nicht so vertraut mit den Profilen und Bedürfnissen der zu vermittelnden Mitarbeiter sein wie die Berater einer internen bee. Während in einer Transfergesellschaft ein Berater normalerweise 30 bis höchstens 70 Kandidaten betreut, sind es bei der Agentur für Arbeit oft mehrere hundert.

4.1 Informationsaustausch mit der Agentur für Arbeit

Während der gesamten Laufzeit einer bee ist eine enge Zusammenarbeit mit der Agentur für Arbeit sinnvoll und notwendig. Dabei lassen sich verschiedene Phasen unterscheiden:

1. *Vor Beginn der Verhandlungen mit den Arbeitnehmervertretern:*
   Klärung der Voraussetzungen für die Einrichtung und Bezuschussung einer Transfergesellschaft (vergleiche 4.2)

2. *Nach Einigung mit den Arbeitnehmervertretern:*
   a) Information zu den konkreten Verhandlungsergebnissen
   b) Einreichung der Anzeige über Arbeitsausfall (= Antrag auf Bezug von Transferkurzarbeitergeld, vergleiche 4.2)
   c) ggf. Mitwirkung der Agentur für Arbeit an Informationsveranstaltungen für betroffene Mitarbeiter (Informationen zur Rolle der Agentur für Arbeit während beE, zum Thema Arbeitslosigkeit usw.)
   d) Festlegung des Zeitplans und des weiteres Vorgehens bezüglich des Profilings und der Arbeitsuchendmeldung

3. *Zum Start der Transfergesellschaft:*
   a) Einrichtung der Arbeitsuchendmeldung der betroffenen Arbeitnehmer
   b) Durchführung des Profiling und Übermittlung der Profiling-Daten der betroffenen Arbeitnehmer (vergleiche 4.3)
   Idealerweise erfolgen beide Meldungen gesammelt durch die Transfergesellschaft. Das Prozedere sollte man vorab mit der Agentur für Arbeit klären.

4. *Während der Laufzeit der Transfergesellschaft:*
   a) monatlicher Antrag auf Kurzarbeitergeld (Leistungsantrag)
   b) regelmäßiger Statusbericht und Austausch zu den Vermittlungserfolgen der Transfergesellschaft (monatliche Betriebsmeldung über Kurzarbeit und halbjährliche Meldung über Kurzarbeit, vergleiche 4.2) bzw. zu den Vermittlungsbemühungen (nach Absprache mit der lokalen Agentur für Arbeit monatlich oder quartalsweise)
   c) Zusammenarbeit mit den Vermittlern der Agentur für Arbeit (vergleiche 4.3)

5. *Gegen Ende der Laufzeit der Transfergesellschaft:*
   ggf. Beratung von nicht vermittelten Arbeitnehmern beim Übergang in die Arbeitslosigkeit

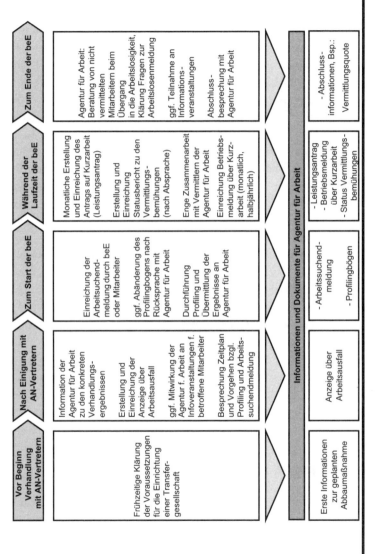

Abbildung 4: Die Zusammenarbeit mit der Agentur für Arbeit

Diese Kooperation mit der Agentur für Arbeit ist wichtig, um die Voraussetzungen für die Genehmigung des Transferkurzarbeitergeldes frühzeitig zu klären. Die Agentur für Arbeit kann die Unternehmen auch über mögliche weitere Förderungen beraten.

Durch eine konstruktive Zusammenarbeit mit der Agentur für Arbeit kann die beE den Arbeitnehmern zudem schon von Anfang an den Service bieten, dass sie Fachleute der Agentur für Arbeit zu Gesprächen und Informationsveranstaltungen einlädt. Denn besonders zu Beginn und gegen Ende der beE-Laufzeit benötigen die Mitarbeiter Informationen zu den Angeboten und Regelungen der Agentur für Arbeit. Vor Übertritt in die beE können dies grundsätzliche Informationen über Transfergesellschaften und natürlich auch über eine mögliche Arbeitslosigkeit sein. Für diejenigen Mitarbeiter, die in die beE eintreten, kann zudem der zuständige Vermittler der Agentur für Arbeit seine Unterstützung anbieten. Gegen Ende der Laufzeit brauchen die nicht vermittelten Arbeitnehmer Auskunft darüber, wie sie Arbeitslosengeld beantragen können, ob Sperr- und Ruhenszeiten für sie relevant werden, wie die weitere Betreuung durch die Agentur für Arbeit aussieht usw. Bei all diesen Fragen kann die Transfergesellschaft dadurch helfen, dass sie die Ansprechpartner der Agentur für Arbeit frühzeitig in die Räume der beE einlädt. Solche Veranstaltungen vor Ort sind nicht nur ein Service für die beE-Mitarbeiter, die dadurch gezielt an die für sie relevanten Informationen gelangen, sondern sie sind auch im Interesse der Agentur für Arbeit, die dadurch die zahlreichen Einzelanfragen der Arbeitnehmer zum gleichen Thema bündeln und ihr Angebot umfassend vorstellen kann.

4.2 Meldungen an die Agentur für Arbeit

Vor Einrichtung der Transfergesellschaft sowie über die gesamte Laufzeit der beE verlangt die Agentur für Arbeit regelmäßige Informationen über die betreffenden Vorgänge. Dabei handelt es sich um Meldungen und Anträge für den Bezug des Transferkurzarbeitergeldes sowie um Datensätze für statistische Zwecke:

1. Anzeige über Arbeitsausfall – (Vordruck der Agentur für Arbeit:
   Anzeige über Arbeitsausfall)

Diese Anzeige muss erfolgen, sobald die Einführung einer Transfergesellschaft im Unternehmen verbindlich beschlossen und die Rahmenbedingungen dazu festgelegt wurden. In der Anzeige muss man nachweisen, dass die Voraussetzungen für den Bezug von Transferkurzarbeitergeld gegeben sind. Dazu gehört die Darstellung des Umfangs des Personalabbaus, die Darstellung der geplanten Maßnahmen sowie die Zeitplanung für die Abbaumaßnahmen. Als Nachweis für die Betriebsänderung muss der Interessenausgleich, Sozialplan oder eine sonstige Vereinbarung sowie bei einer internen beE eine Stellungnahme des Betriebsrats beigefügt werden. Hieraus muss Umfang und Zeitplan der Personalanpassungsmaßnahme erkennbar sein. Diese Meldung muss vom Arbeitgeber in Schriftform eingereicht werden. Sie geht an die vor Ort zuständige Agentur für Arbeit, also die Agentur in demjenigen Bezirk, in dem der personalabgebende Betrieb seinen Sitz hat. Als Eingangsfrist gilt der letzte Tag des Monats, in dem die Kurzarbeit für die Mitarbeiter beginnt.

2. Antrag auf Kurzarbeitergeld (KuG) – (Vordruck der Agentur für
   Arbeit: Leistungsantrag)

Der Arbeitgeber geht zunächst in Vorleistung gegenüber dem beE-Mitarbeiter, d. h., er zahlt dessen monatliches beE-Gehalt zunächst in voller Höhe aus und beantragt jeweils nach Monatsende die Erstattung des darin enthaltenen KuG-Anteils bei der Agentur für Arbeit. Dieser Antrag auf Kurzarbeitergeld besteht aus zwei Teilen: dem so genannten „Leistungsantrag" und der „Abrechnungsliste". Sie müssen monatlich eingereicht werden.

3. Meldung über Kurzarbeit – (Vordruck der Agentur für Arbeit:
   Datenblatt Struktur-Kug)

Diese Meldung dient der Erfassung der Strukturdaten durch die Agentur für Arbeit zur Beurteilung der arbeitsmarktpolitischen Wirkung der Leistung. Gemäß § 216b Abs. 9 SGB III hat der Arbeitgeber der Agentur für Arbeit jeweils zum Stichtag 30.6. bzw. 31.12. eines Jahres unverzüglich Daten über die Struktur der betriebsorganisatorisch eigenständigen Einheit, die Zahl der darin zusammengefassten Arbeitnehmer sowie Angaben über die Altersstruktur und die Integrationsquote der Bezieher von Transferkurzarbeitergeld zuzuleiten

4. *Betriebsmeldung über Kurzarbeit – (Vordruck der Agentur für Arbeit: Betriebsmeldung über Kurzarbeit)*
Mit dieser Meldung erhält die Agentur für Arbeit Informationen über die Entwicklung der Kurzarbeit, die sie wiederum für die Beurteilung des Arbeitsmarktgeschehens heranzieht. Daher müssen Arbeitgeber, in deren Betrieben Kurzarbeitergeld geleistet wird, gemäß § 320 Abs. 4 SGB III der Agentur für Arbeit monatlich während der Dauer des Leistungsbezugs Auskünfte über Betriebsart, Beschäftigtenzahl, Zahl der Kurzarbeiter, Ausfall der Arbeitszeit und bisherige Dauer, Unterbrechung oder Beendigung der Kurzarbeit erteilen.

TIPP:

 Den gesamten Beantragungs- und Meldungsprozess sollte man im Rahmen einer vertrauensvollen Zusammenarbeit unbedingt frühzeitig mit der zuständigen Abteilung der lokalen Agentur für Arbeit absprechen.

4.3 Das Profiling

Seit dem 01.01.2004 legt der Gesetzgeber für die Einrichtung einer Transfergesellschaft in § 216b Abs. 4 SGB III fest, dass die Mitarbeiter vor Eintritt in eine beE an einer „arbeitsmarktlich zweckmäßigen Maßnahme zur Feststellung der Eingliederungsaussichten", dem so genannten „Profiling", teilnehmen müssen. Dieses Profiling dient dazu, die für die Vermittlung am Arbeitsmarkt notwendigen fachlichen und persönlichen Kompetenzen und Erfahrungen jedes Mitarbeiters zu bestimmen und festzuhalten, um daraus seine Vermittlungsaussichten ableiten zu können. Der Arbeitnehmer soll dadurch seine Chancen auf dem Arbeitsmarkt besser einschätzen können und zudem für ein Eigenengagement bei der Suche nach einer neuen Beschäftigung aktiviert werden. Durchgeführt werden diese „Gespräche zur Eignungsfeststellung" entweder durch den Arbeitgeber oder durch einen beauftragten Dritten. Sie müssen vor dem Eintritt in eine beE stattfinden und können nur in Ausnahmefällen noch im ersten Monat der beE-Laufzeit nachgeholt werden.

Eine Struktur für die Durchführung der Profiling-Gespräche gibt der so genannte „Profiling-Bogen" vor, in dem auch die Gesprächsergebnisse erfasst werden. Man erhält ihn bei der Agentur für Arbeit. In diesem Bogen werden Einschätzungen zu verschiedenen Kategorien abgefragt:

Kategorien des Profiling-Bogens

Bundesagentur für Arbeit

Profilingbogen

(Arbeitsmarktbezogene Chanceneinschätzung)

Name: Maßnahme:

Geb. Datum: Träger:

Kud.-Nr.:   Dauer:

Adresse:

Tel.-Nr: Handy:

E-Mail:

BKZ	
Berufsbezeichnung	
Ausbildungsabschluss	

Berufsrückkehrer/-in					

Staatsangehörigkeit					
Aufenthaltsstatus (wenn nicht dt. Staatsbürger)					

Qualifikation

Fachliche Kenntnisse	○ Außergewöhnliche Kenntnisse	○ Fundierte Kenntnisse	○ Grundkenntnisse	○ Lückenhafte Grundkenntnisse	○ Kaum/ keine Kenntnisse
Welche fachlichen Kenntnisse waren das in den letzten Jahren?					
Bisherige Berufserfahrung	○ Sehr umfangreich	○ Umfangreich	○ Wenig Erfahrungen	○ Nur Ausbildung oder aus anderem Bereich	○ Keine Berufserfahrung
Personalverantwortung	○ Qualifiziert für Geschäftsführerebene oder Ähnliches	○ Qualifiziert für Abteilungsleiterebene oder Ähnliches	○ Qualifiziert für Ausbildung (Meister, Vorarbeiter, Lehrgeselle)	○ Qualifiziert für Praktikantenbetreuung	○ Ohne Erfahrung
Deutsch- Sprachkenntnisse	○ überdurchschnittlich (umfangreicher Wort-schatz	○ gut durchschnittlich (ausreichender Wortschatz	○ durchschnittlich (ausreichender Wortschatz nur in Wort)	○ knapp durchschnittlich (versteht alles)	○ unterdurchschnittlich (Verständigung kaum möglich)
Fremdsprachenkenntnisse 1. Sprache	○ überdurchschnittlich	○ gut durchschnittlich	○ durchschnittlich	○ knapp durchschnittlich	○ unterdurchschnittlich
Fremdsprachenkenntnisse 2. Sprache	○ überdurchschnittlich	○ gut durchschnittlich	○ durchschnittlich	○ knapp durchschnittlich	○ unterdurchschnittlich
Internetkenntnisse	○ überdurchschnittlich	○ gut durchschnittlich	○ durchschnittlich	○ knapp durchschnittlich	○ unterdurchschnittlich
MS Excel	○ überdurchschnittlich	○ gut durchschnittlich	○ durchschnittlich	○ knapp durchschnittlich	○ unterdurchschnittlich
MS PowerPoint	○ überdurchschnittlich	○ gut durchschnittlich	○ durchschnittlich	○ knapp durchschnittlich	○ unterdurchschnittlich

MS Word	❍ überdurchschnittlich	❍ gut durchschnittlich	❍ durchschnittlich	❍ knapp durchschnittlich	❍ unterdurchschnittlich
MS Access	❍ überdurchschnittlich	❍ gut durchschnittlich	❍ durchschnittlich	❍ knapp durchschnittlich	❍ unterdurchschnittlich
MS Outlook	❍ überdurchschnittlich	❍ gut durchschnittlich	❍ durchschnittlich	❍ knapp durchschnittlich	❍ unterdurchschnittlich
Weitere EDV-Kenntnisse					
Sonstiges (u. a. Einschätzung von zusätzlich bzw. ehrenamtlich erworbenen Qualifikationen, weitere Fremdsprachen)					

Mobilität, Flexibilität

Regionale Mobilität	❍ mobil ohne Einschränkungen	❍ mobil mit Einschränkungen	❍ regional nicht mobil
Überregionale Mobilität	❍ uneingeschränkt	❍ eingeschränkt	❍ überregional nicht mobil
Gewünschte Arbeitszeit	❍ Vollzeit	❍ Teilzeit Beschreibung:	
Arbeitszeit	❍ marktgerecht	❍ nicht marktgerecht	
Lohn-/bisheriges Netto-Gehalt: Gehaltsvorstellung;	❍ keine Einschränkung	Wunschgehalt: ❍ angemessen ❍ unrealistisch	
Sonstiges			

Motivation und Verhalten

Bewerbungsverhalten, -unterlagen	❍ Benötigt keinerlei Unterstützung		❍ Benötigt teilweise Unterstützung		❍ Benötigt umfangreiche Unterstützung

Weiterbildungs-bereitschaft	❍ strebt von sich aus Wei-terbildung an		❍ nimmt Weiterbil-dungsan-gebote an		❍ ist nicht an Weiter-bildung interessiert
Sonstiges					

Weitere Kriterien

Sonstiges (z.B. gesundheitliche Einschränkungen)	
PC zu Hause vorhanden?	❍ ja ❍ nein
Internetanschluss zu Hause vorhanden?	❍ ja ❍ nein
geplanter Urlaub im November?	

Zur Eingliederung wird zusätzlich folgendes Vorgehen vorgeschlagen:

Erklärung des Teilnehmers:

Der Inhalt des Profilingbogens wurde mir bekannt gegeben. Mit der Weitergabe der Ergebnisse an die Agenturen für Arbeit bin ich einverstanden.

_____

Unterschrift, Ort, Datum

_____

Unterschrift des Profilers, Ort, Datum

Gesamteinschätzung

Es besteht die Gefahr der Arbeitslosigkeit:	❍ ja ❍ nein

Auftreten und Erscheinungsbild	❍ Vorteil-haft		❍ Un-auffällig		❍ Nicht vorteilhaft

○ Uneingeschränkt vermittelbar	○ Vermittlung mit geringfügigen Hilfen realisierbar	○ Vermittlung erst nach umfassender Qualifizierung realisierbar	○ Braucht umfassende weitergehende Hilfen
	Beschreibung:	Beschreibung:	Beschreibung:

Sonstiges:

Bsp.: Erweiterter Profilingbogen (nach Rücksprache mit Agentur für Arbeit)

TIPP:

 Je nach Zielgruppe empfiehlt es sich, den Profiling-Bogen der Agentur für Arbeit zu erweitern (besonders bei der Erfassung der Qualifikationen). Diese Erweiterung sollte man frühzeitig mit der Agentur für Arbeit absprechen.

Der Berater, der das Gespräch führt, erarbeitet die Angaben zu den einzelnen Kategorien gemeinsam mit dem Mitarbeiter. Anschließend formuliert er eine Gesamteinschätzung des Mitarbeiters. Dabei beantwortet er auch die Frage, ob dem Arbeitnehmer Arbeitslosigkeit droht bzw. ob und in welchem Umfang Vermittlungshindernisse bestehen. Der Mitarbeiter unterschreibt den ausgefüllten Profiling-Bogen, der dann an die zuständigen Vermittler der lokalen Agentur für Arbeit geschickt wird.

Weist der Mitarbeiter so genannte „Qualifizierungsdefizite" auf, die seine Vermittlung erschweren oder ihr im Wege stehen, ist der Arbeitgeber verpflichtet, in der beE geeignete Maßnahmen zur Verbesserung in der beE zur Verbesserung der Eingliederungsaussichten anzubieten.

Die Durchführung des Profilings übernimmt am besten der Träger der Transfergesellschaft, d. h. das für die Realisierung der beE verantwortliche Team. Denn das Profiling ist keineswegs nur eine gesetzliche Vorgabe, die der Information der Agentur für Arbeit dient. Es hat auch für die Transfergesellschaft selbst weitreichenden Nutzen: Die Profiling-Gespräche sind der erste Kontakt des beE-Teams mit den betroffenen Mitarbeitern nach den allgemeinen Informationsveranstaltungen, auf denen das Unternehmen seine Mitarbeiter in der Regel über die grundlegenden Rahmenbedingungen der Transfergesellschaft informiert (vergleiche 5.2). Die Berater der beE gewinnen in den Profiling-Gesprächen erste Eindrücke von den Mitarbeitern, mit denen sie in der Transfergesellschaft arbeiten werden. Wichtig ist dabei vor allem, einen ersten Gesamtüberblick über die fachlichen Qualifikationen und Erfahrungen sowie über die sozialen und kommunikativen Kompetenzen der Kandidaten zu erhalten. Des Weiteren kann sich das beE-Team ein Bild davon machen, wie die Betroffen die von der Unternehmensleitung beschlossene Personalanpassung erleben und auf welche Stimmungslage unter den Kandidaten sich die Berater einstellen müssen. Auch einige der persönlichen Vorstellungen, Bedingungen und Schwierigkeiten der einzelnen Kandidaten können sie bereits bei dieser Gelegenheit besprechen.

All diese Erkenntnisse helfen dem beE-Team dabei, sein Konzept für die Vermittlungtätigkeit zu überprüfen und genau auf die Zielgruppe abzustimmen: Es kann die Inhalte von Workshops (vergleiche 7.1) an den Bedarf der Zielgruppe anpassen und eine erste Analyse des fachlichen Qualifizierungsbedarfs vornehmen. Zudem kann bereits im Vorfeld der Kontakt zu geeigneten potenziellen Arbeitgebern aufgenommen oder intensiviert und mit der Recherche passender Vakanzen begonnen werden (vergleiche 7.4). Ein weiterer Vorteil ist die Möglichkeit, Kandidaten mit ähnlichem Lernniveau für die verschiedenen Maßnahmen in der Transfergesellschaft zusammenzustellen.

Auch für den einzelnen Mitarbeiter sind die Profiling-Gespräche eine wichtige Informationsquelle: Er kann seinen beruflichen Standort und seine Marktfähigkeit besser einschätzen. In den Gesprächen lernt er zudem bereits vor dem offiziellen Start der beE zum ersten Mal die Arbeit der Transfergesellschaft kennen und erlebt, dass sich das beE-Team für ihn engagiert und die Berater tatsächlich Wert auf eine individuelle Betreuung legen. So kann er beurteilen, ob ihm die Leistungen einer Transfergesellschaft bei der Suche nach einer neuen Stelle Vorteile bringen. Dadurch liefert ihm das Profiling über die Informationen seines Arbeitgebers hinaus eine weitere Entscheidungsgrundlage für oder gegen den Eintritt in die beE. Mitarbeiter und Berater haben hier die Chance, die Grundlage für eine erfolgreiche Zusammenarbeit zu legen.

✍ *Auf den Punkt gebracht:*
- Die Profilings sollten möglichst frühzeitig und innerhalb eines kompakten Zeitrahmens durchgeführt werden. So bleibt ausreichend Zeit, die Ergebnisse in das inhaltliche Konzept und die organisatorische Durchführung der Transfergesellschaft einfließen zu lassen.
- Das Profiling sollten diejenigen Berater und Projektleiter durchführen, die anschließend auch für die beE tätig sind. So gehen die in den Gesprächen gewonnenen Informationen nicht verloren und dienen als Basis für zukünftige Beratungen.

TIPP:

✍ *Ab einer gewissen Anzahl von Profiling-Gesprächen sollte man diese zentral koordinieren. Für die Planung haben sich feste Zeitfenster bewährt, auf die die Gespräche gelegt werden.*

✍ *Ein Profiling-Gespräch dauert im Schnitt 45 bis 60 Minuten. Zwischen den einzelnen Gesprächen ist ein Puffer von ca. 15 Minuten notwendig.*

✍ *Sinnvollerweise erfasst man den Profiling-Bogen von Anfang an elektronisch. Das erleichtert (je nach technischer Voraussetzung) die Übertragung der Daten in die Vermittlungsdatenbank der Transfergesellschaft.*

✍ *Um den Datenaustausch zwischen Transfergesellschaft und Agentur für Arbeit zu vereinfachen, kann man den Profiling-Bogen zusammen mit der Arbeitsuchendmeldung (vergleiche 4.1) übermitteln. Dies muss man jedoch zuvor mit der Agentur für Arbeit absprechen.*

Das Vorgehen beim Profiling

1. *Abstimmung mit der zuständigen Vermittlungsabteilung der Agentur für Arbeit*
   Entscheidung, wer die Profiling-Gespräche durchführt und wie der Zeitrahmen dafür aussieht. Abstimmung des Profiling-Bogens: Gewünschte Ergänzungen sollten frühzeitig mit der Agentur für Arbeit besprochen werden.

2. *Terminvereinbarung für die Gespräche*
   Festlegung von Profiling-Terminen und rechtzeitige Einladung der betroffenen Mitarbeiter zu den Gesprächen durch die Transfergesellschaft

3. *Profiling-Gespräche*
   Durchführung der Profilings mit allen Mitarbeitern. Am Ende muss für jeden betroffenen Mitarbeiter ein ausgefüllter und von ihm unterschriebener Profiling-Bogen vorliegen.

4. *Erfassung der Daten*
   Die Daten, die für die Arbeit der Transfergesellschaft nötig bzw. von Interesse sind, werden in den entsprechenden IT-Systemen (z.B. Vermittlungsdatenbank) erfasst.

5. *Übermittlung der Profiling-Bögen an die Agentur für Arbeit*
   Die ausgefüllten Profiling-Bögen werden an die Agentur für Arbeit in Papierform übermittelt.

6. *Auswertung der Informationen durch die Transfergesellschaft*
   Das beE-Team wertet umgehend die relevanten Informationen zu Berufsbildern und fachlichen Qualifikationen für seine Recherche nach geeigneten Arbeitgebern und Vakanzen aus und kann die Eckpunkte für Qualifizierungsmaßnahmen definieren.

5 Das Konzept

Das Hauptziel einer Transfergesellschaft ist es, jeden einzelnen Arbeitnehmer vor dem Eintreten von Arbeitslosigkeit passgenau in eine neue dauerhafte Beschäftigung zu vermitteln. Um dies zu erreichen, ist es wichtig, die Arbeitnehmer nicht nur zu Beginn der Arbeitssuche, sondern in jeder einzelnen Phase des Transferprozesses, also vom Moment des Arbeitsplatzverlustes bis zur Unterschrift unter einen neuen Arbeitsvertrag, zu unterstützen. Die dazu notwendigen Maßnahmen lassen sich in die folgenden fünf Aufgabenblöcke unterteilen:

1. Bewältigen des Trennungsprozesses:
Für die Mitarbeiter ist der Übertritt in eine Transfergesellschaft mit Unsicherheit und Vorbehalten belastet. Viele von ihnen können sich den Wechsel zu einem neuen Arbeitgeber nicht vorstellen oder glauben, keine Chance auf dem Arbeitsmarkt zu haben. Die ersten Maßnahmen sollten den Mitarbeitern also Gelegenheit geben, sich mit der Situation des Jobverlusts auseinander zu setzen und sich auf die neue und unerwartete Situation der Arbeitssuche einzustellen, beispielsweise in Gruppentrainings oder durch intensive persönliche Beratung. Gleichzeitig sollten diese Veranstaltungen und Gespräche auch die Bereitschaft wecken, die notwendige berufliche Neuorientierung anzugehen.

2. Berufliche Standortbestimmung und Neuorientierung:
Hier müssen sich die Mitarbeiter über ihre eigene Position auf dem Arbeitsmarkt klar werden. Viele von ihnen, besonders langjährige Mitarbeiter, haben sich lange nicht mehr mit ihrem eigenen beruflichen Werdegang auseinander gesetzt und können den Marktwert ihrer Qualifikationen nicht einschätzen. Sie müssen also zunächst ihr eigenes Profil analysieren, Stärken und Schwächen bestimmen und eine berufliche Zielsetzung definieren. Professionelle Unterstützung hilft dabei und lenkt diesen Prozess in zielgerichtete Bahnen.

3. Erschließen des Arbeitsmarkts:
Zu diesem Themenfeld zählt, die Anforderungen des aktuellen Arbeitsmarkts kennen zu lernen, offene Stellen zu identifizieren, Stellenausschreibungen zu analysieren, Netzwerke für die Stellensuche zu nutzen und sich Kontakte zu Arbeitgebern zu erschließen. Eine intensive und professionelle Unterstützung durch Arbeitsmarktexperten beschleunigt diesen Prozess und hilft, den Jobmarkt transparenter zu machen.

4. Trainieren für den Bewerbungsprozess:
Für einen erfolgreichen Bewerbungsprozess bedarf es professionell gestalteter Bewerbungsunterlagen. Viele der Mitarbeiter haben sich mit den aktuellen Anforderungen an eine gute Bewerbungsmappe seit langer Zeit nicht mehr beschäftigen müssen oder tun sich ohnehin damit schwer. Hier können Experten wertvolle Hilfe geben. Ist die schriftliche Bewerbung erfolgreich, ist in den anschließenden Vorstellgesprächen ein sicheres und gewandtes Auftreten sowie eine souveräne Selbstpräsentation unerlässlich. Auch auf diese Anforderungen müssen die Mitarbeiter durch qualifizierte Personalberater vorbereitet werden.

5. Vervollständigen der individuellen Qualifikationen:
Fachliche Lücken im Profil eines Arbeitnehmers müssen durch entsprechende, individuell abgestimmte Schulungen geschlossen werden. Der Qualifizierungsbedarf der einzelnen Mitarbeiter kann dabei sehr unterschiedlich ausfallen.

Wie diese Aufgabenfelder im Einzelnen gestaltet werden, dafür lässt sich kein standardisierter Ablaufplan erstellen. Denn was am Ende ein sinnvolles Konzept für eine erfolgreiche Vermittlungsarbeit ist, hängt von unterschiedlichen Faktoren ab:

* von den Mitarbeiterstrukturen in der Transfergesellschaft
* von dem vorgegebenen Zeitrahmen
* von der finanziellen Ausstattung
* von den spezifischen Rahmenbedingungen einer Transfergesellschaft
* von dem spezifischen Bedarf der jeweiligen Kandidaten

All diese Faktoren sollten genauestens analysiert werden, bevor man die einzelnen Vermittlungsmaßnahmen entwickelt bzw. anpasst.

Obwohl oder gerade weil es also wenig feste Vorgaben für die inhaltliche Realisierung einer Transfergesellschaft gibt, kann das Beispiel der beE ICN bei Siemens als Orientierungshilfe dienen. Das bei Siemens entwickelte Konzept ist ein Best-Practice-Beispiel für eine sinnvolle und erfolgreiche Erfüllung des Vermittlungsauftrags einer Transfergesellschaft. Sein modularer Baukasten-Charakter macht es möglich, dass andere Unternehmen die für ihre speziellen Gegebenheiten notwendigen Bausteine auswählen und adaptieren. Dabei eignet sich das Modell nicht nur für Großkonzerne wie die Siemens AG, sondern kann in modifizierter Form auch in mittelständischen Unternehmen angewandt werden.

5.1 Das Konzept der Siemens beE ICN

Ein Ansatz war dem beE-Team beim Entwurf seines Konzepts besonders wichtig: Während externe Outplacement-Berater den Mitarbeiter vor allem darauf vorbereiten, selbstständig einen neuen Job auf dem Arbeitsmarkt zu finden, wollte die beE ICN ihre Mitarbeiter zusätzlich aktiv bei der eigentlichen Jobsuche unterstützen. Das bedeutete, dass die Transfergesellschaft selbst am Arbeitsmarkt tätig werden musste. Gleichzeitig legte die Leitung der beE ICN größten Wert darauf, ihre Vermittlungsarbeit ganz genau auf den Bedarf und die laufenden Bewerbungsaktivitäten ihrer Mitarbeiter abstimmen zu können. Das für die konzeptionelle Gestaltung verantwortliche Team achtete daher bei der Entwicklung seines Konzepts konsequent darauf, dass neben der erforderlichen inhaltlichen Klarheit auch Spielraum für Feinjustierungen während der Laufzeit blieb. Denn jeder der zu vermittelnden Mitarbeiter bedurfte unter Umständen einer etwas anderen Unterstützung für seine Suche nach einem neuen Arbeitsplatz. Diesem individuellen Bedarf konnte ein vorgefertigtes starres Standardprogramm kaum gerecht werden.

Daher entschied sich das beE-Team für ein Baukasten-Modell: Es gab ein Fundament aus einigen Pflicht-Bausteinen vor und ergänzte diese mit einem Satz frei verwendbarer Einzelbausteine. Alle Bausteine zusammen ergaben eine ausgewogene Mischung, die alle Kernthemen einer professionellen Vermittlungsarbeit abdeckte. Je nachdem, welche Voraussetzungen der einzelne Mitarbeiter mitbrachte, konnte er gemeinsam mit einem Berater die für seinen individuellen Bewerbungsprozess notwendigen Bausteine wählen und zu einem für ihn optimalen Bewerbungsablauf zusammensetzen. Gleichzeitig konnte die beE ICN den Bausatz zu jedem Zeitpunkt um weitere Elemente ergänzen, wenn sie einen Bedarf dafür erkannte.

Bei der Entwicklung des Konzepts war es der Leitung der beE ICN besonders wichtig, den Bedarf ihrer Zielgruppe frühzeitig zu bestimmen. Dabei konnte das beE-Team auf seine internen Kenntnisse der Mitarbeiter des Bereichs ICN zurückgreifen. Außerdem führten die Berater von Anfang an intensive Informationsgespräche mit den Mitarbeitern über ihre beruflichen und persönlichen Voraussetzungen und Vorstellungen. (Durch die neue Gesetzeslage bieten auch die Ergebnisse aus dem Profiling eine gute Grundlage für die Definition der Vermittlungsmaßnahmen, vergleiche 4.3) Zusätzlich registrierte sich jeder Mitarbeiter, der sich für die beE ICN entschieden hatte, noch vor deren eigentlichem Beginn in einer Vermittlungsdatenbank. Ziel war dabei die schnelle Erfassung der persönlichen und beruflichen Grunddaten des Mitarbeiters.

Auf dieser Grundlage entwickelte das beE-Team die einzelnen Elemente des Baukasten-Systems, die im Laufe der Zeit ergänzt bzw. weiter angepasst wurden. Einen Gesamtüberblick über die einzelnen Bausteine geben das folgende Schaubild und die folgenden Erläuterungen. Eine detaillierte Darstellung der einzelnen Bausteine findet sich in Kapitel 7.

1. Workshops

Ein zentrales Element der Vermittlungsmaßnahmen stellten drei verpflichtende Workshops dar (vergleiche 7.1):

* „Orientierungsworkshop"
* „Wege in den Markt" und
* „Erstellen von Bewerbungsunterlagen"

Sie standen am Anfang der beE-Zeit für alle Mitarbeiter zur Verfügung. Diese Workshops sollten die Mitarbeiter auf ihre neue und z. T. unerwartete Rolle als Stellensuchender und Bewerber einstellen, um sie so für den Bewerbungsprozess zu motivieren und vorzubereiten. Dabei durchliefen die

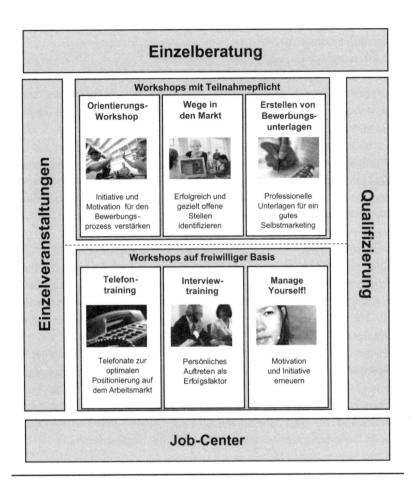

Abbildung 5: Das Konzept der beE ICN

Teilnehmer in den kurz hintereinander geschalteten drei Veranstaltungen unterschiedliche Stufen der Vorbereitung auf den konkreten Bewerbungsprozess: Der psychosoziale *Orientierungsworkshop* half bei der innerlichen Trennung vom bisherigen Arbeitsplatz und legte die Grundlagen für die berufliche Neuorientierung. Der Workshop *„Wege in den Markt"* informierte über den aktuellen Arbeitsmarkt und zeigte Wege auf, sich diesen aktiv zu erschließen. Der Workshop *„Erstellen von Bewerbungsunterlagen"* schließlich gab erste Hinweise zur Zusammenstellung der Bewerbungsunterlagen.

Bei Bedarf konnte man diese drei Pflichtmodule durch die Workshops
* *„Telefontraining"* und
* *„Interviewtraining"* ergänzen.

Diese beiden Workshops informierten und trainierten die Mitarbeiter für die praktischen Aspekte der Bewerbungssituation: den telefonischen Kontakt mit dem Arbeitgeber und das eigentliche Vorstellgespräch.

Der Workshop *„Manage Yourself!"* schließlich, der zur Halbzeit der beE ICN angeboten wurde, diente der Aufgabe, den bisherigen Bewerbungsprozess zu analysieren, Vermittlungshemmnisse herauszuarbeiten und einen konkreten Aktionsplan zu definieren. Ergänzt wurde dieser Workshop durch konkrete Hinweise für das persönliche Selbst- und Zeitmanagement.

2. Einzelberatung

Jeder Mitarbeiter bekam einen persönlichen Berater zur Seite gestellt, der ihn während des gesamten Bewerbungsprozesses begleitete und unterstützte. Damit hatte jeder Mitarbeiter in seinem Transferprozess einen Partner, der dafür sorgte, dass der Mitarbeiter ein individuell auf ihn abgestimmtes Maßnahmenpaket für seine Vermittlung erhielt und die einzelnen Bausteine zu einem optimalen Ganzen zusammenfügen konnte. Zusätzlich gab der Berater jedem Kandidaten greifbare Hilfestellungen bei seinen Bewerbungsbemühungen. Die Beratung reichte von anfänglichen Orientierungsgesprächen über konkrete Vorbereitung und Analysen der Bewerbungsunterlagen und der laufenden Vorstellgespräche bis hin zur Begleitung bei persönlichen Problemen im Bewerbungsablauf. Gleichzeitig hatte der Berater durch den intensiven und regelmäßigen Austausch mit den Mitarbeitern einen Überblick über die gesamten Bewerbungsaktivitäten jedes Mitarbeiters und konnte so gemeinsam mit dem restlichen beE-Team die Leistungsangebote auch noch während der Laufzeit genau auf den vorhandenen Bedarf hin zuschneiden.

3. Job-Center

Bei der Suche nach passenden Vakanzen wurden die Mitarbeiter durch das so genannte „Job-Center" (vergleiche 7.4) unterstützt. Es durchsuchte den Arbeitsmarkt gezielt nach geeigneten Stellen für die beE-Mitarbeiter und warb bei potenziellen Arbeitgebern für die beE-Bewerber. Es organisierte zudem Job-Börsen und Unternehmenspräsentationen, auf denen sich Bewerber und Arbeitgeber kennen lernen konnten, sei es für einen ersten Kontakt, sei es für ein konkretes Vorstellungsgespräch. Es ergänzte und erleichterte damit die persönliche Stellensuche der einzelnen Mitarbeiter und öffnete ihnen neue Türen zum Arbeitsmarkt.

4. Qualifizierung
Der Baustein der fachlichen Qualifizierung (vergleiche 7.3) stand ebenfalls allen Mitarbeitern zur Verfügung. Wie stark der Einzelne das Kurs- und Schulungsangebot tatsächlich zur Abrundung seines Profils nutzte, hing von seinen fachlichen Voraussetzungen ab. Für die Berater war dieser sehr flexibel einsetzbare Baustein ein wichtiges Instrument dafür, die Unterstützung für jeden Mitarbeiter ganz auf dessen individuellen Bedarf hin abzustimmen.

5. Einzelveranstaltungen
Eine Vielzahl von Einzelveranstaltungen (vergleiche 7.5) ergänzte den Bausatz und erfüllte spezifische Bedürfnisse verschiedener Mitarbeitergruppen. Den Bedarf an solchen Veranstaltungen erkannten die Berater im Laufe der Einzelgespräche oder die Mitarbeiter äußerten selbst entsprechende Wünsche. Die beE ICN bot die verschiedenen Einzelveranstaltungen dann mit Hilfe entsprechend spezialisierter Trainer an.

Betrachtet man den Bausatz der beE ICN in Hinblick auf die oben genannten Aufgabenfelder einer Transfergesellschaft, so erkennt man, dass die Module insgesamt alle Themenbereiche – zum Teil mehrfach – abdecken:

1. Bewältigen des Trennungsprozesses
* Orientierungsworkshop
* Einzelberatung

2. Berufliche Standortbestimmung und Neuorientierung
* Orientierungsworkshop
* Einzelberatung

3. Erschließen des Arbeitsmarkts
* Workshop „Wege in den Markt"
* Job-Center

- Einzelveranstaltungen
- Einzelberatung

4. *Trainieren für den Bewerbungsprozess*
- Workshop „Erstellen von Bewerbungsunterlagen"
- Workshop „Telefontraining"
- Workshop „Interviewtraining"
- Workshop „Manage Yourself"
- Einzelberatung
- Einzelveranstaltungen

5. *Vervollständigen der individuellen Qualifikationen*
- Qualifizierungsangebot

Die beE ICN hatte für diese verschiedenen Themenfelder ein Team aus insgesamt elf Mitarbeitern zur Verfügung (vergleiche 8), das für die Konzeption, Planung und Umsetzung der beE verantwortlich zeichnete. Ergänzt wurde dieses Team von jeweils vier bis fünf Praktikanten. Von den festen Team-Mitarbeitern bildeten drei Mitarbeiter die Leitung der beE, deren Aufgaben sich in Gesamtleitung, juristische Leitung und kaufmännische Leitung aufteilten. Fünf Mitarbeiter übernahmen als *Berater* die persönliche Betreuung der beE-Kandidaten; aufgrund der großen Zahl der Kandidaten teilten sie sich diese Arbeit mit zwölf weiteren Beratern von externen Personaldienstleistern. Eine Mitarbeiterin verantwortete die Aktivitäten des *Job-Centers*; sie wurde dabei von drei Praktikanten unterstützt. Zwei Mitarbeiterinnen waren für die *Assistenztätigkeiten* und die Organisation der Workshops zuständig.

Für die Durchführung der Einzelveranstaltungen und fachlichen Schulungsprogramme verpflichtete die beE ICN je nach Bedarf zusätzlich externe Trainer, Referenten und Qualifikationsanbieter.

> ✍ *Auf den Punkt gebracht:*
> - Das Konzept für die Vermittlungsmaßnahmen in einer beE muss unbedingt ein dynamisches Modell sein, das während der Laufzeit Anpassungen an die jeweilige Bewerbungssituation der Mitarbeiter erlaubt.

> • Die Vermittlung der Mitarbeiter wird umso schneller und effektiver ablaufen, je genauer der Fokus des Gesamtkonzepts auf den Arbeitsmarkt ausgerichtet ist.

5.2 Akzeptanz für das Konzept der Transfergesellschaft

Hat sich ein Unternehmen zur Einrichtung einer beE entschlossen, ist entscheidend, wie es dieses Vorhaben der Belegschaft und den betroffenen Mitarbeitern vermittelt. Denn selbst ein gutes Konzept trifft nur dann auf Akzeptanz, wenn die Belegschaft rechtzeitig darüber informiert wird und die betroffenen Mitarbeiter ausreichend Zeit und Informationen erhalten, um sich für den Eintritt in die Transfergesellschaft zu entscheiden. Wichtig dabei ist, dass der Arbeitgeber die Kommunikation von Anfang an offen und ehrlich führt. Nur so kann er eventuell vorhandene Widerstände gegen eine Transfergesellschaft überwinden. Denn Mitarbeiter, die schlecht beraten werden oder sich zumindest schlecht beraten fühlen, scheuen den Übertritt in eine Transfergesellschaft.

Argumente für den Übertritt in eine beE

Für die angesprochenen Mitarbeiter gibt es – je nach beruflicher und persönlicher Situation – sehr unterschiedliche Gründe, den Weg in eine Transfergesellschaft zu wählen. Einige davon seien hier genannt:

• Die Arbeitnehmer sind für die nächsten zwölf Monate Mitarbeiter ihres bisherigen Unternehmens (interne beE) oder haben einen Arbeitsvertrag mit einer externen Transfergesellschaft. Sie haben dadurch den Status eines Arbeitsuchenden und nicht eines Arbeitslosen. Das verschafft ihnen Sicherheit für die anstehende Stellensuche.

• Im Rahmen des in der Regel befristeten Arbeitsverhältnisses in einer beE werden für die Arbeitnehmer Sozialabgaben geleistet.

- Die Arbeitnehmer erhalten professionelle Unterstützung für den Bewerbungsprozess, den sie ansonsten allein bewältigen müssten.
- Für Arbeitnehmer mit eventuellen Qualifikationsdefiziten ist die Teilnahme an den Qualifizierungsmaßnahmen eine große Chance, ihre Perspektiven auf dem Arbeitsmarkt zu erhöhen.

All diese Vorteile für die unterschiedlichen Mitarbeitergruppen und Interessenlagen muss ein Unternehmen in der Kommunikation mit den Mitarbeitern betonen, um die Transfergesellschaft als das darzustellen, was sie ist: ein gutes Angebot des Unternehmens an diejenigen Mitarbeiter, deren Arbeitsplätze in der Krisensituation nicht zu halten sind.

Auch die nicht vom Abbau betroffenen Kollegen müssen frühzeitig umfassende Informationen erhalten. So können keine Gerüchte „auf den Fluren" aufkommen. Je glaubwürdiger und konkreter die Informationen über die Inhalte und Leistungen der beE sind, desto weniger Nährboden finden Spekulationen und Klischees über angebliche „Abschiebebahnhöfe".

Bei der Gestaltung der Informationsmaßnahmen sollte man sich nicht nur auf unpersönliche Kanäle (z. B. Mails, Broschüren, Internetseiten) beschränken. Wichtig ist vielmehr, dass die betroffenen Mitarbeiter in persönlichem Kontakt zu den Verantwortlichen für die Umsetzung der beE stehen. Letztere müssen darauf vorbereitet sein, das mit vielen Ängsten besetzte Thema einer beE fundiert und sachlich zu vermitteln und gleichzeitig die Ängste der Mitarbeiter ernst zu nehmen. Auch in dieser persönlichen Kommunikation ist Glaubwürdigkeit das oberste Gebot.

Kommunikation am Beispiel der beE ICN

Was bei der Kommunikation mit den Arbeitnehmern und ihrer frühzeitigen Einbindung beachtet werden muss, damit möglichst viele Mitarbeiter das Angebot der Transfergesellschaft annehmen, dazu kann das Beispiel der beE ICN wichtige Orientierungshinweise geben. Denn die Entwicklung des Konzepts der beE ICN wurde begleitet von einem ständigen Dialog mit den Mitarbeitern. Regelmäßig gab es Informationen der Personalabteilung mit aktuellen Nachrichten zum Thema. Bereits wenige Tage nach der Betriebsversammlung, auf der die Geschäftsleitung über die Inhalte des geschlossenen Interessenausgleichs und Sozialplans sowie die Einrichtung einer beE informiert hatte, gab es im Intranet eine Homepage (vergleiche 11.3) mit den wichtigsten Daten und einem Diskussionsforum, in dem Fragen beantwortet wurden. Hier konnte sich die gesamte Belegschaft am Standort München informieren – ein wichtiger Punkt, um auch bei den nicht direkt betroffenen Mitarbeitern Klarheit über die angebotene beE ICN zu schaffen.

Über alle Entwicklungen berichtete auch die interne Mitarbeiterzeitschrift des Bereichs ICN. Sie fungierte zusammen mit der konzernweiten Mitarbeiterzeitung als ein weiteres wichtiges Medium, um über die Personalanpassungen und die Inhalte der beE ICN über die unmittelbar betroffene Belegschaft hinaus zu informieren.

Von Oktober 2002 bis zum Start im Januar 2003 fand neben Betriebsversammlungen eine Vielzahl von Informationspräsentationen und Schulungsrunden statt, manche davon täglich. Jede Einzelne von ihnen war bis auf den letzten Platz besetzt. Zusätzlich richtete man Beratungsangebote für individuelle Anfragen ein: Eine Hotline wurde geschaltet und ein Expertenteam beantwortete Mail-Anfragen innerhalb von 24 Stunden. Jederzeit stand es den Mitarbeitern auch offen, sich persönlich beim beE-Team und der Personalabteilung beraten zu lassen.

Daneben konnten sich die Mitarbeiter auf den Veranstaltungen, in den Veröffentlichungen und den Beratungsstunden des Betriebsrats am Standort München informieren.

Das beE-Team lud zudem die betroffenen Mitarbeiter zu eigenen Informationsrunden ein. Die Teilnehmer erhielten vorab Unterlagen zu den Bedingungen und Abläufen in der beE ICN, so dass sie sich mit den einzelnen Modulen vertraut machen und ihre offenen Fragen vorbereiten konnten. Die diskutierten Fragen lassen sich in drei Themenblöcke gliedern:

1. *Fragen zum konkreten Ablauf der Beratung und Arbeitsvermittlung*
Z. B.: „Was erwartet mich in der Einzelberatung?", „Wie hilft mir die beE bei der Stellensuche?", „Wie hoch sind die Vermittlungschancen am externen Markt?", „Welche Erfahrung und Ausbildung haben die Berater?", „Wo kann ich mich zu Workshops anmelden?", „Welche Verpflichtungen habe ich gegenüber der beE?", „Darf ich Stellenangebote ablehnen, und wenn ja, wie oft?", „Ist die Agentur für Arbeit an der Vermittlung beteiligt?"

Die Antworten auf diese Fragen waren häufig ein entscheidender Schritt dazu, dass ein Mitarbeiter sich zum Eintritt in die beE ICN entschloss, weil die Abläufe des Vermittlungsprozesses dadurch transparent wurden.

2. *Fragen zu den finanziellen Auswirkungen eines Übertritts*
Z. B.: „Wie berechnen sich die 85 % meines bisherigen Nettogehalts?", „Falle ich unter die Bemessungsgrenze für die private Krankenversicherung?", „Was geschieht mit meinem Anspruch auf vermögenswirksame Leistungen?", „Wie laufen meine über Siemens geschlossenen Versicherungen weiter?"
Nicht alle diese Fragen konnte das beE-Team sofort beantworten. Hier bewährte sich jedoch der Grundsatz der offenen Kommunikation: Statt unklare Antworten zu geben, wurden die Sachverhalte im Nachhinein verbindlich und ggf. individuell geklärt. Die Auskünfte des Teams galten dadurch als glaubwürdig. Als wichtiges Mittel, Vertrauen zu schaffen, erwiesen sich auch Muster-Gehaltsrechnungen, die in den Informationsveranstaltungen exemplarisch erläutert und besprochen wurden. Die Erstellung der Musterrechnungen half ihrerseits den Verantwortlichen bei der Umsetzung der beE, besonders beim Kompetenzaufbau für die Gehaltsabrechnung (vergleiche 8.5).

3. *Fragen zur Infrastruktur der beE*
Hier äußerte sich stets die Angst der Mitarbeiter, in „schlechte" Arbeitsverhältnisse abgeschoben zu werden, z. B.: „Kann ich meinen Firmenausweis behalten?", „Werde ich weiter Mail-Zugang haben?", „Wo wird die beE angesiedelt sein?", „Gibt es in den Räumen der beE Verpflegungsmöglichkeiten?", „Gibt es eine Anbindung an öffentliche Verkehrsmittel?"
Entscheidend bei diesen Themen war es, die Leistungen der beE mit konkreten Personen und Räumen zu verbinden. Als großer Pluspunkt erwies sich dabei, dass die Informationsveranstaltungen immer von den Mitgliedern des beE-Teams selbst abgehalten wurden. Sie standen persönlich für das Versprechen, die Mitarbeiter umfassend bei der Jobsuche zu unterstützen. Die beE erhielt damit ein Gesicht und eine erste Vertrauensbasis. Zudem wurden schnell Räume angemietet, so dass man Fotos und Grundrisse der beE-Büros präsentieren konnte. Auch das half, das anfängliche Misstrauen zu überwinden. Das beE-Team wiederum bekam durch die Fragen der Mitarbeiter wichtige Hinweise, was es bei den weiteren Planungen berücksichtigen musste.

Diejenigen Mitarbeiter, die übergetreten waren, erhielten noch vor dem 01. Januar 2003 ein so genanntes „Informationspaket" (vergleiche 11.3). In diesen Unterlagen fanden sie nicht nur noch einmal alle Einzelheiten zu den Rahmenbedingungen und Leistungen der bee ICN vor, sondern bekamen auch Name und Telefonnummer ihres persönlichen Beraters, eine Übersicht über die nächsten Schritte, die Passwörter für die bee-eigenen Intranetseiten u. a., kurz: alle Informationen, die die Orientierung in der Anfangsphase erleichterten und die nächsten Schritte transparent machten.

> ✍ *Auf den Punkt gebracht:*
> - Der Dialog mit allen Mitarbeitern muss frühzeitig, offen und glaubwürdig erfolgen.
> - Die betroffenen Mitarbeiter müssen die Möglichkeit haben, in persönlichen Kontakt mit den für die Umsetzung der Transfergesellschaft Verantwortlichen zu treten.
> - Für die betroffenen Mitarbeiter muss immer transparent sein, welches ihre nächsten Schritte in der bee sein werden.

Kommunikationsmittel für den Dialog mit den Mitarbeitern vor Übertritt in die bee

1. Betriebsversammlungen
2. Mailings der Geschäftsleitung
3. Informationsveranstaltungen
   - für die gesamte Belegschaft
   - für die betroffenen Mitarbeitern
4. Schulungsveranstaltungen
5. für Führungskräfte, deren Mitarbeiter betroffen sindHomepage mit Diskussionsforum
6. Mitarbeiterzeitschrift
7. Informationen durch die Personalabteilung
8. Telefon- und Mail-Hotline für persönliche Beratungsangebote
   - durch die Personalabteilung
   - durch das bee-Team
   - durch die Arbeitnehmervertretung

9. Informationsunterlagen
   * für die betroffenen Mitarbeiter
   * für die übergetretenen Mitarbeiter („Informationspaket")

TIPP:

 Für eine zielgerichtete Information der Mitarbeiter haben sich kleine Informationsrunden (max. 50 Teilnehmer) bewährt, in denen die Möglichkeit besteht, ganz individuelle Fragen zu stellen und bestimmte Themen eingehender zu diskutieren.

5.3 Zeitplan für den Aufbau einer Transfergesellschaft

Insgesamt sollte man, wenn möglich, für die Planung und Einrichtung einer Transfergesellschaft (nach Abschluss des Interessenausgleichs/Sozialplans) mindestens drei Monate veranschlagen. Das bedeutet, dass zu diesem Zeitpunkt alle beteiligten Seiten (insbesondere Arbeitgeber und Arbeitnehmervertreter) ihren Konsens über das Modell der Transfergesellschaft besiegelt haben und die Finanzierung geklärt ist. Danach muss ein beE-Team bis zum eigentlichen Start der beE folgende Schritte bewältigen:

1. Informieren zum Abbaukonzept – Abstimmen der notwendigen Maßnahmen mit der Agentur für Arbeit
   (Genehmigung von Transferkurzarbeitergeld und Information über Vermittlungskonzept)
2. Erstellen eines zielgerichteten Konzepts
   (Definition der einzelnen Module und ihrer Inhalte)
3. Benennen des beE-Kernteams – Festlegen der Kriterien für die Auswahl der externen Personalberater – Suchen der geeigneten Berater
4. Auswählen und Mieten von geeigneten Räumen – Beschaffen der notwendigen Einrichtung
   (Möbel, IT- und Kommunikationsinfrastruktur usw.)

5. Anpassen oder Programmieren der notwendigen IT-Tools *(Gehaltsabrechnungssystem, Datenbank zur Verwaltung der Bewerbungs- und Vermittlungsaktivitäten)*
6. Schulen von Führungskräften, Mitarbeitern der Personalorganisation, Betriebsräten
7. Regelmäßige Informationen an alle Mitarbeiter *(Mail, Intranet/Homepage, Veranstaltungen)*
8. Durchführen persönlicher Beratungen – Einrichten einer Hotline
9. Erstellen der Informationsunterlagen für Mitarbeiter, die sich für die beE entschieden haben
10. Konzipieren einer internen und externen Kommunikationsstrategie – Benennen eines Verantwortlichen – ggf. Planen und Durchführen von Pressekonferenzen
11. Erstes Grobdefinieren des fachlichen Schulungsbedarfs *(Ziel: Auswahl eines geeigneten Qualifikationsanbieters)*

Der Zeitrahmen bis zum Start der beE ICN war sehr viel kürzer als die idealerweise angesetzten drei Monate: Von der Betriebsvereinbarung bis zum Beginn am 01.01.2003 blieben zwei Monate, abzüglich der Weihnachtstage und des Jahreswechsels waren es ca. sechs Wochen. Innerhalb dieser sechs Wochen mussten sich die Mitarbeiter für einen Übertritt entscheiden. Sie brauchten also möglichst früh zuverlässige Informationen zu den Rahmenbedingungen, Abläufen und Leistungen der beE ICN, d. h., die Planungen mussten spätestens innerhalb eines Monats abgeschlossen sein. Danach folgten die Vorbereitungen, um diese Pläne in die Tat umsetzen zu können.

Dass all diese Aktivitäten unter großem zeitlichen Druck innerhalb einiger Wochen geschehen mussten, war ohne Zweifel nicht optimal, tat aber dem Erfolg der beE ICN keinen Abbruch.

Zeitplan für die übergetretenen Mitarbeiter
Die übergetretenen Mitarbeiter erhielten für ihre nächsten Schritte ebenfalls einen Zeitplan in ihren Unterlagen (Informationspaket):

• In der Zeit von Mitte bis Ende Dezember 2003 sollten sie sich in der Bewerberdatenbank der beE registrieren; dies war gleichzeitig die Anmeldung zum ersten Orientierungsworkshop.

- Ab Anfang Januar fanden die ersten drei Workshop-Module („Orientierungsworkshop", „Wege in den Markt", „Erstellung von Bewerbungsunterlagen") statt.
- Gleichzeitig begannen die Beratungsgespräche mit den Einzelberatern. Ab Februar bestimmten Mitarbeiter und Berater gemeinsam den individuellen Bedarf an fachlicher Qualifizierung und wählten geeignete Maßnahmen aus.

Dass die Mitarbeiter sofort konkrete Termine für ihre ersten Aufgaben in der Transfergesellschaft erfuhren, machte die Bemühungen der beE um eine effiziente und erfolgreiche Vermittlung für sie greifbar – ein weiterer Mosaikstein, um die Mitarbeiter für eine engagierte Zusammenarbeit mit dem beE-Team zu motivieren.

 Auf den Punkt gebracht:
Die Arbeitssuche in der beE muss für die Mitarbeiter unmittelbar auf das Ende ihrer bisherigen Aufgaben folgen. Ideal ist sogar ein fließender zeitlicher Übergang zwischen beiden Tätigkeitsbereichen, damit die Mitarbeiter nicht durch eine zeitliche Lücke ohne Aufgabe demotiviert werden.

TIPP:

Bevor die betroffenen Mitarbeiter über das beE-Angebot informiert werden, müssen frühzeitig andere Mitarbeitergruppen geschult werden:

- Führungskräfte
- Mitarbeiter der zuständigen Personalorganisation
- Mitarbeiter der zuständigen Gehaltsabrechnungseinheit
- Arbeitnehmervertreter

6 Die Kandidaten

Für die Auswahl der Kandidaten, d. h. derjenigen Mitarbeiter, denen das Angebot zum Übertritt in die beE unterbreitet wird, gibt der Gesetzgeber eine klare Leitlinie vor: Grundsätzlich kann der Arbeitgeber nur denjenigen Arbeitnehmern ein Übertrittsangebot unterbreiten, deren Arbeitsplätze aufgrund der Betriebsänderung im Unternehmen gefährdet sind (vergleiche 3). Die Arbeitnehmer müssen von Arbeitslosigkeit bedroht sein. Für die ansonsten unvermeidbaren betriebsbedingten Kündigungen gelten insbesondere die Vorschriften des Kündigungsschutzgesetzes (KSchG).

Bei der beE ICN spiegelte die Struktur der beE-Kandidaten die Struktur der Gesamtbelegschaft des Bereichs ICN am Münchner Standort wider. Dies war dadurch bedingt, dass die umfassenden Umstrukturierungen und die daraus resultierenden Personalanpassungen den gesamten Geschäftsbereich mit der gesamten Belegschaft betrafen.

Lebensalter
So entsprach auch die Altersstruktur der beE ICN ziemlich exakt derjenigen der Belegschaft am gesamten Münchner Standort:

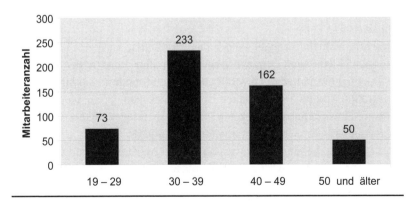

Abbildung 6: Zusammensetzung der beE ICN nach Lebensalter

Die Mitarbeiter zwischen 30 und 39 Jahren waren mit einem Anteil von 45 % am stärksten vertreten (233 Mitarbeiter). Es folgten die 40- bis 49-Jährigen mit einem Anteil von 31 % (162 Mitarbeiter). Die drittstärkste Gruppe waren die 19- bis 29-jährigen Mitarbeiter; sie stellten einen Anteil von 14 % (73 Mitarbeiter). Damit waren sie nur wenig mehr als die Mitarbeiter von und über 50 Jahren, die zu 10 % vertreten waren (50 Mitarbeiter).

Geschlecht
Auch die Aufteilung der beE in männliche und weibliche Mitarbeiter spiegelte die Gesamtbelegschaft wider: 169 Frauen stellten rund 33 % der insgesamt 518 beE-Mitarbeiter. (Bei der Siemens AG liegt der Frauen-Anteil weltweit bei rund 27 %.)

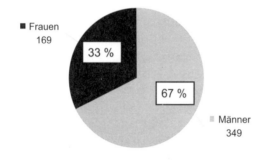

Abbildung 7: Zusammensetzung der beE ICN nach Geschlecht

Tätigkeitsfeld
Betrachtet man die Tätigkeitsfelder der Mitarbeiter, so ergibt sich erwartungsgemäß ein deutlicher Schwerpunkt auf dem Bereich der Software-Entwicklung: Die Software-Entwickler bildeten mit 179 Mitarbeitern die weitaus größte Gruppe – sie stellten einen Anteil von 35 %. Die nach der Software-Entwicklung am stärksten vertretenen Tätigkeitsfelder waren der Kaufmännische Bereich (66 Mitarbeiter, 13 %) und der Vertrieb (63 Mitarbeiter, 12 %). Mitarbeiter aus Teamassistenz- und Assistenz-Aufgaben bildeten mit 51 Mitarbeitern und einem Anteil von 10 % eine nahezu ebenso große Gruppe.

Im Vergleich dazu fiel der Anteil der Hardware-Entwickler mit 42 Mitarbeitern (entspricht 8 %) etwas geringer aus. Andere technische Aufgabengebiete waren ebenfalls nur zu einem relativ kleinen Prozentsatz vertreten: Aus dem Bereich der Technischen Assistenz bzw. der Ingenieurassistenz wechselten 28 Mitarbeiter in die beE ICN (entspricht 5 %); Service-Mitarbeiter machten mit 21 Männern und Frauen 4 % der gesamten beE-Mitarbeiter aus. Die restlichen 68 der 518 beE-Mitarbeiter kamen aus den verschiedensten Aufgabenbereichen: 25 Mitarbeiter waren zuvor als Produktmanager tätig gewesen (5 %), fast ebenso viele, nämlich 23, als Projektmanager (4 %). In der gleichen Größenordnung bewegte sich der Anteil der Marketingfachleute (15 Mitarbeiter, 3 %).

Die Tätigkeitsfelder von fünf weiteren Mitarbeitern (1 %) waren in der beE ICN nur vereinzelt vertreten – sie sind in der Kategorie „Sonstige" zusammengefasst.

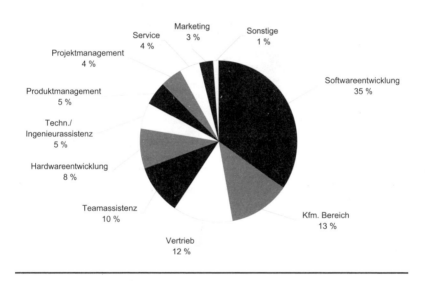

Abbildung 8: Zusammensetzung der beE ICN nach Tätigkeitsfeldern

Bildungsabschluss

Beim Bildungsabschluss der in die beE ICN eingetretenen Mitarbeiter zeigt sich ein überdurchschnittlich hoher Anteil an Arbeitnehmern mit einem Hochschulabschluss: Mehr als zwei Drittel, nämlich 367 (und damit 71 %) der beE-Mitarbeiter, hatten ein Studium abgeschlossen; 44 (8,5 %) davon hatten sich bis zur Promotion bzw. zum MBA weiterqualifiziert. (Im Vergleich dazu hat die Siemens AG weltweit einen Akademiker-Anteil von 33 %.)

Eine Lehre oder Fachschule hatten 146 der bee-Mitarbeiter absolviert; sie stellten damit 28 % der Kandidaten in der Transfergesellschaft. Mitarbeiter ohne eine Ausbildung waren dagegen nur zu 1,0 % vertreten (5 Mitarbeiter).

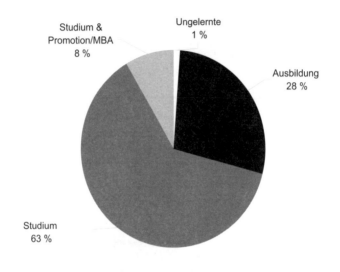

Abbildung 9:   Zusammensetzung der beE ICN nach Bildungsabschluss

Gehaltsstruktur
Innerhalb der Gehaltsstruktur waren die Tarifangestellten mit einem Anteil von 80 % die am stärksten vertretene Gruppe. Fast ein Fünftel aller Mitarbeiter wurde außertariflich bezahlt (15 %) bzw. war Mitglied des Führungskreises (4 %). Ein Prozent der Mitarbeiter waren Lohnempfänger.

Von allen diesen Mitarbeitern waren 8 % in Teilzeit beschäftigt.

Betriebszugehörigkeit
Die durchschnittliche Betriebszugehörigkeit der Kandidaten bei ihrem Eintritt in die beE ICN betrug rund 9,5 Jahre. Dabei lagen die Werte der einzelnen Vertragsgruppen z. T. weit auseinander: Während die fünf Lohnempfänger

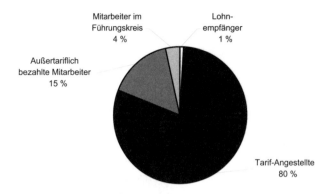

Rund 8 % aller Mitarbeiter waren Teilzeitkräfte.

Abbildung 10: Zusammensetzung der beE ICN nach Gehaltsstruktur

mit rund 20 Jahren die längste Zugehörigkeit zur Siemens AG aufwiesen, gehörten die Tarifangestellten dem Unternehmen nur rund 8,5 Jahre an. Außertarifliche bezahlte Mitarbeiter waren durchschnittlich seit 13 Jahren bei der Firma tätig, Mitarbeiter im Führungskreis rund 15 Jahre.

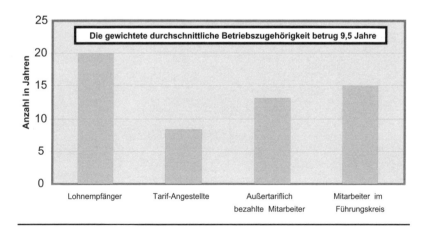

Abbildung 11: Zusammensetzung der beE ICN nach Betriebszugehörigkeit

7 Die Leistungen der beE ICN

Die Leistungsangebote für die beE-Mitarbeiter und ihre genauen Inhalte sind das Kernstück einer jeden Transfergesellschaft – sie entscheiden über den Erfolg. Wie schon beim Entwurf des Gesamtkonzepts (vergleiche 5) muss sich das beE-Team auch bei der detaillierten Definition der einzelnen Leistungsinhalte sehr genau am konkreten Bedarf der zu vermittelnden Mitarbeiter und den Anforderungen des aktuellen Arbeitsmarkts orientieren. Auf dieser Grundlage entsteht ein Spektrum an Leistungen, aus dem die Berater dann für jeden einzelnen Mitarbeiter zusätzlich zu den Pflichtbausteinen die passenden Maßnahmen auswählen und zu einem maßgeschneiderten Programm zusammenstellen. Nur so können die Leistungen wirklich die gewünschte Wirkung für jeden betreuten Mitarbeiter entfalten.

Gleichzeitig muss über die gesamte Laufzeit eine ständige Qualitätskontrolle für alle angebotenen Leistungen erfolgen: Die Berater und die Trainer der verschiedenen Workshops und Kurse müssen sich regelmäßig abstimmen, die Akzeptanz und vor allem den Erfolg der Maßnahmen überprüfen und die Inhalte gegebenenfalls dem aktuellen Bedarf anpassen.

Um für jeden Mitarbeiter ein erstes individuelles Maßnahmenpaket zu schnüren und die nächsten Bewerbungsschritte festzulegen, führten die Berater der beE ICN sofort nach dem Start mit jedem Mitarbeiter intensive Gespräche über seine berufliche und persönliche Ausgangssituation, seine vorhandenen Qualifikationen, seine Wünsche und Ziele. Hier flossen, wie in 4.3 beschrieben, auch die Erkenntnisse des vorangegangenen Profiling ein. Dabei hatten die Berater nicht nur Qualifikationen wie Ausbildung und Berufserfahrung im Auge, sondern achteten auch auf die methodischen und sozialen Fähigkeiten, die bei Bewerbungen eine wichtige Rolle spielen, beispielsweise der Einblick des Bewerbers in den aktuellen Arbeitsmarkt oder die Fähigkeit, sich selbst zu präsentieren. Die in diesen Gesprächen gewonnenen Ergebnisse nutzte das beE-Team gleichzeitig, um auch den

Arbeitsmarkt frühzeitig systematisch nach passenden Vakanzen für die betreuten Mitarbeiter zu sondieren.

Insgesamt erstreckte sich der Prozess, mit jedem Mitarbeiter sein persönliches Vermittlungsprogramm zusammenzustellen und umzusetzen, über die gesamte Verweildauer in der beE ICN.

> ✍ *Auf den Punkt gebracht:*
> - Ideal ist, wenn die Mitarbeiter bereits vor dem Start der beE mit ihrem persönlichen Berater Kontakt haben; die intensive Einzelberatung beginnt jedoch in der Regel erst nach den ersten drei Workshops.

TIPP:

✍ *Die einzelnen Angebote (Workshops, Einzelberatungen) zum Start der beE muss man exakt planen, denn gerade zu Beginn kann die organisatorische Koordination (Einteilung der Teilnehmer, Berater und Trainer; Versenden der Einladungen usw.) überproportional viel Kapazität in Anspruch nehmen.*

✍ *Die Räumlichkeiten muss man ebenfalls frühzeitig koordinieren, da die ersten Workshops parallel stattfinden sollten, um so allen Kandidaten möglichst schnell die Teilnahme zu ermöglichen.*

✍ *Der konsequente Einsatz von Feedback-Bögen nach Abschluss aller Workshops liefert der Leitung und den Beratern aktuelle Informationen zum Erfolg der einzelnen Maßnahmen.*

7.1 Workshops

Die beE startete mit drei für alle beE-Mitarbeiter verpflichtenden Workshops. Sie setzten sich zusammen aus einem psychosozial orientierten Training, das der Standortbestimmung der Teilnehmer diente, und zwei Workshops, die den Bewerbungsprozess in methodischer Hinsicht vorbereiteten. Alle weiteren ergänzenden Workshopangebote konnten die beE-Mitarbeiter freiwillig wahrnehmen.

ZIEL: Schnelle Vermittlung in den 1. Arbeitsmarkt

Orientierungs-Workshop	Wege in den Markt	Erstellen von Bewerbungs-unterlagen	Telefon-training	Interview-training	Manage Yourself!
Initiative und Motivation für den Bewerbungsprozess	Erfolgreich und gezielt offene Stellen identifizieren	Professionelle Unterlagen für ein gutes Selbstmarketing	Telefonate zur optimalen Positionierung auf dem Arbeitsmarkt	Persönliches Auftreten als Erfolgsdaktor	Motivation und Initiative erneuern
Selbstwertgefühl	Infos über den relevanten Arbeitsmarkt	Unterlagen aus Sicht eines HR-Verantwortlichen	Tipps für das Bewerbungsgespräch	Vorbereitung auf das Bewerbungsgespräch	Selbst- und Zeitmanagement
Kommunikation im Bewerbungsprozess	Nutzung verschiedener Medien	Info über marktübliche Unterlagen	Planung, Durchführung, Nachbearbeitung von typischen Gesprächen	Ablauf eines typischen Interviews	Reflektion der bisherigen Bewerbungsaktivitäten
Fokussierung auf Kompetenz und Stärken	Identifikation relevanter Ansprechpartner	Online- und Initiativebewerbungen	Praktische Anwendung	Videotraining und Feedback	Erarbeitung eines Aktionsplans mit konkreten nächsten Schritten
Persönliche Zielsetzung					

Abbildung 12: Übersicht über die Workshops der beE ICN

1. Orientierungsworkshop

- 2 Tage à 8 – 10 Stunden
- max. 12 Teilnehmer
- Teilnahmepflicht

Orientierung ist ein menschliches Grundbedürfnis, speziell in Zeiten von Veränderungen. Der Verlust des Arbeitsplatzes erzeugt immer Unsicherheit, Angst und häufig auch Wut. Nur wenige der Betroffenen können die Situation sofort als Chance für einen positiven Neubeginn begreifen.

Darum stand der Orientierungsworkshop für jeden bee-Mitarbeiter am Anfang seiner bee-Zeit, meistens noch vor den ersten Einzelberatungsgesprächen. Er sollte den Mitarbeitern bei der Bewältigung ihrer neuen Situation helfen und ihre Initiative für den Bewerbungsprozess wecken. Dazu gingen die Trainer in drei Schritten vor:

Erster Schritt: Trennungsprozess
Der erste Schritt des Orientierungsworkshops war der Austausch über positive und schwierige Erfahrungen mit Veränderungen. Dieser Einstieg ermöglichte es den Mitarbeitern, ihre Emotionen angesichts des Arbeitsplatzverlustes zu formulieren und diesen damit Raum zu geben. Gleichzeitig eröffnete dieser Zugang die Möglichkeit, Veränderungen und Wechsel auch positiv zu sehen. Es kommt bei diesem ersten Schritt also darauf an, die Teilnehmer „emotional abzuholen" und ihren Blick behutsam auf neue Perspektiven zu lenken.

Zweiter Schritt: Standortbestimmung
Der zweite Schritt für die Teilnehmer bestand darin, sich über ihren persönlichen Standort klar zu werden. Dazu sollten sie vor allem eigene Stärken und Schwächen analysieren und ihre persönliche Selbsteinschätzung mit dem Feedback durch die anderen Teilnehmer und die Trainer vergleichen. Dabei stellte es für viele Teilnehmer eine große Herausforderung dar, ihre eigene Selbsteinschätzung in Frage zu stellen, die Eindrücke anderer zu überprüfen und in ihr Selbstbild zu integrieren.

Dennoch ist dies ein entscheidender Schritt, um eine neue Perspektive zu entwickeln: Wenn die Mitarbeiter sich ihrer Stärken und Neigungen bewusst werden, entwickeln sie ein positives Selbstwertgefühl, das es ihnen erleichtert, den Bewerbungsprozess mit Zuversicht anzugehen und in den Bewerbungen entsprechend selbstbewusst aufzutreten. Damit steigt auch ihre Attraktivität für potenzielle neue Arbeitgeber.

Dritter Schritt: Zielorientierung

ZIEL: Initiative und Motivation für den Bewerbungs-Prozess verstärken

INHALT	ZEITPLAN
Selbstwertgefühl verbessern	2 Tage à 8 – 10 Stunden
Kommunikation im Bewerbungsprozess konstruktiv gestalten	max. 12 Teilnehmer
Aufmerksamkeit auf Kompetenzen fokussieren	Teilnahmepflicht
Stärken identifizieren und vertreten	
Persönliche Ziele definieren und einen Aktionsplan erarbeiten	

Abbildung 13: Inhalte des Orientierungsworkshops

Der dritte Schritt diente der persönlichen Zielklärung, d. h. welche spezifischen beruflichen Perspektiven sich der Mitarbeiter für seine Zukunft vorstellen kann. Besonders für langjährige Mitarbeiter war das oft der schwierigste Schritt: Sie identifizierten sich stark mit dem bisherigen Arbeitgeber und waren so fest in das berufliche Umfeld eingebettet, dass ihnen eine andere Tätigkeit bei einem neuen Arbeitgeber kaum denkbar erschien. Je bewusster die Möglichkeit einer Trennung vom bisherigen Arbeitgeber wurde, desto stärker fielen Widerstände ins Gewicht, die aus der noch bestehenden Bindung an diesen Arbeitgeber erwuchsen. Auch hier war es wichtig, dass die Trainer einerseits die Trauer über diesen Abschied zuließen, andererseits aber gleichzeitig dabei halfen, klare und realistische Zielvorstellungen zu gewinnen. Dazu ermutigten sie jeden Teilnehmer zunächst, die ganze Bandbreite seiner Kompetenzen in den Blick zu nehmen, auch über die im engeren Sinne beruflichen Qualifikationen hinaus. Weitere Ideen dazu erhielt der Teilnehmer aus der Gruppe.

In diesem Gesamtbild beruflicher Möglichkeiten bestimmte der Mitarbeiter anschließend seine persönlichen Prioritäten. Das Ergebnis dieser Überlegungen formulierte er dann schriftlich in einem „Aktionsplan", der als Basis für die Zusammenarbeit mit seinem persönlichen Berater diente.

TIPP:

 Über die drei beschriebenen Themenblöcke hinaus sollten die Trainer eines Orientierungsworkshops darauf vorbereitet sein, dass noch einmal zahlreiche organisatorische Fragen zum Ablauf der verschiedenen bee-Module und der Einzelberatungen auftreten. Dabei ist es hilfreich, diese Fragen während des Workshops zu sammeln und am Ende zu beantworten.

Exkurs: Trainerauswahl

1. Bei der Durchführung von Workshops wurde das bee-Team auch von externen Trainern unterstützt. Bei der Auswahl dieser Trainer waren drei Kriterien besonders wichtig: Für alle Teilnehmer war die Situation, in einer Transfergesellschaft zu sein und sich einen anderen Arbeitsplatz suchen zu müssen, neu und äußerst belastend. Für einige der Mitarbeiter war diese Situation sogar krisenhaft. Dies prägte teilweise den Verlauf der Workshops. Alle Trainer mussten darum in der Lage sein, *sowohl kritische Situationen in Gruppen souverän zu meistern als auch die einzelnen Teilnehmer zu unterstützen.* Auch die zugewandte und freundliche Konfrontation der Mitarbeiter mit ihrem eigenen Verhalten gehörte zum notwendigen Repertoire der Trainer.

2. Die Trainer mussten *Glaubwürdigkeit für die Teilnehmer besitzen.* Deshalb wählte die bee ICN solche externen Trainer aus, die bereits aus anderen Projekten einen gewissen Einblick in Siemens und die Profile seiner Mitarbeiter besaßen und sich entsprechend darauf einstellen konnten. Positiv wirkte es zudem, wenn die Trainer sogar

Situation der Teilnehmer (oder eine ähnliche) aus eigener Erfahrung kannten, um Beispiele dafür geben zu können, wie man kritische Lagen meistern kann. Bei den Vorstellrunden zu Beginn des Workshops gewannen sie damit schnell das Vertrauen der beE-Mitarbeiter und konnten zudem mit mehr Verständnis auf die anfängliche Zurückhaltung vieler Teilnehmer reagieren.

3. Die Trainer mussten Interesse für den Arbeitsmarkt mitbringen und sich mit *der Arbeit der beE identifizieren*, um in den Workshops ihren wichtigen Beitrag dazu leisten zu können. Denn sie mussten sich bewusst sein, dass die vom Abbau betroffenen Mitarbeiter in diesen Workshops zum ersten Mal neben den Einzelberatungen die angekündigten Leistungen der beE tatsächlich erlebten. Sie trugen also zum entscheidenden ersten Eindruck bei und legten damit den Prüfstein dafür, ob die Kandidaten ihre Erwartungen erfüllt sahen oder nicht.

TIPP:

 Die Begrenzung auf jeweils zwölf Teilnehmer ermöglicht eine intensive und vertrauensvolle Arbeitsatmosphäre. So erhält jeder Mitarbeiter ausreichend Raum, um seine persönlichen Anliegen zu klären.

2. Wege in den Markt

- ca. 4 Stunden
- max. 50 Teilnehmer
- Teilnahmepflicht

Je länger ein Mitarbeiter in einem Unternehmen beschäftigt ist, desto weniger sieht er die Notwendigkeit, sich über den aktuellen externen Stellenmarkt zu informieren. Das fehlende Wissen über den Arbeitsmarkt kann für die Arbeitnehmer in einer Transfergesellschaft – insbesondere in der anfänglichen Orientierungsphase – ein zusätzliches Hemmnis darstellen. Darüber hinaus sind die meisten der Arbeitnehmer wenig oder gar nicht mit der Praxis des Bewerbens vertraut, allenfalls kennen sie die klassischen Wege der Arbeitsplatzsuche. Sie benötigen daher umfassende Orientierungshilfen für eine aktive Stellensuche.

Ein wesentlicher Baustein für diese Stellensuche ist die Frage, wie sich der einzelne Mitarbeiter seine zukünftige berufliche Tätigkeit vorstellt. Dazu zählen nicht nur die Art der Tätigkeit, sondern auch Aspekte wie angestrebte Branche, Firmengröße, bevorzugte Region und gewünschte Unternehmen. Anhand dieser Kriterien kann der Mitarbeiter eine Liste derjenigen Arbeitgeber und Firmen erstellen, die seine Vorstellungen erfüllen (so genannte „Zielfirmen"). Dabei ist es wichtig, sich intensiv über die gewünschten Zielfirmen wie auch über die aktuellen Rahmenbedingungen der angestrebten Branche zu informieren. Die Wirtschaftsnachrichten in Druck- und Online-Medien liefern hier wertvolle Hinweise. Hat der Mitarbeiter seine individuelle Liste von Zielfirmen mit allen relevanten Informationen erstellt, muss er im nächsten Schritt herausfinden, wo es passende Vakanzen für ihn gibt.

Dieses Vorgehen war für die meisten Teilnehmer Neuland. Der zweite Workshop „Wege in den Markt" gab ihnen jedoch das nötige Wissen an die Hand: Die Schulungsveranstaltung vermittelte das grundlegende methodische Vorgehen und das praktische Wissen für eine effiziente und zielgerichtete Stellensuche.

Dazu wurden den Teilnehmern die klassischen Wege der Suche über Stellenanzeigen in Zeitungen und Fachzeitschriften und die professionelle Auswertung der Anzeigeninhalte ebenso vorgestellt wie die mittlerweile äußerst bedeutsame Alternative der Jobbörsen im Internet. Da diese Jobbörsen jeweils unterschiedliche Zielgruppen ansprechen, ist es wichtig, die für die beE-Kandidaten relevanten Jobbörsen beispielhaft herauszuarbeiten und darzustellen. Besonders intensiv ging der Workshop zudem darauf ein, wie man anhand seiner Zielfirmenliste systematisch auf Unternehmens-Webseiten nach offenen Stellen sucht. Vorgestellt wurde zudem die zusätzliche Leistung der beE, aktiver Stellenvermittlung, Job-Börsen, Job-Newsletter usw. (vergleiche 7.4). Der Verweis auf die relevanten Fach- und Karriere-Messen sowie auf die Informationswege innerhalb des persönlichen Netzwerks der Kandidaten rundete das Spektrum der Orientierungshilfen ab.

Darüber hinaus legte der Workshop besonderes Augenmerk auf Initiativbewerbungen. Durch sie ergibt sich für die Mitarbeiter wichtiges zusätzliches Potenzial, denn ein Großteil der Stellen werden weder in Printmedien noch in einschlägigen Jobbörsen im Internet veröffentlicht.

Diese Veranstaltung stieß auf große Resonanz bei den Teilnehmern. Viele von ihnen erkannten ganz neue Möglichkeiten, ihre im Orientierungs-workshop erarbeiteten und in den Einzelberatungen präzisierten Zielvorstellungen bei der Stellensuche umzusetzen. Andere Teilnehmer wurden sich durch die Veranstaltung erst bewusst, dass sie ihre weitere berufliche Zukunft auch selbst in die Hand nehmen mussten. Eine Transfergesellschaft bietet ihnen dazu idealerweise alle erdenkliche Unterstützung, doch ohne die Eigeninitiative des Mitarbeiters selbst kann kein Erfolg zustande kommen.

ZIEL: Erfolgreich und gezielt offene Stellen identifizieren

INHALT	ZEITPLAN
Informationen über den relevanten Arbeitsmarkt	ca. 4 Stunden
Klassische Wege in den Markt	max. 50 Teilnehmer
Mögliche Medien und Informationsquellen	Teilnahmepflicht
Wichtigkeit der Eigeninitiative	
Identifizierung relevanter Ansprechpartner	
Wege über das Job-Center	

Abbildung 14: Inhalte des Workshops „Wege in den Markt"

TIPP:

 Wichtig ist, den Teilnehmern neben den bundesweiten Medien der Jobsuche vor allem die Wege zum lokalen Arbeitsmarkt vorzustellen. Dazu zählen neben der lokalen Presse beispielsweise auch Kontakte zur regionalen Industrie- und Handelskammer (IHK), Ansprechpartner bei der Kommune und Berufs- und Fachmessen, wo regionale Arbeitgeber vertreten sind.

3. Erstellen von Bewerbungsunterlagen

- ca. 4 Stunden
- max. 50 Teilnehmer
- Teilnahmepflicht

Bewerbungsunterlagen sind die persönliche Visitenkarte des Bewerbers. Doch ähnlich wie bei der oben beschriebenen Stellensuche kennen die Mitarbeiter nach mehreren Jahren im gleichen beruflichen Umfeld auch bei Umfang und Gestaltung der Bewerbungsmappe nicht die Anforderungen des aktuellen Arbeitsmarkts. Dies liegt zum einen daran, dass die Mitarbeiter in der Regel kaum Erfahrung im Erstellen von Bewerbungsunterlagen haben, zum anderen unterliegen die Bewerbungs- und Recruiting-Prozesse durch die sich ändernden technischen und unternehmerischen Voraussetzungen permanenten Veränderungen. Für den Erfolg auf dem Bewerbermarkt ist es jedoch unabdingbar, sich mit marktgerechten und professionellen Unterlagen zu präsentieren. Das dafür nötige Basiswissen sollten Fachleute den bee-Mitarbeitern frühzeitig in einem Workshop vermitteln. So können die Teilnehmer die Erstellung ihrer eigenen Bewerbungsmappe gezielter angehen und diese dann zusammen mit ihrem persönlichen Berater individuell ausgestalten.

Die Schulung „Erstellen von Bewerbungsunterlagen" machte die Teilnehmer mit den wichtigsten Kriterien für gelungene Bewerbungsunterlagen vertraut. Dazu zählten zum einen die Inhalte einer klassischen Bewerbungsmappe, zum anderen die Gestaltung einer Online-Bewerbung. Die Veranstaltung stellte vor, welche Struktur und Inhalte eine den aktuellen Markterfordernissen entsprechende Bewerbung in Anschreiben, Lebenslauf und Kompetenzprofil haben muss. Sie zeigte außerdem anhand aktueller Stellenannoncen aus Tageszeitungen und Internet-Jobbörsen, wie man Stellenausschreibungen analysiert und anschließend seine Bewerbung darauf abstimmt.

Für eine Initiativbewerbung gelten wiederum andere Regeln als für die Bewerbung auf eine Stellenanzeige. Dazu vermittelte der Workshop vor allem Kenntnisse zur passenden Formulierung von Initiativbewerbungen. (Die erwähnten Regeln zum Ablauf einer solchen Bewerbung lernten die Teilnehmer dann detailliert im Workshop „Telefontraining" kennen.)

Auf sehr viel Interesse stieß auch die Schluss-Sequenz des Workshops, in der typische Fehler in Bewerbungsunterlagen vorgestellt wurden.

ZIEL: Professionelle Unterlagen für ein gutes Selbstmarketing

INHALT	ZEITPLAN
Inhalte einer Bewerbungsmappe	ca. 4 Stunden
Durchführen einer Anzeigenanalyse anhand aktueller Stellen	max. 50 Teilnehmer
Struktur Lebenslauf	Teilnahmepflicht
Tipps und Beispiele für Anschreiben	
Initiativbewerbung	
Onlinebewerbung	

Abbildung 15: Inhalte des Workshops „Erstellen von Bewerbungsunterlagen"

TIPP:

✍ *Für bestimmte Mitarbeitergruppen sollte die Möglichkeit bestehen, ihre Bewerbungsunterlagen mit Hilfe einer strukturierten Vorlage oder sogar eines Schreibbüros zu erstellen.*

✍ *Bewerbungsunterlagen zu erstellen ist ein langwieriger Prozess, der je nach Bewerbungsphase und angestrebter Stelle immer wieder modifiziert werden muss. Ein Workshop kann dazu nur Basiswissen vermitteln. Die individuellen Bewerbungsunterlagen müssen dann die Berater in den Einzelgesprächen ausführlich mit den Mitarbeitern durchgehen.*

4. Telefontraining

* 8 Stunden
* 10 – 12 Teilnehmer
* Teilnahme freiwillig, nach Absprache mit Berater

Neben den beschriebenen Wegen in den Markt gibt es einen weiteren, direkten Weg zum möglichen neuen Arbeitgeber: das Telefonat. Die Wirkung einer solchen telefonischen Kontaktaufnahme wird von den meisten Bewerbern unterschätzt. Dabei kann man sich durch einen Telefonanruf sowohl Informationen über den Arbeitgeber beschaffen als auch Vakanzen im Unternehmen identifizieren, die nicht in Stellenanzeigen ausgeschrieben sind. Der direkte Dialog mit den Personalverantwortlichen eines Unternehmens verleiht der eigenen Bewerbung zudem eine persönliche Note, die den Bewerbungsprozess unter Umständen positiv beeinflusst oder gar beschleunigt.

Ein Telefontraining sollte also darauf zielen, den Mitarbeitern das Telefon als ein wichtiges Bewerbungsinstrument nahe zu bringen, ihnen Unsicherheiten beim telefonischen Kontakt mit den Arbeitgebern zu nehmen und den zielorientierten Einsatz dieses Mediums zu üben.

Der Workshop „Telefontraining" verlief in zwei Phasen: Zunächst vermittelte er den Mitarbeitern die theoretischen Grundlagen: Wie bereite ich ein Telefonat mit einem Arbeitgeber vor, wie verhalte ich mich während des Telefongesprächs? Wie soll ich das geführte Gespräch nachbereiten? Auch die Teilnehmer konnten Fragen beisteuern und Situationen klären, in denen sie unsicher über das richtige Verhalten am Telefon sind. Dabei zeigten die Trainer immer wieder die Chancen auf, durch eine professionelle Nutzung des Telefons die Bewerbungschancen zu steigern. In einer ersten praktischen Übung konnten die Teilnehmer das Gelernte dann umsetzen: In Form einer kurzen Selbstpräsentation übten sie, ihr Anliegen und die relevanten Informationen zu ihrem persönlichen Profil in wenigen Gesprächsminuten gut darzustellen.

In der zweiten Phase des Workshops setzten die Teilnehmer ihr neues Wissen direkt in die Praxis um und führten mit einem Trainer an der Seite ein

Telefonat mit einem Arbeitgeber. Anschließend analysierten sie zusammen mit dem Trainer Stärken und Schwächen ihrer Gesprächsführung. Eine gemeinsame Schlussrunde mit einem Erfahrungsaustausch aller Teilnehmer rundete den Tag ab.

ZIEL: Telefonate zur optimalen Positionierung auf dem Arbeitsmarkt

INHALT	ZEITPLAN
Anleitung und Tipps für das aktive Telefonieren mit Unternehmen	8 Stunden
	10 – 12 Teilnehmer
Üben der Selbstpräsentation per Telefon	
	Teilnahme freiwillig,
Vorbereitung und Durchführung von Telefonaten in Unternehmen hinein	nach Absprache mit Berater
Feedback zum geführten Telefonat mit Anregungen zur Verbesserung	

Abbildung 16: Inhalte des Workshops „Telefontraining"

TIPP:

 Das Telefontraining sollte sinnvollerweise in der ersten Bewerbungsphase nach Belegen der drei Pflichtworkshops angeboten werden, da die Mitarbeiter von Anfang an sicheres Verhalten am Telefon benötigen: Bevor ein Bewerber zu einem Vorstellgespräch fährt, hat er mindestens einmal mit dem betreffenden Unternehmen telefoniert.

5. Interviewtraining

- ca. 8 Stunden
- 10 – 12 Teilnehmer
- Teilnahme nach Absprache mit Berater

Die meisten Mitarbeiter, die seit längerer Zeit in einem Unternehmen arbeiten, sind in der Regel nicht mehr mit der klassischen Interviewsituation eines Vorstellgesprächs vertraut. Denn innerhalb eines Unternehmens verlaufen berufliche Entwicklungsschritte meist auf informellen Wegen, d. h. ohne langwierigen und ausgefeilten Interviewprozess. Dabei ist jedoch besonders in einem engen Arbeitsmarkt die professionelle persönliche Vermarktung der eigenen Kenntnisse und Fähigkeiten von großer Bedeutung: Wo eine aussagekräftige Bewerbungsmappe die Pflicht darstellt, kann das gut gemeisterte Einstellinterview die Kür auf dem Weg zum neuen Job sein.

Der Workshop gliederte sich in zwei Blöcke: Zunächst erhielten die Teilnehmer die nötigen theoretischen Grundlagen, um ein Interview zu bewältigen. Dazu bekamen sie ganz konkrete Hinweise, was sie bei einem Vorstellgespräch erwartet, und erhielten Antworten u. a. auf folgende Fragen: Welche Erkundigungen ziehe ich über die Firma ein und wie komme ich an die nötigen Informationen? Wie kleide ich mich für ein Vorstellgespräch? Welche Fragen stellen Personalverantwortliche und wie antworte ich darauf? Welche Fragen stelle ich im Gespräch, um mein Interesse am Unternehmen und der angebotenen Stelle zu untermauern? All diese Aspekte wurden ausgiebig erläutert.

Gleichzeitig spielte auch die kritische Nachbereitung eines Interviews eine wichtige Rolle. Denn der Bewerber sollte nach dem Gespräch eine fundierte Entscheidung für oder wider die Stelle und das Unternehmen treffen können. Zudem sollte der Kandidat seine eigenen Stärken und Schwächen in der Eigenpräsentation noch einmal kritisch prüfen, um daraus für weitere Interviews zu lernen.

Im zweiten Themenblock übten die Teilnehmer konkrete Gesprächssituationen und konnten anhand von Videoaufnahmen ihr Auftreten zusammen mit den Trainern und den anderen Teilnehmern analysieren.

Der Workshop stieß auf äußerst positive Resonanz, da er das Selbstvertrauen vieler Mitarbeiter in hohem Maße stärkte. Die große Unbekannte „Vorstellgespräch" wurde durch die Veranstaltung für die Teilnehmer sehr viel greifbarer, so dass sie sicherer in die Interviews gehen konnten. Der Workshop erwies sich damit als essenzieller Baustein für die Unterstützung der Bewerbungsbemühungen.

ZIEL: Persönliches Auftreten als Erfolgsfaktor

INHALT	ZEITPLAN
Vorbereitung auf ein Interview	ca. 8 Stunden
Typische Fragen	10 – 12 Teilnehmer
Kurzvorstellung des Werdegangs	Teilnahme nach Absprache mit Berater
Simulation eines Interviews mit Videoaufzeichnung	
Feedback zum persönlichen Auftreten	

Abbildung 17: Inhalte des Workshops „Interviewtraining"

TIPP:

✍ *Die Mitarbeiter sollten dann an einem solchen Interviewtraining teilnehmen, wenn sie tatsächlich kurz vor Vorstellgesprächen stehen. So können sie die Erfahrungen aus diesem Workshop sofort und wirkungsvoll in der Praxis anwenden.*

✍ *Es empfiehlt sich, eine hierarchisch homogene Teilnehmergruppe für die Interviewtrainings zusammenzustellen. Dies schafft am leichtesten eine offene Gesprächsatmosphäre ohne Befangenheiten und der Trainer kann auf die Besonderheiten dieser Gruppe gezielt eingehen.*

🖋 *Der Erfolg des Workshops hängt stark von der Kritikfähigkeit der Teilnehmer ab. In der Analyse der Gesprächsituationen muss sich deshalb die notwendige Offenheit mit ausreichender Sensibilität verbinden.*

6. Manage Yourself!

* ca. 8 – 10 Stunden
* 10 Teilnehmer
* Teilnahme freiwillig

Der Workshop „Manage Yourself!" wurde ungefähr nach der Hälfte der bee-Laufzeit für diejenigen Mitarbeiter angeboten, die noch keinen Erfolg bei der Stellensuche gehabt hatten. Sie verloren aufgrund von Absagen oder anderen Misserfolgen an Motivation und ließen in ihren Bewerbungsaktivitäten nach. Für diese Zielgruppe konzipierte das bee-Team diesen Workshop als Ergänzung zu den Einzelberatungen und den entsprechenden Einzelveranstaltungen (vergleiche 7.5). Jeder Einzelne sollte darin so unterstützt werden, dass er wieder größtmögliche Aussichten auf eine erfolgreiche Vermittlung erhielt.

Ziel des Workshops war es, gemeinsam mit den Teilnehmern herauszufinden, warum die Bewerbungsbemühungen bisher noch nicht zum Erfolg geführt hatten. Dabei ging es weniger darum, die Fakten des Arbeitsmarktes und des Bewerbungsprozesses zu analysieren – vielmehr verfolgte der Trainer einen psychologischen Ansatz: Er untersuchte, inwiefern das Selbstbild der Bewerber ihr Vorgehen bei der Arbeitsplatzsuche beeinflusste und wie es ggf. zu verändern sei. Dabei traten fehlende Zielvorstellungen ebenso zutage wie mangelndes Selbstbewusstsein, z. B. wegen des fortgeschrittenen eigenen Alters. Einige Teilnehmer äußerten auch Schwierigkeiten, die anstehenden Aufgaben gezielt anzugehen. Daher war ein weiteres Thema des Workshops das Selbst- und Zeitmanagement. Die Teilnehmer lernten, wie sie die Aufgaben und Abläufe der Arbeitssuche strukturiert angehen können und dadurch vermeiden, in Passivität zu verfallen.

Am Ende erarbeitete jeder Teilnehmer des Workshops einen so genannten „Vertrag mit sich selbst", in dem er festhielt, was er verändern wollte und musste, um die weiteren Bewerbungen wieder mit mehr Engagement und vor allem mit mehr Erfolg anzugehen. Die Veranstaltung kam so positiv bei den

Mitarbeitern an, dass sie weitaus häufiger angeboten werden musste als zunächst angenommen.

ZIEL: Motivation und Initiative erneuern

INHALT	ZEITPLAN
Selbst- und Zeitmanagement	ca. 8 – 10 Stunden
Reflektion der bisherigen Bewerbungsaktivitäten	10 Teilnehmer
Erkennen, wie das eigene Denken das Verhalten beeinflusst	Teilnahme freiwillig
Positive Denkmuster entwickeln	
Erarbeitung eines Aktionsplans mit konkreten nächsten Schritten	

Abbildung 18: Inhalte des Workshops „Manage Yourself!"

✌ *Auf den Punkt gebracht:*

- Kein Trainer, ob intern oder extern, wird alle für die gesamten Workshops notwendigen Kenntnisse mitbringen. Daher ist es wichtig, gezielt Experten für die jeweiligen Fachgebiete auszusuchen, um eine gleich bleibend hohe Qualität für jeden der Workshops zu gewährleisten.
- Die Workshops müssen in ihrer Struktur und ihren Inhalten ständig am tatsächlichen Bedarf der Zielgruppe gemessen und ggf. modifiziert werden.

7.2 Einzelberatungen

Die Einzelberatung garantiert jedem Mitarbeiter die größtmögliche individuelle Unterstützung für seine persönlichen Vermittlungsbedürfnisse. Sie sollte daher in jeder Transfergesellschaft einer der integralen Bestandteile des Gesamtkonzepts sein, denn nur so kann man die kontinuierliche Begleitung jedes Kandidaten durch alle Phasen des Bewerbungsprozesses sicherstellen.

So nahm auch jeder in die bee ICN übergetretene Mitarbeiter regelmäßig Einzelberatungen durch einen ihm persönlich zugeteilten Berater in Anspruch. Dieser Berater begleitete ihn während seiner gesamten Zeit vom Eintritt in die bee bis zu seinem Austritt. Er war damit nicht nur das Bindeglied zwischen den einzelnen Modulen der bee ICN, sondern ergänzte diese auch um einen entscheidenden Aspekt: Er entwarf ein maßgeschneidertes Angebot für jeden einzelnen Kandidaten. Dies war eines der grundlegenden Anliegen im Konzept der bee und trug entscheidend zu deren Erfolg bei. Entscheidend dabei war, dass ein Berater höchstens 30 Mitarbeiter zu betreuen hatte und so mit jedem Einzelnen passgenau und vor allem zeitnah an seinen Bewerbungen arbeiten konnte. Diese Arbeit lief in den folgenden Schritten ab:

Aufbauen eines ersten persönlichen Kontakts
Beim ersten Treffen mit dem Kandidaten war es wichtig, eine Atmosphäre des Vertrauens zu schaffen. Darüber hinaus erwies es sich in der Praxis als hilfreich, dass die Kandidaten zu diesem ersten persönlichen Kontakt bereits ihre Unterlagen mitbrachten, die sie auf der Grundlage der Workshops (Orientierungsworkshop, Erstellen von Bewerbungsunterlagen) erstellt hatten. Die Berater konnten dadurch schnell das fachliche Profil der Kandidaten einschätzen und erhielten einen Eindruck davon, wie der Einzelne sich schriftlich präsentieren konnte.

Darüber hinaus erläuterte der Berater in diesem ersten Gespräch die nächsten Beratungsschritte. Er besprach mit dem Mitarbeiter die beiderseitigen Erwartungen und legte die Ziele für die Beratung fest.

TIPP:

 Die Ergebnisse aus den Workshops bringt ausschließlich der Mitarbeiter selbst in die Einzelberatung ein. Um die Persönlichkeitssphäre jedes Einzelnen zu gewährleisten, erhalten die Berater keine Informationen von den Trainern der Workshops über die Teilnehmer.

Unterstützen bei den Bewerbungsunterlagen

Ein elementarer Baustein in der Anfangsphase der Beratung ist die Erstellung professioneller Bewerbungsunterlagen. Da alle Berater Personalfachleute mit langjähriger Erfahrung im Bereich Recruiting waren, konnten sie die Kandidaten bei der Optimierung der Bewerbungsunterlagen unterstützen. Sie gaben Hinweise zur Formulierung kritischer Punkte im Lebenslauf und arbeiteten gemeinsam mit den Bewerbern am „Feinschliff" von Anschreiben und Lebenslauf.

Beim Erstellen des Anschreibens benötigten fast alle der Kandidaten Unterstützung durch die Berater der beE. Diese arbeiteten mit den Bewerbern daran, keine Standardbriefe zu versenden, sondern ein Anschreiben zu formulieren, das die fachlichen und persönlichen Stärken des Bewerbers in das richtige Licht rückte und gleichzeitig auf die angestrebte Stelle abgestimmt war.

Beim Lebenslauf galt es, die individuellen Kompetenzen, Erfolge und Erfahrungen mit dem Bewerber herauszuarbeiten und im Lebenslauf adäquat und präzise zu präsentieren.

Gerade die Zusammenstellung dieser persönlichen Marketingunterlagen war für viele ungewohnt und eine große Herausforderung. Die Formulierung und Gestaltung eines persönlichen Profils brauchte verständlicherweise viel Zeit und häufig mehrere Treffen, bis der Bewerber Unterlagen zur Verfügung hatte, die professionell und aussagekräftig waren und mit denen er sich gleichzeitig identifizieren konnte.

Erarbeiten einer Bewerbungsstrategie

Viele Kandidaten brachten ihre persönlichen Ergebnisse aus dem Orientierungsworkshop mit, insbesondere eine Einschätzung ihrer Stärken und Ideen, welche Aufgaben und Unternehmen für sie interessant wären. Dieses erste Stärken-Profil und ihre Zielvorstellung vertieften und präzisierten sie zunächst gemeinsam mit dem Berater und erarbeiteten daraus anschließend eine konkrete Strategie für den Bewerbungsprozess. Dazu war es auch wichtig, die Rahmenbedingungen für die gesuchte Stelle zu klären, darunter vor allem die Fragen nach dem gewünschten Gehalt und der räumlichen Mobilität der Kandidaten. An diese Fragen gingen die Mitarbeiter sehr unterschiedlich heran: Einige waren sich bewusst, dass die angespannte Lage des Arbeitsmarktes eine gewissen Flexibilität erforderte, wenn sie schnell einen neuen Arbeitsplatz finden wollten. Andere suchten nur nach Stellen mit nahezu identischen Voraussetzungen wie bisher. Die Berater besprachen diese Zielvorstellungen, konnten aber aufgrund ihrer Kenntnis des Arbeitsmarktes auch Tipps geben, an welchen Stellen Zugeständnisse nötig sein könnten.

Recherchieren geeigneter Stellen

Die Recherche potenzieller Arbeitgeber und geeigneter Stellen ist deshalb ein wichtiges Element in der Einzelberatung, weil es den Mitarbeitern hilft, ihre Bewerbungen sehr gezielt und ohne „Streuverluste" einzusetzen.

Anhand der Erkenntnisse aus dem Workshop „Wege in den Markt" wählte der Kandidat gemeinsam mit dem Berater interessante Branchen und Unternehmen für sein Profil aus. Diese Ergebnisse stellten einen Teil seiner „Zielfirmenliste" dar. Bei diesem Bewerbungsschritt benötigten viele Mitarbeiter starke Unterstützung. Um hier effizient vorzugehen, nutzten die Berater dazu nicht nur ihre eigene Kenntnis des Arbeitsmarkts, sondern arbeiteten auch eng mit dem Job-Center der beE ICN (vergleiche 7.4) zusammen, in dem alle nötigen Informationen zu aktuellen Vakanzen sowie zu Branchen und Unternehmen zur Verfügung standen. Der Berater unterstützte die Mitarbeiter zudem beim Abgleich der gefundenen Stellen mit ihrem Profil und half, das richtige Bewerbungsvorgehen festzulegen.

Hatten die Kandidaten dennoch Schwierigkeiten, passende Stellen für sich zu identifizieren, lag dies in einigen Fällen nicht nur am Arbeitsmarkt, sondern zum Teil auch an der Haltung der Mitarbeiter zu dem gesamten Prozess der beruflichen Neuorientierung. Viele von ihnen konnten die Bewerbungssituation als solche schwer akzeptieren und hatten die notwendige Trennung von Siemens als Arbeitgeber nicht entsprechend verarbeitet. Hier mussten die Berater einerseits den noch notwendigen innerlichen Trennungsprozess verständnisvoll unterstützen. Andererseits mussten sie aber die betreffenden Mitarbeiter auch damit konfrontieren, dass mangelnde Initiative im Bewerbungsprozess die Chancen auf Erfolg entscheidend schmälere.

Bei einigen Kandidaten, die mit der Recherche im Internet weniger vertraut waren, erläuterten die Berater ausführlich die einzelnen Schritte und führten ggf. die Suche gemeinsam mit dem Kandidaten am PC durch.

Bestimmen der notwendigen Qualifizierungsmaßnahmen
Je nach angestrebter Tätigkeit und persönlichem Profil zeigte sich bei einigen Kandidaten ein fachliches Defizit. In diesen Fällen entwarfen die Berater gemeinsam mit den Bewerbern einen individuellen Qualifizierungsplan. Diesen Plan erstellten sie, indem sie die vorhandenen Kompetenzen mit den Anforderungen der angestrebten Vakanzen auf dem Arbeitsmarkt verglichen. Ergaben sich Diskrepanzen, wählten die Berater mit dem Mitarbeiter die entsprechenden Schulungen aus. Dieser Qualifizierungsplan wurde während des gesamten Bewerbungsprozesses immer wieder aktualisiert und orientierte sich stets an den aktuellen Erfahrungen und Bedürfnissen des einzelnen Bewerbers.

Unterstützen beim telefonischen Kontakt mit dem Arbeitgeber
Die meisten Kandidaten unterschätzten die Möglichkeiten eines Telefonats mit dem potenziellen Arbeitgeber. Vielen blieben erste Erfolge trotz sorgfältiger Vorbereitung und zahlreichen zielgerichteten Bewerbungen zunächst verwehrt. Gerade bei diesen Bewerbern empfahlen die Berater, stärker das Telefon zur ersten Kontaktaufnahme mit den Arbeitgebern zu nutzen, um sich positiv aus der Vielzahl von Bewerbern abzuheben. Der Workshop „Telefontraining" (vergleiche 7.1) legte dazu erste Grundlagen, die die Berater systematisch ausbauten. In einigen Fällen nahm zuerst das Job-Center Kontakt zu den potenziellen Arbeitgebern auf, da sich für die Personalvermittler von Siemens manche Tür leichter öffnete als für einen Stellensuchenden.

Trainieren für das Vorstellgespräch
Oberstes Ziel eines Bewerbers in einem Vorstellgespräch ist natürlich, sich dem potenziellen Arbeitgeber überzeugend zu präsentieren und ihm dabei in kurzer Zeit ein möglichst umfassendes Bild seiner fachlichen und persönlichen Kompetenzen zu vermitteln. Erhielten die Kandidaten eine Einladung zu einem Vorstellgespräch, bereiteten die Berater deshalb diesen Schritt ausführlich mit ihnen vor. Fast alle Kandidaten hatten zu diesem Zeitpunkt bereits am Workshop „Interviewtraining" (vergleiche 7.1) teilgenommen und sich dort die notwendigen Grundlagen erarbeitet. Die Berater übernahmen

nun die detaillierte Vorbereitung, oft in Form von Rollenspielen, in denen die Bewerber die Interviewsituation möglichst authentisch erproben konnten – vom anfänglichen Small Talk bis zur Darstellung konkreter beruflicher Erfahrungen. Zudem reflektierten die Berater bereits gelaufene Vorstellungsgespräche zusammen mit den Bewerbern und bereiteten diese sorgfältig mit ihnen nach. Die Kandidaten profitierten davon deutlich und präsentierten sich im Laufe der Zeit zunehmend besser und sicherer in Einstellinterviews.

TIPP:

 Unabdingbar ist die schnelle telefonische Erreichbarkeit aller Berater sowie die Möglichkeit, kurzfristig einen Beratungstermin zu vereinbaren.

Unterstützen bei Misserfolgen

Mit Kandidaten, die trotz intensiven Bewerbungsaktivitäten kein Angebot eines Arbeitgebers erhielten, analysierten die Berater, wieso die bisherigen Bemühungen nicht zum Erfolg geführt hatten. Gerade wenn die Mitarbeiter über längere Zeit vergeblich nach einem neuen Arbeitsplatz suchten, stellte sich verständlicherweise ein Gefühl der Frustration ein. Damit sie in dieser schwierigen Situation nicht an Engagement und Motivation verloren, war den Beratern wichtig, gemeinsam mit den Kandidaten nach Gründen für die Misserfolge und nach Lösungen zu suchen. Dabei waren aufmunternde und tröstende Worte gleichermaßen vonnöten wie die genaue Durchsprache der bisherigen Vorgehensweisen bei den einzelnen Aktivitäten. Dazu zählte z. B., wie der Bewerber sein Verhalten in den Gesprächssituationen der Einstellinterviews verbessern konnte. Um konkrete Verbesserungsvorschläge für die Kommunikation am Telefon erarbeiten zu können, führten einige Mitarbeiter die nächsten Telefonate mit Unternehmen in Anwesenheit ihres Beraters, der ihnen dann unmittelbar Hinweise zu ihrer Gesprächsführung geben konnte.

In einzelnen Fällen holten die Berater über das Job-Center zudem Rückmeldung bei den potenziellen neuen Arbeitgebern über die Gründe für die Absage ein. Auch dies half, die notwendigen Veränderungen gezielt mit den Mitarbeitern anzugehen.

Einholen von Feedback

Mit denjenigen Kandidaten, die eine neue Anstellung gefunden hatten, führten die Berater ein abschließendes Feedback-Gespräch, in dem sie die

Zusammenarbeit in der beE ICN reflektierten. Gleichzeitig beurteilten die Mitarbeiter auf einem anonymen Feedback-Bogen die Leistungen ihres persönlichen Beraters und der beE (vergleiche Anhang 6). Die Ergebnisse flossen in die Weiterentwicklung und Optimierung des Gesamtkonzepts ein.

TIPP:

✥ *Die Berater müssen jederzeit einen detaillierten Gesamtüberblick über die Inhalte der einzelnen Workshops und Veranstaltungen haben.*

✥ *Die externen Berater sollten nicht für ein von vorneherein zeitlich begrenztes Kontingent eingestellt werden, sondern ihren Einsatz je nach dem Beratungsbedarf der Mitarbeiter mit dem Auftraggeber verhandeln und abrechnen. Wichtig ist, dass die Berater für die gesamte beE-Laufzeit zur Verfügung stehen.*

✥ *Die externen Berater gehören während ihres Auftrags zum Beraterteam der beE und vertreten das beE-Konzept. Deshalb sollten auch ihre Beratungsgespräche ausschließlich in den Räumen der Transfergesellschaft stattfinden. Außerdem sollten sie nur beE-eigenes Informations- und Arbeitsmaterial verwenden.*

Wie gesehen, hat die Einzelberatung in einer Transfergesellschaft vielseitige Funktion. Die folgende Checkliste gibt noch einmal in Kurzform einen Überblick über die *Aufgaben eines Beraters:*

1. Optimieren und ggf. Erstellen der persönlichen Bewerbungsunterlagen
Anhand der Informationen aus dem entsprechenden Workshop erstellt jeder Mitarbeiter seine persönlichen Bewerbungsunterlagen. Der Berater prüft und korrigiert diese als Personalexperte. In einigen Fällen unterstützen die Berater auch bei der Formulierung des Lebenslaufs und eines zielgerichteten Anschreibens.

2. Erarbeiten einer gezielten Bewerbungsstrategie
Die Mitarbeiter vertiefen die im Orientierungsworkshop begonnene Zielfindung in den Einzelgesprächen, um konkrete Vorstellungen von einem zukünftigen Arbeitsplatz zu entwickeln und

das Vorgehen für den individuellen Bewerbungsprozess abzuleiten. Hier unterstützt und lenkt der Berater aufgrund seiner Erfahrungen aus der Personalarbeit mit Ideen und Vorschlägen.

3. Gemeinsames Suchen von passenden Stellen
Hier arbeitet der Berater eng mit dem beE-eigenen Job-Center (vergleiche 7.4) zusammen. Die Informationen aus dem Job-Center zu aktuellen Vakanzen und die Kenntnisse des Beraters über den Arbeitsmarkt helfen dem Mitarbeiter, die für ihn in Frage kommenden Stellen und Arbeitgeber zu identifizieren. Die so erstellte „Zielfirmenliste" ist die Basis für seine Arbeitsplatzsuche und seine Bewerbungsvorbereitungen.

4. Begleiten des Bewerbungsprozesses
Der Mitarbeiter informiert den Berater in regelmäßigen Abständen über seine laufenden Bewerbungen und deren Ergebnisse. Die weiteren Schritte werden während der einzelnen Bewerbungsphasen besprochen und festgelegt. Stellen Mitarbeiter oder Berater im Laufe der Zeit weiteren Qualifizierungsbedarf bei den Fachkenntnissen oder den so genannten „Soft Skills" (z. B. Präsentationserfahrung, persönliches Auftreten o. a.) fest, bestimmen sie gemeinsam entsprechende Verbesserungs- und Weiterbildungsmöglichkeiten.

5. Gemeinsame Analyse von Misserfolgen
Bei Absagen auf Bewerbungen oder Vorstellgespräche ist die Begleitung durch den Berater besonders wichtig. Gerade wenn die Mitarbeiter über längere Zeit erfolglos nach einem Arbeitsplatz suchen, laufen sie Gefahr zu resignieren. Um hier nicht in Passivität zu verfallen, können sich die Mitarbeiter mit den Beratern über die Rückschläge austauschen. Die Berater analysieren die Misserfolge und machen Verbesserungsvorschläge.

6. Partner für alle mit der Stellensuche verbundenen Themen
Bei der Arbeitssuche spielen auch immer gewisse Faktoren der Persönlichkeit und des privaten Umfelds eine Rolle. Misserfolge

bei den Bewerbungen können durch besondere private Gegebenheiten bedingt sein. Auch kommt es durch den Verlust des bisherigen Arbeitsplatzes zu persönlichen Krisen. Dies müssen die Berater bei ihren Vermittlungsbemühungen berücksichtigen – sie fungieren jedoch nicht als Berater für persönliche oder private Probleme. Wenn diese in Ausnahmefällen zu stark in den Vordergrund treten, müssen externe Experten weiterhelfen.

TIPP:

 Obwohl und gerade weil der bee keine Kontrollfunktion, sondern eine beratende Rolle gegenüber dem arbeitsuchenden Mitarbeiter obliegt, sollte man frühzeitig das Gespür dafür entwickeln, ob der einzelne Mitarbeiter die Jobsuche tatsächlich aktiv betreibt. Dabei ist es unter anderem Aufgabe der Berater, den Mitarbeiter von Anfang an für gezielte Bewerbungsaktivitäten zu motivieren und diese regelmäßig zu besprechen.

7.3 Qualifizierung

Das Leistungsangebot der Qualifizierung stellt einen weiteren zentralen Baustein im Gesamtkonzept einer Transfergesellschaft dar. Das Modul dient dazu, das Kompetenzprofil jedes einzelnen Mitarbeiters durch sorgfältig ausgewählte Qualifizierungsmaßnahmen genau auf die Anforderungen des Arbeitsmarktes abzustimmen und dadurch die Chancen des Mitarbeiters auf eine neue Anstellung zu erhöhen.

Die maßgeschneiderte Qualifizierung für jeden bee-Mitarbeiter ist aus zwei Gründen keine leichte Aufgabe: Zum einen haben die Berater und das Job-Center am Anfang nur einen generellen Überblick über die Profile der bee-Mitarbeiter und der Vakanzen auf dem Arbeitsmarkt. Zum anderen gibt es eine Flut von Qualifikationsanbietern und Schulungsprogrammen auf dem Markt. Generell gilt, dass es nicht darauf ankommt, jedem Mitarbeiter möglichst viele Qualifikationsmaßnahmen zukommen zu lassen. Entscheidend ist vielmehr, wirklich diejenigen Maßnahmen zu bestimmen, die die Marktfähigkeit des Mitarbeiters schnell wieder herstellen oder steigern. Daher sollte die Qualifizierung möglichst bald am Anfang der maximal zwölfmonatigen Laufzeit beginnen und dann kontinuierlich bis zum Ende der beE weiterlaufen, zumal auch der Gesetzgeber vorschreibt, dass die Transfergesellschaft ihren Mitarbeitern aufgrund der Profiling-Ergebnisse so genannte Maßnahmen zur Verbesserung der Eingliederungsaussichten unterbreiten muss (vergleiche 2.2.1 und 4.3). Hierzu zählen neben den Angeboten rund um den Bewerbungsprozess alle fachlichen Weiterbildungen.

Diese Qualifizierungskurse sind auch deswegen sinnvoll, weil sie die Motivation der Bewerber mit entsprechenden Defiziten steigern: Sie erleben, dass die Transfergesellschaft sie sofort individuell unterstützt und erkennen durch die Weiterbildung Entwicklungsperspektiven und persönliche Fortschritte.

Die beE ICN zielte bei der Auswahl der fachlichen Weiterbildungen klar auf die Branche der Telekommunikation und Informationstechnologie (IT). Für einige Mitarbeiter kamen zwar auch andere Branchen in Frage, dennoch lag durch den hohen Anteil an Mitarbeitern mit technischer Ausbildung der Fokus auf dem IT- und Telekommunikations-Bereich. Dieser ist aufgrund der rasanten technologischen Entwicklung einem schnellen Wandel unterworfen. Das beE-Team überlegte daher zunächst, wie sich dieser Arbeitsmarkt während der beE-Laufzeit entwickeln würde und welche zukünftigen Arbeitsfelder dort benötigt werden könnten. Doch dieser Ansatz erwies sich schnell als falsche Fährte.

Als sinnvoller erwies es sich, die Qualifikationen auf den aktuellen Bedarf hin zuzuschneiden. Dieser ergab sich innerhalb der ersten Wochen durch die intensive Auswertung des Arbeitsmarktes im Job-Center sowie durch den Abgleich der Mitarbeiterprofile mit den aktuellen Anforderungen des Arbeitsmarktes in den Einzelberatungen. Weitere Erkenntnisse ergaben sich durch die Rückmeldungen aus den laufenden Bewerbungsprozessen der Mitarbeiter.

Bei der Auswahl der angebotenen Qualifizierungsmöglichkeiten bewährte sich eine Mischung aus einem generellen Angebot („Sofortmaßnahmen") und zusätzlichen individuellen Lösungen („langfristige Spezialmaßnahmen").

ZIEL: Wiederherstellung der Marktfähigkeit

Einzelberater definieren gemeinsam mit dem Mitarbeiter das Qualifizierungsdelta

LANGFRISTIGE SPEZIALMASSNAHMEN	SOFORTMASSNAHMEN	KONSTANTE SPRACHKURSE
Grundlegender Kompetenzaufbau	Punktuelle Kompetenz-abrundung	Reaktivierung und Förderung sprachlicher Kompetenz
Beispiele: Applikationsent-wicklungskurs mySAP-Kurs Java-Kurs uvm.	**Beispiele:** Projektleiter-Seminar BWL f. Ingenieure Access f. Anwender uvm.	**Beispiele:** Deutsch Englisch (Beginners, Intermediate und Advanced Level)

Die konkrete Ausgestaltung der fachlichen Qualifikationsmaßnahmen wird an die Zielgruppe angepasst und ist abhängig vom vereinbarten finanziellen Rahmen

Abbildung 19: Qualifizierungsmaßnahmen der beE ICN

a) Sofortmaßnahmen

Die so genannten „Sofortmaßnahmen" waren eine Auswahl von standardisierten Schulungsmaßnahmen. Sie mussten zu Beginn der beE definiert und in ausreichender Menge zur Verfügung gestellt werden.

Um dieses Angebot zusammenzustellen, fasste man die Kandidaten zu Gruppen mit vergleichbaren Profilen zusammen. Auf dieser Grundlage erstellte das beE-Team einen Katalog der möglichen Sofortmaßnahmen, aus denen sich der Mitarbeiter zusammen mit seinem Berater die passenden Veranstaltungen aussuchte. Dieser Katalog enthielt insgesamt ca. 80 Kurse zur Auswahl, und zwar zu folgenden Fachrichtungen:

1. *IT-Basics*
   z. B. Windows Office, Linux, Unix, Grundlagen der Systembetreuung für Windows u. Ä.
2. *Software-Entwicklung und -Engineering*
   darunter C++, Java, Datenbankprogrammierung, HTML usw.

3. *Kaufmännische Grundlagen*
   z. B. Betriebswirtschaft für Ingenieure, Betriebswirtschaft für Sekretärinnen und Assistenzkräfte, Projektcontrolling, Prozesskostenmanagement usw.
4. *Vertriebsgrundlagen*
5. *Projektmanagement*
6. *Qualitätsmanagement*
7. *Kommunikation*
   z. B. Präsentationstechniken

b) Langfristige Spezialmaßnahmen
Zusätzlich zu den generell verfügbaren Sofortmaßnahmen liefen für einige Gruppen von Mitarbeitern auch längerfristige Spezialmaßnahmen an. Dies waren Weiterbildungsmaßnahmen, die aufgrund speziellen Bedarfs der Mitarbeiter für die beE entworfen wurden. Erkannten die Berater bei ihrem regelmäßigen Informationsaustausch Kandidatengruppen mit einem Spezialbedarf, erstellte die beE ICN zusammen mit einem Siemens-internen Qualifikationsanbieter ein passgenau ausgerichtetes Programm.

Die mehrmonatigen Vollzeitkurse enthielten in der Regel ein Praxis-Projekt, damit die Teilnehmer das erlernte Wissen auch unmittelbar umsetzen konnten. Die Schulungsprogramme waren modular aufgebaut, so dass Mitarbeiter mit unterschiedlichem Kenntnisstand zu verschiedenen Zeitpunkten in die Kurse einsteigen konnten.

Am Ende jedes Kurses stand eine Prüfung, bei der die Teilnehmer ein Zertifikat erwarben, das sie ihren Bewerbungsunterlagen beifügen konnten.

c) Sprachkurse
Neben den fachlich orientierten Angeboten zeigte sich ein hoher Bedarf an Sprachschulungen. Im Mittelpunkt standen hier die auf dem Arbeitsmarkt meist erforderlichen englischen Sprachkenntnisse. Dabei war es wichtig, dass die Kurse nicht nur Grundlagen vermittelten, sondern die Mitarbeiter bis zur Konversationssicherheit führten.

Darüber hinaus bot die beE ICN den ausländischen Mitarbeitern Deutschkurse an.

TIPP:

☝ Bei der Auswahl der Angebote für Sofortmaßnahmen sollte man sich auf eine relativ überschaubare Anzahl (in großen Unternehmen 50 – 80 Kurse) beschränken.

☝ Vor der Definition des Qualifizierungsangebots muss die entsprechende Budgetplanung abgeschlossen sein.

☝ Ein konkretes Einstellangebot für einen Bewerber kann in einigen Fällen mit der Bedingung einer zusätzlichen Qualifizierung verknüpft sein. Hier muss die beE schnell agieren und diese Qualifizierung im Rahmen ihrer zeitlichen und finanziellen Möglichkeiten mit dem potenziellen Arbeitgeber verhandeln.

Selbstlernstudio

Die Zeit in einer Transfergesellschaft sollte für die Mitarbeiter vom Leitgedanken der Eigeninitiative geprägt sein. Diesen Leitgedanken muss die Transfergesellschaft konsequent fördern und auch im Qualifizierungsangebot umsetzen. Das heißt unter anderem, dass die Mitarbeiter neben den von der beE organisierten Workshops und Kursen auch jede Möglichkeit nutzen sollten, sich selbstständig weiterzubilden. Auch dafür kann eine Transfergesellschaft den Rahmen bieten, beispielsweise in Form von Selbstlern-Programmen. Die Nutzung dieses Angebots liegt dann aber in den Händen der Mitarbeiter selbst.

Die beE ICN richtete im Juli 2003, also ein halbes Jahr nach ihrem Start, auf Wunsch der Mitarbeiter ein Selbstlernstudio ein. Vor allem Mitarbeiter, die bisher in der Software-Entwicklung tätig gewesen waren, wollten auch weiterhin eigenständig programmieren können, um ihre Kenntnisse auf dem aktuellen Stand zu halten. Sie erhielten an insgesamt 22 PC-Arbeitsplätzen breit gefächerte Möglichkeiten mit verschiedenen Programmiersprachen (C++, Java u. a.) und Umgebungen der Software- und Datenbank-Entwicklung zu arbeiten. Darüber hinaus konnten sich alle Mitarbeiter in Office-Anwendungen einarbeiten. Es gab zudem Lerneinheiten zu Projektmanagement, Kundenverhandlungen, Buchführung und Bilanzen, zu Zeitmanagement, Präsentationstechniken oder englischsprachiger Business Communication. Diese Lerneinheiten konnte man als Computer-Based Trainings (CBTs) mit einem

Zertifikat abschließen, das einen weiteren Mosaikstein für die Qualifikationen im Lebenslauf lieferte. Zusätzlich standen Handbücher und Fachzeitschriften zur Verfügung.

Das Selbstlernstudio lag räumlich von der beE ICN entfernt. Es war ganztägig geöffnet und war exklusiv den beE-Mitarbeitern vorbehalten. Ein technischer Ansprechpartner und Systemadministrator stand während der gesamten Zeit zur Verfügung. Dennoch wurde das Studio nicht im erwarteten Maße genutzt, und das, obwohl es auf Wunsch der Mitarbeiter entstanden war und ihre Wünsche bei der Einrichtung eingeflossen waren. Daher wurde nach neun Monaten das Angebot in diesem Rahmen nicht mehr weitergeführt. Stattdessen wurde ein kleinerer Raum mit CBTs innerhalb der beE ICN eingerichtet. Dort gab es insgesamt 4 PC-Arbeitsplätze für 13 CBT-Einheiten; die Programmier-Umgebungen wurden nicht mehr angeboten.

Es zeigte sich, dass dieser Leistungsumfang für das Selbstlernstudio völlig ausreichte. Die Mitarbeiter schlossen sich z. T. in selbst initiierten Gruppen zusammen, um sich die CBT-Einheiten gemeinsam zu erarbeiten.

Auf den Punkt gebracht:

- Möglichkeiten der eigenständigen Fortbildung sind ein Plus bei den Leistungen einer beE. Die Mitarbeiter müssen aber viel Eigeninitiative und Selbstmanagement aufbringen, um diese gezielt und erfolgreich zu nutzen.
- Man kann das Selbstlernstudio zunächst in eher kleinem Rahmen halten und dann ggf. nach Bedarf erweitern.
- Für abgeschlossene Lerneinheiten muss es ein Zertifikat geben, das die Bewerber ihren Unterlagen beifügen können.
- Eine räumliche Distanz zwischen Selbstlernstudio und beE-Räumen hat sich nicht bewährt. Besser ist es, die gesamte Infrastruktur an einem Ort zu bündeln.

7.4 Job-Center

Über die individuelle Vorbereitung und Begleitung der Mitarbeiter in den Workshops, Einzelberatungen und Qualifizierungen hinaus benötigt man für eine gute Vermittlungsarbeit auch eine Drehscheibe zwischen der Transfergesellschaft und dem Arbeitsmarkt. Diese hat vor allem den Zweck, den Arbeitsmarkt aktiv und zielgerichtet für die Mitarbeiter zu erschließen.

Diese Aufgabe übernimmt das zentrale „Job-Center" der beE: Es führt laufend „Markt-Screenings" durch und kennt die Marktentwicklungen im Detail. Mit Hilfe dieser Kenntnisse bestimmt es relevante Arbeitgeber für die jeweilige Zielgruppe. Das Job-Center stellt damit die entscheidende Schnittstelle zwischen den beE-Mitarbeitern und den potenziellen Arbeitgebern dar: Während es für die Mitarbeiter den Weg in den Markt öffnet, bietet es für die externen Arbeitgeber eine professionelle Rekrutierungsplattform.

Auch mit den Einzelberatern arbeitet das Job-Center eng zusammen: Die Berater platzieren über diese Drehscheibe ihre Kandidaten auf offene Stellen, gleichzeitig erhalten sie vom Job-Center wichtige Informationen über die aktuellen Entwicklungen auf dem Arbeitsmarkt.

Ein in alle Richtungen funktionierendes Job-Center ist also von großer Bedeutung für die Vermittlungsabläufe und -erfolge der beE.

Bei der beE ICN gab es verschiedene Möglichkeiten, wie eine neue Arbeitsstelle aussehen konnte:

1. Die Festanstellung, also eine neue Arbeitsstelle entweder bei einem externen Unternehmen oder in einem von der Netzwerksparte ICN unabhängigen Geschäftsbereich innerhalb des Siemens-Konzerns.

2. Das sog „Schnupperarbeitsverhältnis", also ein befristeter Arbeitseinsatz über maximal sechs Wochen, ähnlich einem Praktikum, bei dem sich Arbeitnehmer und Arbeitgeber zunächst kennen lernen und die Mitarbeiter praktische Erfahrung sammeln konnten. Ein solcher befristeter Einsatz wurde jedoch nur dann arrangiert, wenn der Arbeitgeber eine Festanstellung in Aussicht stellte. War eine Festanstellung von vorneherein nicht möglich, wurde auch kein Schnupperarbeitsverhältnis vereinbart.

3. Der Verleih durch eine eigens von Siemens gegründete Zeit- und Leiharbeitsfirma, die KompTime GmbH.[1] Hier konnten sich die Mitarbeiter vorübergehend in laufende Projekte ausleihen lassen, mit der Absicht, sich durch ihren Einsatz für ein

festes Arbeitsverhältnis zu empfehlen. Kam eine Festanstellung nicht zustande, hatte der Mitarbeiter eine Rückkehrgarantie, d. h., er konnte für die verbleibende Laufzeit in die beE ICN zurückkehren und seine Bewerbungsaktivitäten von dort fortsetzen.

4. Die Existenzgründung, also der Aufbau eines eigenen Unternehmens, eine Ich-AG oder der Wechsel in eine freiberufliche Tätigkeit.

Das Job-Center der beE ICN bestand aus drei Elementen: Job-Akquisition, Job-Vermittlung und Job-Veranstaltungen.

Das **Job-Center** spielt eine zentrale Rolle

JOB-AKQUISITION	JOB-VERMITTLUNG	JOB-VERANSTALTUNGEN
Arbeitsmarktanalyse	Matching der Stellen auf vorliegende CVs	Organisation und Durchführung von Job-Börsen
Aktive Akquisition von Stellen bei externen Unternehmen speziell im relevanten Großraum	Reverse-Matching	Organisation von Unternehmenspräsentationen
Permanenter Kontakt zu anderen Siemens-Bereichen	Aktive Platzierung von Mitarbeiterprofilen am externen und internen Arbeitsmarkt	Akquisition und Einladung von Firmen für Bewerbertage
Aufbau und Pflege eines Firmennetzwerks	Tagesaktuelle Jobaushänge	Veranstaltungen zu Themen rund um den Arbeitsmarkt
Online-Stellenbörsen	Kurzberatungen, um zielgerichtete Bewerbungen zu unterstützen	
	Rückmeldung zum Stand der Bewerbung	

Abbildung 20: Aktivitäten des Job-Centers

---

1. Die Zeitarbeitsfirma KompTime GmbH („Kompetenz auf Zeit") wurde 2003 als 100%ige Tochter der Siemens AG gegründet. In der Zusammenarbeit mit der beE ICN fungierte sie als Plattform für temporäre Einsätze am internen und externen Arbeitsmarkt. Im Bereich der Job-Akquisition griff die KompTime GmbH auf die Dienstleistungen des Job-Centers der beE ICN zu.

Job-Akquisition

Die Tätigkeiten der Job-Akquisition dienten dazu, in Frage kommende Stellen auf dem aktuellen Arbeitsmarkt für die bee-Mitarbeiter zu identifizieren und den Mitarbeitern die nötigen Informationen darüber zur Verfügung zu stellen. Dazu definierte das Job-Center zunächst anhand der Profiling-Ergebnisse (vergleiche 4.3) und der Informationen von den Beratern seine verschiedenen Zielgruppen und ihre Anforderungen an passende Stellen. Dann folgte die intensive Recherche nach Stellen, die diese Kriterien erfüllten. Geeignete Medien für diese Recherche waren z. B. einschlägige Zeitungen, Fachzeitschriften, Internetbörsen oder Webseiten von Unternehmen, durch die das Job-Center eine umfassende Übersicht über den aktuellen Stellenmarkt und die regionalen Arbeitgeber erhielt. Wichtig war auch eine eingehende Analyse der lokalen Wirtschaftsregion, um Trends und damit potenzielle neue Arbeitgeber frühzeitig zu erkennen. Darüber hinaus bauten die Mitarbeiter des Job-Centers auf zahlreichen Fach- und Karrieremessen persönliche Kontakte zu Arbeitgebern auf und pflegten bereits bestehende Kontakte. Ein zentrales Instrument, um offene Stellen zu erschließen, war auch eine umfangreiche und durchgängige Telefonakquisition bei Unternehmen auf der Grundlage der oben beschriebenen Arbeitsmarktanalyse sowie die gezielte Ansprache externer Personalvermittler. Mittelständische Firmen der Region wurden mit Hilfe der IHK, des Bayerischen Arbeitgeberverbands und des BITKOM (= Bundesverband von IT-Firmen) per Newsletter über das Angebot der bee informiert. Zusätzlich schaltete das Job-Center Werbebanner auf den Seiten von Internet-Jobbörsen. Durch all diese Aktivitäten knüpfte das verantwortliche Team innerhalb weniger Monate ein umfangreiches und gut funktionierendes Unternehmensnetzwerk.

Neben den Aktionen auf dem externen Arbeitsmarkt bot die bee ICN den Mitarbeitern auch die Möglichkeit, sich innerhalb des Siemens-Konzerns weiter zu bewerben. Dafür nutzte das bee-Team seine bereits vorhandenen Kontakte zu den Personal- und Recruiting-Verantwortlichen innerhalb des Konzerns, um auch hier möglichst viele Informationskanäle für seine Mitarbeiter zu eröffnen und frühzeitig neue Stellenmöglichkeiten zu ermitteln.

Durch all diese Maßnahmen wurde das Netzwerk während der gesamten Laufzeit der bee ständig erweitert und gepflegt. Zunächst stieß die Tätigkeit der bee ICN bei den externen Firmen zwar auf Überraschung und abwartende Zurückhaltung. Doch schnell wurde den Personalverantwortlichen dieser

Firmen klar, welche großen Vorteile diese effiziente Rekrutierungsplattform für sie hatte (vergleiche Seite 134). So wuchs das Firmen-Netzwerk der bee ICN rasch und umfasste schließlich insgesamt über 450 Firmen, darunter renommierte Großkonzerne ebenso wie Firmen aus dem Mittelstand und diverse kleinere Unternehmen. Sehr positiv wirkte sich dabei aus, dass Unternehmen aus diesem Netzwerk die bee ICN und ihre Leistungen weiterempfahlen; daher suchten zahlreiche weitere Firmen von sich aus den Kontakt zur bee ICN.

> ✍ *Auf den Punkt gebracht:*
> - Das Job-Center bildet im beE-Team die einzige Schnittstelle zum Arbeitsmarkt. Nach dem Prinzip „One Face to the Customer" hatten die Unternehmen stets einen konstanten Ansprechpartner für ihre offenen Positionen.
> - Die kontinuierliche Arbeitsmarktanalyse ist unabdingbar, um frühzeitig Trends zu erkennen und Akquisitions-Aktivitäten einzuleiten.
> - Die Job-Akquisition durch das Job-Center ist eine Ergänzung zu den eigenen Aktivitäten der Mitarbeiter. Sie entbindet diese jedoch nicht von der Notwendigkeit, selbst nach passenden Stellen zu suchen.

TIPP:

✍ *Sowohl Arbeitsmarkt-Recherche als auch Job-Akquisition kosten viel Zeit und sollten idealerweise ca. 6 – 8 Wochen vor Start der beE anlaufen.*

✍ *Bei der Kontaktaufnahme mit potenziellen Arbeitgebern hat es sich bewährt, ihnen neben dem beE-Konzept auch gleich einige für sie interessante Profile von beE-Kandidaten vorzustellen.*

✍ *Wie viel Zeit bis zum Aufbau eines funktionierenden Netzwerkes nötig ist, hängt von der Situation auf dem regionalen Arbeitsmarkt ab wie auch davon, ob die zu vermittelnden Kandidaten ähnliche oder sehr unterschiedliche Profile haben. Für Letztere muss man entsprechend viele verschiedene Branchen und Firmen ansprechen.*

Job-Vermittlung

Die Job-Vermittlung hatte die Aufgabe, passende beE-Kandidaten für die akquirierten offenen Stellen zu identifizieren und ihre Profile bei den Arbeitgebern zu platzieren. Dazu gab es verschiedene Wege:

1. Das Job-Center verglich die Stellenanforderungen mit den Profilen der beE-Mitarbeiter über eine spezielle Datenbank (*Matching*). Darin waren Daten wie Lebensläufe, Kompetenzprofile, Angaben zur persönlichen Zielsetzung und zur Mobilität gespeichert (vergleiche 9.3). Anhand dieser Angaben filterte das Job-Center die geeigneten Bewerber heraus.

2. Das Job-Center gab die Anforderungen der verfügbaren Vakanzen an die Berater weiter. Diese wählten die jeweils passenden Kandidaten in ihrem Betreuungsbereich aus und meldeten sie zurück an das Job-Center *(Indirect Matching)*.

3. Regelmäßig informierte das Job-Center die Mitarbeiter auch per Newsletter oder Job-Mails über offene Stellen. Bei Interesse konnten diese sich dann direkt beim Job-Center melden (*Direct Contact*).

4. Für Kandidaten, deren Bewerbungen nur schleppend vorangingen oder für die der Matching-Prozess aufgrund ihrer besonderen Voraussetzungen (z. B. Teilzeit) nur wenig passende Stellen ergab, führte das Job-Center ein gezieltes *Reverse Matching* durch. Dabei wurde zunächst auf der Grundlage des individuellen Kandidatenprofils eine Liste mit Suchkriterien erstellt. Mit diesen Kriterien wurden dann sämtliche Akquisitionskanäle gezielt nach möglichen Stellen für diesen einen Kandidaten durchsucht. Das erbrachte oft zusätzliche Stellenangebote. Auf Wunsch stellte das Job-Center auch den ersten Kontakt zu den Ansprechpartnern der ausgeschriebenen Stellen her.

5. Zusätzlich wurden die akquirierten Vakanzen für die beE-Mitarbeiter an zahlreichen schwarzen Brettern (*Job Boards*) in den Räumen der beE ausgehängt. Tagesaktuelle Aushänge der neu in Internet-Börsen und Zeitungen erschienenen Stellenausschreibungen sowie Stellenangebote aus dem Firmen-Netzwerk komplettierten das Angebot.

6. In Einzelfällen erwies es sich als sinnvoll, Profile aktiv ohne konkrete vorhandene Stellenanforderung am Arbeitsmarkt zu platzieren. Diese Vorgehensweise war sehr zeitintensiv und setzt eine enge Abstimmung

zwischen dem Job-Center und dem Kandidaten voraus. Sie konnte daher nur einzelnen Mitarbeitern angeboten werden (*Direct Placement*).

Die vollständigen (d. h. nicht anonymisierten) Lebensläufe der ausgewählten Mitarbeiter leitete das Job-Center innerhalb von 48 Stunden an die entsprechenden Unternehmen weiter. Interessierten sich die Unternehmen für einen Kandidaten, stellte das Job-Center den Kontakt zwischen beiden Seiten her. Dabei übernahm es bei Bedarf die gesamte Administration des Bewerbungsprozesses: Terminvereinbarungen, Gesprächseinladungen, Absagen usw.

Für die Arbeitgeber brachten die Bewerber der bee viele interessante Vorteile mit: Sie konnten sie gegebenenfalls im Rahmen eines „Schnupperarbeitsverhältnisses" zunächst zur Probe einsetzen und dann über die endgültige Einstellung entscheiden. Falls nötig, qualifizierte die bee den Mitarbeiter sogar speziell auf die Anforderungen der Firmen hin. Ein weiterer Vorteil war, dass die bee-Mitarbeiter im Gegensatz zu anderen Bewerbern nach einem erfolgreichen Vorstellgespräch sofort zur Verfügung standen. Somit waren sie auch für kurzfristige Einsätze attraktiv.

Der gesamte Vermittlungsservice wurde den Firmen kostenlos angeboten; sie sparten also neben Arbeitszeit z. B. auch Mitarbeiter-Ressourcen – ein weiterer Grund, warum viele Unternehmen die bee ICN als innovatives Recruiting-Instrument betrachteten.

Exkurs: Sonderprojekt „Quereinstieg als Realschullehrer"
In Kooperation mit dem zuständigen Kultusministerium konnte das Job-Center den bee-Kandidaten einen weiteren Berufsweg eröffnen: den Quereinstieg als Realschullehrer. Als Erfolg dieser Vermittlungsbemühungen wechselten fünfzehn Mitarbeiter als Lehrer für naturwissenschaftliche Fächer (Physik, Mathematik, Informatik) an bayerische Realschulen. Diese suchten aufgrund des herrschenden Lehrermangels nach Quereinsteigern; Fachleute aus der Industrie waren dabei gern gesehen, weil sie den im Schulalltag erwünschten Praxisbezug einbrachten. Die Quereinsteiger durchliefen eine zweijährige berufsbegleitende Nachqualifizierung in Pädagogik und Didaktik, nach deren Ende sie unter bestimmten Voraussetzungen (z. B. Altersgrenze 45 Jahre) auch verbeamtet werden konnten.

Auf den Punkt gebracht:
Unbedingt notwendig ist eine funktionierende Schnittstelle des Job-Centers zu den Beratern, da diese über die detaillierten Informationen zu ihren Kandidaten verfügen.

TIPP:

Entscheidend für den Gesamterfolg der beE ist eine ehrliche und seriöse Kommunikation mit den potenziellen Arbeitgebern. Fragen Firmen nach passenden Profilen an, sollten daher nur wirklich geeignete Bewerber vermittelt werden. Sind für die spezifische Anfrage keine passenden Profile verfügbar, wirkt eine gut begründete Absage glaubwürdiger als ein schlechtes Angebot.

Die wichtigsten „Verkaufsargumente" für Job-Akquisition und -Vermittlung:

1. Kostenfreier Vermittlungsservice
2. Schnelle Verfügbarkeit der Kandidaten
3. Vorauswahl von Profilen für jede Stelle
4. Zusendung der Profile innerhalb 48 Stunden
5. Koordination der gesamten Bewerbungsabwicklung (Einladungen, Terminorganisation, Absagen usw.)
6. Möglichkeit eines unverbindlichen Schnupperarbeitsverhältnisses
7. Gezielte Qualifizierung für den neuen Arbeitsplatz

Job-Veranstaltungen

Die Job-Veranstaltungen waren eine wichtige Ergänzung zu Job-Akquisition und -Vermittlung. Dabei unterschied die beE ICN zwei Formen: die regelmäßigen „Job-Börsen" und die „Unternehmenspräsentationen" einzelner Firmen. Bei beiden Formen waren solche Unternehmen vertreten, die generell Personal und vor allem Mitarbeiter mit dem Profil der beE-Kandidaten suchten.

a) Job-Börsen
In regelmäßigen Abständen (ca. viermal jährlich) organisierte das Job-Center große eintägige Job-Börsen mit durchschnittlich 25 teilnehmenden Unterneh-

men. Dabei sprach das verantwortliche Team ein möglichst großes Spektrum an rekrutierenden Firmen an. Dieses reichte von internationalen Konzernen über namhafte Mittelständler bis zu kleineren Betrieben.

Neben dem offenen Messebetrieb an den Ständen der Unternehmen konnten sich die Kandidaten zu vorterminierten Interviews anmelden. Dazu meldeten die Unternehmen zehn Tage vor Beginn der Veranstaltung an das Job-Center, welche Stellen für vorterminierte Interviews zur Verfügung standen. In einer eigenen Online-Job-Börse konnten die Kandidaten diese Stellen einsehen und sich bei Interesse über das Job-Center darauf bewerben. Dies hatte den Vorteil, dass die Unternehmen für diese Vakanzen nur tatsächlich passende Bewerberprofile erhielten. Die Firmen trafen dann eine Auswahl aus den Profilen und informierten das Job-Center, mit welchen Mitarbeitern sie ein Interview vor Ort führen wollten.

Für eine optimale Vorbereitung der Job-Börse erhielten sowohl die Kandidaten als auch die Unternehmensvertreter (Personal- und Fachverantwortliche) bereits drei Tage vor Beginn der Veranstaltung einen Ablaufplan für die vorterminierten Interviews. Zusätzlich stellte die beE ICN jeder teilnehmenden Firma einen persönlichen Ansprechpartner während des Messetags zur Verfügung, der die Firmenvertreter von der Begrüßung über die organisatorischen Belange bis zur Verpflegung während der Messe bis hin zur Abreise betreute – ein Service, der auf den üblichen Recruiting-Messen keineswegs selbstverständlich ist. Daher war das Echo der Unternehmen auch durchweg positiv – ein wichtiger Faktor für den Erfolg der Job-Börsen.

Da die Veranstaltung exklusiv für beE-Mitarbeiter organisiert wurde, konnten diese dort in einem kleineren Rahmen das direkte Gespräch mit Personalverantwortlichen trainieren und sich so auf andere Fach- und Karrieremessen vorbereiten. Auch für beE-Kandidaten, die ohne vorterminierte Interviews zu diesen Messen kamen, lohnte sich der Besuch. Sie konnten sich erstens einen genaueren Eindruck von den möglichen Arbeitgebern machen. Zweitens hatten sie Gelegenheit, im persönlichen Gespräch Interesse für ihr Profil zu wecken. Dies war drittens gleichzeitig ein gutes Übungsfeld, um die in den Workshops und Trainings gewonnenen Kenntnisse zu Auftreten und Gesprächsführung anzuwenden. Daher erhielten die Job-Börsen auch von den beE-Mitarbeitern stets ausgesprochen gute Noten.

Insgesamt erwiesen sich die Job-Börsen als ein unverzichtbares Instrument für die Personalvermittlung durch die beE ICN. Sie trugen außerdem wesentlich zum Ausbau und zur Pflege des Kontaktnetzwerks im Job-Center bei.

☝ *Auf den Punkt gebracht:*

• Job-Börsen können eine ausgesprochen wirksame Werbung für die Arbeit der beE und die von ihr betreuten Mitarbeiter sein, wenn sie sich positiv von den üblichen Personalmessen unterscheiden (z. B. durch vorterminierte Interviews vor Ort und umfassenden Service für die Firmen während der Messe).

• Job-Börsen sollten mehrmals während der beE-Laufzeit, idealerweise vierteljährlich, stattfinden.

TIPP:

☝ *Die fundierte Vorbereitung einer Job-Börse dauert ungefähr 6 – 8 Wochen.*

☝ *Für Firmen, die nicht über einen geeigneten Messestand verfügen, sollte das beE-Team einen entsprechenden Stand für den Messetag organisieren.*

b) Unternehmenspräsentationen

Insbesondere für Unternehmen mit großem Rekrutierungsbedarf bot sich neben den Job-Börsen das Instrument der Unternehmenspräsentationen an. Bei diesen Veranstaltungen konnte eine Firma im Rahmen einer längeren Präsentation über ihre Produkte und Dienstleistungen und die Karrieremöglichkeiten in ihrem Hause informieren.

Das Job-Center lud vor allem diejenigen beE-Mitarbeiter zu der Veranstaltung ein, deren Profil und Zielvorstellung den Anforderungen des Unternehmens entsprachen. Im Anschluss an die Präsentation hatten die Mitarbeiter Gelegenheit zum direkten Gespräch mit den Firmenvertretern und konnten dabei für ihre Bewerbung einen ersten persönlichen Eindruck von sich vermitteln. Die Unternehmen hatten außerdem – wie bei den Job-Börsen – die Möglichkeit, vorterminierte Interviews mit passenden Kandidaten zu vereinbaren. Die Erfahrungen in der beE ICN zeigten, dass diese Art der Unternehmenspräsentation ein besonders für den Mittelstand geeignetes Recruiting-Instrument ist.

Insgesamt kamen sowohl durch die Job-Börsen als auch durch die Unternehmenspräsentationen zahlreiche Bewerbungen und Einstellungen zustande.

TIPP:

🖐 *Die Mitarbeiter müssen rechtzeitig vor den Unternehmenspräsentationen informiert werden, damit sie sich gezielt auf die jeweilige Firma vorbereiten können.*

7.5 Einzelveranstaltungen

Die unterschiedlichen Profile und beruflichen Zielsetzungen der beE-Mitarbeiter erfordern neben den bisher beschriebenen Modulen (Einzelbaratung, Workshops) ein vielschichtiges Angebot an ergänzenden Einzelveranstaltungen. Diese dienen dazu, auf die während der beE-Laufzeit entstehenden neuen Möglichkeiten, wechselnden Interessen oder auch spezifischen Bedürfnisse bestimmter Mitarbeitergruppen zu reagieren.

Die folgende Beschreibung der einzelnen Veranstaltungen kann nur als Beispiel dafür dienen, wie eine beE durch Zusatzleistungen die Betreuung ihrer Mitarbeiter intensivieren und damit die Erfolgsaussichten optimieren kann. In jedem Unternehmen muss man die Notwendigkeit und den Inhalt solcher Zusatzleistungen nach dem jeweiligen Bedarf der beE-Mitarbeiter bestimmen.

Dadurch, dass sich die Berater bei Siemens mit jedem betreuten Mitarbeiter intensiv austauschten, ihn während des gesamten Bewerbungsprozesses begleiteten und die Ergebnisse der einzelnen Bewerbungsaktivitäten mit ihm analysierten, hatten sie einen detaillierten Einblick in die noch offenen Fragen und Bedürfnisse der Mitarbeiter. So konnte die beE ICN in Abstimmung mit den Beratern notwendige Einzelveranstaltungen für die betreffenden Mitarbeitergruppen definieren und anbieten.

a)   Professionelle Bewerbungsfotos
Im Workshop „Erstellen von Bewerbungsunterlagen" (vergleiche 7.1) hatten die Kandidaten bereits das theoretische Rüstzeug für ihre Bewerbungsmappe

bekommen. Bei der praktischen Umsetzung halfen ihnen die Berater. Weil ein professionelles Foto nach wie vor wesentlicher Bestandteil einer aussagekräftigen Bewerbung ist, lud das beE-Team einen spezialisierten Porträtfotografen in die Räume der beE zu einer Foto-Sitzung für interessierte Mitarbeiter ein. Die so bis auf das Foto ausgefeilten Unterlagen waren nicht nur ein Aushängeschild für die einzelnen Bewerber, sondern auch für die beE ICN als solche.

b) *„Auftreten als Erfolgsfaktor"*
Einige der Mitarbeiter konzentrierten sich bei ihren Vorstellungsgesprächen fast ausschließlich auf fachliche Aspekte. Faktoren wie das persönliche Erscheinungsbild und das Auftreten spielten für sie eine untergeordnete Rolle. Die Selbstpräsentation ist jedoch ein entscheidender Faktor im Bewerbungsgespräch. Um den Bewerbern Tipps für eine gelungene Selbstvermarktung zu geben, organisierte die beE ICN unter dem Titel „Auftreten als Erfolgsfaktor" zwei verschiedene Veranstaltungen:

• Auf einem Workshop zum Thema „Die Kunst, selbstsicher aufzutreten" stellte eine hochkarätige Trainerin Wege vor, in Präsentations- und Gesprächssituationen souverän und damit wirkungsvoll aufzutreten. Die Palette des eintägigen Trainings reichte vom richtigen Einsatz von Atmung und Stimme über Kleidung und Make-up bis hin zu Übungen für einen positiven ersten Eindruck und das Verhalten bei Gesprächen. Diese Veranstaltung sprach vor allem solche Kandidaten an, die in ihrem Bewerbungsprozess stagnierten. Ihnen gab der Workshop wichtige Impulse, wie sie mit einem veränderten Auftreten neue Chancen bei den weiteren Bewerbungen gewinnen könnten.

• Ergänzend dazu lud eine andere Trainerin einige der Kandidaten zu Einzelgesprächen, in denen das Kontaktvermögen des Einzelnen und der von ihm vermittelte erste Eindruck im Mittelpunkt standen. In diesem besonders intensiven Austausch mit den Mitarbeitern konnte die Trainerin ebenfalls grundlegende, auf die einzelnen Personen zugeschnittene Hinweise geben, die die Mitarbeiter dann zusammen mit ihren Beratern in ihre weitere Bewerbungsstrategie einfließen lassen konnten.

TIPP:

✎ *Mangelnde Fähigkeiten der Selbstdarstellung sind häufig das größte Vermittlungshemmnis. Es empfiehlt sich deshalb, entsprechende Workshops frühzeitig und kontinuierlich anzubieten.*

c) **„Erfolgsfaktoren im Vorstellungsgespräch"**
Einige der auch nach einer gewissen Laufzeit noch nicht vermittelten Kandidaten taten sich mit dem persönlichen Auftreten und der Selbstpräsentation weniger schwer. Auch ihr Qualifizierungsprofil wies keinerlei Lücken mehr auf. Bei ihnen mussten also andere Gründe eine Rolle spielen. Die Berater vermuteten, dass es sich dabei um Defizite im Verhalten bei Vorstellungsgesprächen handelte. Daher setzte das bee-Team hier noch einmal gezielt an: Es lud bereits vermittelte Kandidaten ein, die ihren ehemaligen bee-Kollegen Hinweise gaben, welche Faktoren und welches Verhalten in Vorstellungsgesprächen bei ihnen zum Bewerbungserfolg geführt hatten. Dies fachte das Engagement der Teilnehmer erneut an. Dazu trug auch der Vortrag einer externen Personalberaterin bei, die aus ihrer Sicht noch einmal Tricks und Kniffe für die Einstellinterviews verriet.

d) **„Workshop 45+"**
Mitarbeiter jenseits der 45 bringen neben Berufserfahrung auch Lebenserfahrung und Persönlichkeit mit. Diese Qualifikationen sind ein wichtiges Plus besonders in kleinen und mittelständischen Unternehmen. Die Erfahrung, dass diese Erkenntnis bei Arbeitgebern jedoch die Ausnahme ist, machten auch bee-Mitarbeiter in dieser Altersgruppe. Die bee ICN bot daher einen Workshop an, bei dem sich diese Kandidatengruppe bewusst werden sollte, dass sie ihr Lebensalter nicht als Hindernis, sondern als Vorteil verstehen und darstellen konnte. Zwei ehemalige bee-Mitarbeiter über 45, die bereits neue Arbeitgeber gefunden hatten, ermutigten sie dazu durch ihre Berichte. Auch diese Veranstaltung stieß auf ausgesprochen positives Echo, zumal unter den Teilnehmern besonders viele langjährige Mitarbeiter waren, die eher schwer mit dem Verlust ihres vermeintlich sicheren Siemens-Arbeitsplatzes zurechtkamen.

Auch das Job-Center stellte gegenüber den externen Arbeitgebern bei den Profilen der älteren Bewerber in den Vordergrund, dass die Unternehmen durch diese Mitarbeiter Kontinuität, breite Erfahrung und hohe Fachkompetenz gewinnen. Eine Vermittlungsquote, die nahezu im Durchschnitt der Quoten für die anderen Altersgruppen lag, gab den speziellen Bemühungen des bee-Teams für diese Kandidatengruppe recht.

e)   Veranstaltungsreihe für Existenzgründer
Die Existenzgründung hatte die bee ICN ihren Mitarbeitern von Anfang an als eine der Möglichkeiten vorgestellt, eine neue Herausforderung außerhalb von Siemens anzunehmen. Eine ganze Reihe der Kandidaten interessierte sich für diesen Vorschlag. Für sie organisierte das bee-Team zahlreiche Informationsveranstaltungen zu diesem Thema. Es arbeitete dabei eng mit der Agentur für Arbeit und dem Münchner Büro für Existenzgründung (BfE) zusammen, das langjährige Erfahrung in der Beratung von Existenzgründern hat.

Da die Vorbereitung einer selbstständigen Tätigkeit eines langen Vorlaufs bedarf, begannen die einzelnen Veranstaltungen durch das BfE bald nach der ersten Orientierungsphase der bee-Mitarbeiter. Kandidaten mit einer Geschäftsidee konnten über das BfE Vorträge und Beratungen zu allen relevanten Themen wahrnehmen: Erstellung eines Businessplans, Finanzierung und Fördermöglichkeiten, steuerliche Rahmenbedingungen, Rechtsformen von Kleinunternehmen, soziale Absicherung Selbstständiger usw. Das BfE bot zudem persönliche Beratung zu den individuellen Unternehmenskonzepten und die Begleitung über den Zeitpunkt der Existenzgründung hinaus an.

Parallel zu diesem Angebot organisierte die bee ICN weitere Veranstaltungen zum Thema: Eine Referentin der IHK stellte die verschiedenen Möglichkeiten der finanziellen Förderung vor. Ein anderer Vortrag beschäftigte sich mit dem Für und Wider von Franchise-Unternehmen. Ergänzt wurden diese Informations- und Beratungsangebote durch Vorträge, in denen Existenzgründer aus ihren eigenen Erfahrungen berichteten. Sie schilderten ihren Weg vom Angestelltenverhältnis – teilweise über die Arbeitslosigkeit – zum erfolgreichen Unternehmer.

Nach einigen Monaten bot die bee ICN zudem Workshops zu Fragen der Marktpositionierung und -differenzierung von Gründerunternehmen an. Die Teilnehmer erhielten außerdem Informationen zu den Konzepten und Umsetzungsmöglichkeiten für das Selbstmarketing von Existenzgründern.

f) *„Interimsmanagement"*

Ein Betätigungsfeld besonders für erfahrene Mitarbeiter mit Management- und Projektleitungskompetenz ist das „Interimsmanagement": Spezialisierte Agenturen vermitteln Manager auf Zeit in Unternehmen, die für Übergangs- phasen oder schwierige Aufgaben eine externe Führungspersönlichkeit brau- chen. Eine renommierte Agentur für Interimsmanagement stellte die Rahmen- bedingungen und Bewerbungsprozesse für dieses Arbeitsmarktsegment vor.

Diese Variante einer neuen Tätigkeit kam sicherlich nur für eine kleine Gruppe der beE-Mitarbeiter in Frage; doch gerade für langjährige Mitarbeiter war sie ein wichtiger Impuls, den Blick auch für neuartige Beschäf- tigungsmodelle zu öffnen.

g) *„Von der Arbeitslosigkeit zum Traumjob" und andere Erfahrungsberichte*
Nicht alle Mitarbeiter brachten das gleiche Maß an Eigeninitiative und Motivation für ihre Bewerbungen auf. Hier half der Erfahrungsbericht eines Unternehmers, der aus der Arbeitslosigkeit heraus eine erfolgreiche IT-Firma gegründet hatte und nun in der beE ICN nach weiteren Mitarbeitern suchte. Er berichtete über seine Erfahrungen während der Arbeitslosigkeit und zeigte Wege auf, durch eigene Kraft neue Arbeit zu finden.

Fehlende Mobilität stellt ein weiteres Hindernis im Bewerbungsprozess dar. Hier galt es zunächst, die Gründe für die mangelnde Mobilität zu hinterfragen. Hatte der Mitarbeiter beispielsweise Angehörige, deren Betreu- ung einen räumlich nahen Arbeitsplatz erforderte? Oder war der kurze Arbeitsweg zur langjährigen Gewohnheit geworden, die der Mitarbeiter nur ungern aufgeben wollte? In diesem Falle galt es, dem Mitarbeiter die Bedin- gungen des aktuellen Arbeitsmarktes nachdrücklich bewusst zu machen: Wollte er trotz der wirtschaftlich schwierigen Zeit einen neuen Job, musste er unter Umständen gewisse Zugeständnisse in Kauf nehmen. Um dies zu untermauern, lud die beE ICN bereits vermittelte Mitarbeiter ein, die neue Arbeitsplätze außerhalb Münchens angenommen hatten. Sie schilderten ihre Erfahrungen mit den längeren Pendelwegen oder den Umzügen in eine andere Stadt, die sie angesichts der neuen beruflichen Perspektive aus- nahmslos als relativ geringe Belastung empfanden.

Diese Erfahrungsberichte von ehemals betroffenen Arbeitnehmern hat- ten hohe Überzeugungskraft. Sie halfen, die beE-Mitarbeiter auch nach fortgeschrittener Laufzeit für weitere Bewerbungen zu motivieren.

h) „Tag der offenen Tür"

Der Verlust des Arbeitsplatzes und die Suche nach einer neuen Tätigkeit strahlt immer auch auf das persönliche Umfeld ab. Umgekehrt beeinflusst die private Situation den Mitarbeiter bei seinen Bewerbungen. Zudem empfinden manche Mitarbeiter die Zeit der Arbeitssuche als sozialen Makel.

Die beE ICN gab daher ihren Mitarbeitern die Gelegenheit, Angehörigen und Freunden die Räumlichkeiten und Angebote der Transfergesellschaft vorzustellen. Bei einem „Tag der offenen Tür" mit Information, Präsentationen und Kinderprogramm konnten die Partner und Familien der beE-Mitarbeiter Einblick in die Arbeit der beE ICN gewinnen und das beE-Team kennen lernen.

> *Auf den Punkt gebracht:*
>
> - Solche zusätzlichen Einzelveranstaltungen sind in einer beE kein Muss, aber ein großes Plus. Sie erhöhen die Vermittlungsaussichten vor allem solcher Mitarbeiter, die aufgrund besonderer individueller Voraussetzungen einer spezifischen Unterstützung bedürfen.
>
> - Zusatzveranstaltungen können gegen Ende der beE-Laufzeit ein wirksames Mittel sein, um Demotivation und Resignation der bis dahin noch nicht vermittelten Kandidaten entgegenzuwirken.
>
> - Erfahrungsberichte bereits vermittelter beE-Mitarbeiter untermauern die Inhalte der Einzelveranstaltungen und motivieren die Teilnehmer in ihren weiteren Bewerbungsbemühungen

TIPP:

Auch wenn Art und Umfang der Einzelveranstaltungen nicht im Voraus feststehen können, müssen sie im Budget eingeplant werden.

7.6 Initiativgruppen

Die folgenden Beispiele von Gruppen, die auf Eigeninitiative der Mitarbeiter entstanden, machen besonders deutlich, wie wichtig Gestaltungsspielräume in einer Transfergesellschaft sind: Wie auch das neue soziale Umfeld in einer beE ermutigen solche Freiräume die Mitarbeiter zu selbstständigem Engagement. Mit den vorhandenen infrastrukturellen Möglichkeiten können sie eigene Ideen und Projekte entwickeln und realisieren. Diese Initiativen auf dem Weg zum neuen Job zu unterstützen, ist die Aufgabe einer beE.

a)   Fremdsprachentraining

Neben den bereits angesprochenen Sprachkursen für Englisch und Deutsch (vergleiche 7.3) organisierten die beE-Mitarbeiter selbst verschiedene Konversationsgruppen, moderiert von beE-Mitarbeitern englischer Muttersprache. Auch für Spanisch fand sich eine Konversationsgruppe zusammen.

b)   Expertengruppe C++

Für die Software-Entwickler unter den beE-Mitarbeitern erwiesen sich die Programmiersprachen C+ und C++ schnell als wichtige Voraussetzungen auf dem Arbeitsmarkt. Diejenigen Kandidaten, die ihre Kenntnisse hierzu vertiefen bzw. aktualisieren wollten, konnten an entsprechenden Qualifizierungsmaßnahmen teilnehmen. In Eigeninitiative schlossen sie sich darüber hinaus zu einer so genannten Expertengruppe zusammen. Ein verantwortlicher beE-Mitarbeiter arbeitete mit Unterstützung eines beE-Beraters ein Lernkonzept aus und leitete die jeweiligen Expertentreffs. Die beE ICN unterstützte diese Initiativgruppe, indem sie Räume und die wesentlichen technischen Voraussetzungen (Computer, Software) für deren Arbeit zur Verfügung stellte.

c)   Marketing-Gruppe

Bei den Mitgliedern dieser Initiativgruppe handelte es sich um hoch qualifizierte Werbefachleute und Marktanalysten ebenso wie Spezialisten für die Unternehmenskommunikation. Für sie stellte sich der Arbeitsmarkt besonders schwierig dar. Dies lag nicht an etwaigen mangelnden Qualifikationen, sondern schlicht daran, dass in wirtschaftlich schlechten Zeiten wenig bis keine Stellen für dieses Klientel angeboten werden. Die beE ICN begegnete dieser Schwierigkeit mit gezielten Sonderaktionen des Job-Centers, die diesen Mitarbeitern eigene Kanäle für die Stellensuche eröffnen sollten. Auf dieser Grundlage schlossen sich die Mitarbeiter zu einem eigenen Netzwerk zusammen, um sich gegenseitig mit Hinweisen und einem regelmäßigen Erfahrungsaustausch zu helfen.

d) Selbstmarketing-Gruppe

Nach dem Besuch der Einzelveranstaltung „Auftreten als Erfolgsfaktor" kam bei einigen Mitarbeitern der Wunsch auf, das Erlernte in regelmäßigen Treffen zu vertiefen und zu üben. Dazu erarbeiteten sie gemeinsam mit einer beE-Beraterin ein Grundkonzept und übernahmen dann die Organisation und Durchführung der wöchentlichen Treffen in Eigenregie. Bei diesen Treffen trainierten sie praxisnahe Situationen, beispielsweise die Selbstpräsentation vor einer Gruppe. Durch das anschließende Feedback der anderen Teilnehmer konnten sie ihr eigenes Auftreten Schritt für Schritt verbessern.

e) „Frauen in Teilzeit"

Bei einem Großteil der Mitarbeiter, die nach Teilzeitpositionen suchten, handelte es sich um Frauen, die wegen ihrer Kinder nur eine reduzierte Arbeitszeit leisten konnten oder wollten. Die wenigsten von ihnen konnten sich einen Wechsel auf eine Vollzeit-Stelle vorstellen. Die beE ICN hielt daher bei der Job-Akquisition besonders intensiv nach Teilzeit-Stellen Ausschau und unterstützte zudem den Wunsch der Mitarbeiterinnen, sich zu einem Netzwerk zusammenzuschließen. Eine beE-Beraterin begleitete diese Gruppe in regelmäßigen Treffen, bei denen sich die Teilnehmerinnen zu den ermittelten Stellen austauschten. Ein weiteres Thema war die Alternative einer selbstständigen Tätigkeit, die intensiv für jede Teilnehmerin diskutiert wurde. So entstand im Laufe der beE-Zeit das Netzwerk der so genannten „Gründerfrauen". Hierbei konnten sie auf die Beratungsangebote der beE ICN zur Existenzgründung zurückgreifen (vergleiche 7.5).

🖐 *Auf den Punkt gebracht:*

- Die von den Mitarbeitern selbst initiierten Veranstaltungen verstärken den Teamgedanken, geben ihnen gegenseitige Unterstützung und Anregungen und helfen, die Situation der beruflichen Neuorientierung gemeinsam zu bewältigen.
- Günstig ist, wenn die Lerngruppen oder Netzwerk-Treffen der Mitarbeiter in beE-Räumen stattfinden können. So wird klar, dass die Initiativgruppen ein wichtiger Teil ihrer beE-Arbeit sind. Das unterstützt die Ernsthaftigkeit solcher Aktivitäten.

- Bei einigen Gruppen kann auch die regelmäßige oder punktuelle Begleitung durch einen Berater sinnvoll sein, um den Fokus auf dem Bewerbungsprozess zu halten. Außerdem gewinnt der Berater wichtige Anregungen dafür, was die beE für die speziellen Bedürfnisse dieser Gruppe noch tun kann.

8 Die Kompetenzen

Einer der großen Vorteile einer internen Transfergesellschaft gegenüber einer externen Form (vergleiche 2.2.2) ist, dass sie die Profile der betroffenen Mitarbeiter kennt und ihr Beraterteam ganz gezielt nach dem Bedarf der zu vermittelnden Mitarbeiter zusammenstellen kann. Dabei muss ein Großteil der erforderlichen Kompetenzen keineswegs von null aufgebaut werden: Viele davon sind schon im Unternehmen vorhanden (z. B. in Recruiting, Personalabteilung oder Vertrieb) und müssen nur entsprechend ausgebaut werden. Die folgenden Abschnitte helfen dabei, diese Kompetenzen im eigenen Hause aufzuspüren und abzuschätzen, um welche Parameter sie erweitert werden müssen.

Die meisten der elf Mitarbeiter des beE-Teams bei ICN waren schon seit einigen Jahren in der Personalarbeit bei Siemens tätig und brachten umfassende Recruiting- und Beratungskompetenz mit. Sie kannten sowohl die Strukturen des Konzerns als auch das Arbeitsumfeld und die bisherigen Tätigkeitsbereiche der von ihnen betreuten Mitarbeiter. Einige von ihnen hatten bereits im Projekt New Placement (vergleiche 1.2) mitgearbeitet und dort Erfahrungen zur Beratung und Vermittlung von Mitarbeitern auch auf dem externen Arbeitsmarkt gesammelt. Erfahrungen mit der Einrichtung einer beE hatte jedoch keiner von ihnen. Gerade deshalb gingen die Mitglieder des beE-Teams die neuartigen Aufgaben der internen Arbeitsvermittlungseinheit hoch motiviert an. So merkten auch die beE-Mitarbeiter von Anfang an, dass die beE ICN tatsächlich mit aller Kraft für ihre Vermittlung in neue Jobs arbeitete und sich schnell erste Erfolge einstellen konnten.

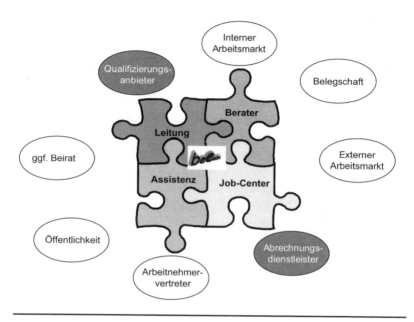

Abbildung 21: Die Rollen im beE-Team und seine Kooperationspartner

8.1 Leitung

Die Leitung einer Transfergesellschaft muss neben Führungs- und Beratungskompetenz über personalwirtschaftliche, juristische und kaufmännische Kenntnisse verfügen.

Die Leitung der beE ICN teilte sich in drei Tätigkeitsfelder: Die Gesamtleiterin war für die Konzepte, die Gesamtkoordination der Prozesse und die Teamleitung zuständig. Sie steuerte auch die Informations- und Öffentlichkeitsarbeit der beE. Als Betriebswirtschaftlerin verfügte sie über langjährige Erfahrung in der Personalarbeit, kannte den Siemens-Konzern durch Einsätze im In- und Ausland und hatte zudem das Projekt *New Placement* geleitet.

Daneben gab es eine juristische Leiterin, die alle rechtlichen Belange bei der Gründung und während der Laufzeit der beE verantwortete. Dazu zählten beispielsweise die Gestaltung der juristischen Rahmenbedingungen bei der Gründung, die Vertragsgestaltung für die beE-Mitarbeiter und die Abstimmung mit der Agentur für Arbeit zum Transferkurzarbeitergeld. Die Rechtsanwältin kannte wie ihre Kollegin den Siemens-Konzern seit mehreren Jahren und verfügte über umfassende Erfahrungen im Arbeitsrecht.

Weiterhin gehörte ein kaufmännischer Leiter zum Leitungsteam, der alle kaufmännischen Themen verantwortete. Somit hatte er auch die Aufgaben von Controlling und Reporting inne. Er kannte ICN und seine Mitarbeiter ebenfalls durch seine langjährige Tätigkeit im Konzern. Dies war ein großer Vorteil für seine Arbeit in der beE, da er so über die notwendigen Schnittstellen innerhalb des Konzerns und ein großes Netzwerk an Ansprechpartnern verfügte.

8.2 Berater

Die Einzelberatung jedes beE-Mitarbeiters muss eines der Hauptanliegen einer beE sein. Um diese Beratung effizient und intensiv gestalten zu können, sollte jeder Berater höchstens 30 Mitarbeiter betreuen. Reicht die Anzahl der internen Personalexperten für eine Betreuung aller beE-Mitarbeiter nicht aus, kann man das Team durch externe Fachleute verstärken.

Legte man die angestrebte Betreuungsquote von 1:30 zugrunde, konnten die fünf Berater des beE-Teams maximal 150 der 518 beE-Mitarbeiter im Bewerbungsprozess begleiten. Daher kaufte man die Leistungen zwölf externer Berater von vier Personaldienstleistern zu. Sie hatten den gleichen Beratungsauftrag wie die internen Berater und nahmen auch die Gesprächstermine mit den Mitarbeitern in den beE-Büros wahr. So war für den einzelnen beE-Mitarbeiter kein Unterschied zwischen den internen und externen Beratern zu erkennen.

Die beE-Leitung wählte die externen Berater äußerst sorgfältig in einem eigenen Bewerbungsverfahren anhand persönlicher Interviews aus. Dabei legte sie die gleichen Anforderungen wie bei der Auswahl der internen Berater zugrunde. Die Größe der Anbieter für Personaldienstleistungen spielte dabei eine untergeordnete Rolle.

Interne wie externe Berater sollten die folgenden Auswahlkriterien erfüllen:

1. Aktuelle und umfassende Kenntnis des relevanten Arbeitsmarkts
Für eine erfolgreiche Beratung der beE-Mitarbeiter ist es unabdingbar, dass alle Berater umfassende Kenntnisse und Erfahrungen zu rekrutierenden Firmen, relevanten Branchen und den aktuellen Entwicklungen am Arbeitsmarkt haben. Dabei müssen sie auch unbedingt spezielles Fachwissen in den für die Zielgruppe relevanten Branchen und Funktionsgebieten mitbringen.

Bei der beE ICN richtete sich das Augenmerk vor allem auf das Gebiet der Software-Entwicklung und damit verwandter Arbeitsfelder. In den Sektoren des IT- und Telekommunikationsmarkts waren allerdings fast keine offenen Stellen vorhanden. Die Berater mussten also gemeinsam mit dem Job-Center andere Branchen und Unternehmen ermitteln, in denen die beE-Mitarbeiter ebenfalls ihren Beruf ausüben konnten. Die internen Berater kannten dabei die Anforderungen dieses Arbeitsmarktes bereits durch ihre Tätigkeit im Recruiting- und *New Placement*-Bereich von Siemens. Bei den externen Partnern wählte man gezielt solche aus, die eine langjährige einschlägige Tätigkeit auf diesem Gebiet ausweisen konnten. Jeder Berater brachte zudem noch Kenntnisse über Einsatzfelder in nichttechnischen Bereichen mit (z. B. Marketing, Assistenz, kaufmännische Funktionen), so dass auch für Mitarbeiter mit dieser beruflichen Ausrichtung eine professionelle Beratung gewährleistet war.

2. Kenntnis des Zielgruppenprofils
Hier geht es vor allem um das Verständnis für die fachlichen Qualifikationen der beE-Mitarbeiter, besonders bei den Mitarbeitern mit einer technischen Ausbildung. Für eine professionelle und wirkungsvolle Beratung ist es notwendig, dass der Berater sich sofort ein umfassendes Bild der Fachkenntnisse und bisherigen Aufgaben des Kandidaten machen kann.

Die internen Berater der beE ICN kannten die Zielgruppe aus ihren bisherigen Personalaufgaben. Bei den externen Beratern achtete man darauf, dass sie die technische Terminologie der beE-Kandidaten und der Stellenausschreibungen verstanden oder sich durch einschlägige Erfahrungen schnell mit den technischen Fachkenntnissen der ICN-Mitarbeiter vertraut machen konnten.

Wo nötig, durchliefen die Berater zudem entsprechende Schulungen zu den relevanten Technologien.

3. *Erfahrung als Recruiter*
Idealerweise kennt ein Berater den Bewerbungsprozess aus der Sicht des Einstellenden. Die Berater können so ihren Kandidaten die Bewerbungsabwicklung im Unternehmen vom Eingang der Bewerbungen bis zur Entscheidung für einen der Bewerber detailliert aus ihren eigenen Erfahrungen aufzeigen und mit ihnen dadurch optimale Bewerbungsstrategien entwickeln. In der Vorbereitung auf Interviews können sie ihre Kandidaten ebenfalls durch Tipps aus der Praxis unterstützen.

Auch in diesem Kompetenzfeld brachten die internen Berater der beE ICN die entsprechenden Kenntnisse durch ihre Erfahrungen im Recruiting-Bereich und ihre Aufgaben im *New Placement*-Programm der Siemens AG und der Netzwerksparte ICN mit. Bei der Auswahl der externen Berater achtete man ebenfalls konsequent auf die vorhandenen Erfahrungen als Recruiter oder Headhunter.

4. *Klare Identifikation mit dem beE-Konzept*
Der Berater ist für die beE-Mitarbeiter der wichtigste Ansprechpartner während ihres gesamten Bewerbungsprozesses. Nur wenn er sich mit dem Konzept der aktiven und umfassenden Vermittlung und Beratung des Mitarbeiters identifiziert, wird er diesen optimal bis zum Abschluss eines neuen Arbeitsvertrages unterstützen können.

Die Identifikation mit dem Konzept der beE ICN war für die internen Berater selbstverständlich, zumal sie z. T. an der Erarbeitung des Konzepts mitgewirkt hatten. Für einige der externen Berater waren wesentliche Elemente davon jedoch ungewohnt. Das betraf sowohl den vermittlungsorientierten Ansatz des Gesamtkonzepts als auch die enge Zusammenarbeit mit den Kandidaten vom Eintritt in die beE bis zum Antreten einer neuen Stelle. Die internen Berater unterstützten ihre externen Kollegen bei der Einarbeitung in das beE ICN-Konzept und stellten durch wöchentliche Zusammenkünfte sicher, dass alle Berater eine einheitliche Vorgehensweise hatten.

5. *Hohe Beratungskompetenz*

Die Einzelberatung in einer beE erfordert die Bereitschaft und die Fähigkeit, jeden einzelnen Mitarbeiter während seiner gesamten beE-Zeit intensiv zu betreuen. Dazu sind vor allem folgende psychosoziale Kompetenzen bedeutsam:

- *Empathie:*
  Die Berater müssen sich in das Denken und Erleben der Kandidaten einfühlen können und sie in ihrer aktuellen Situation „abholen". Dies schafft den Raum für offene und konstruktive Gespräche.
- *Klarheit:*
  Die Berater müssen gegenüber den Kandidaten einerseits die „Spielregeln" der beE klar vertreten. Andererseits brauchen sie die Fähigkeit, ihnen eindeutige und nachvollziehbare Rückmeldungen zu ihrem Auftreten und Verhalten zu geben.
- *Konfliktfähigkeit:*
  Immer wieder gibt es Meinungsverschiedenheiten, die mit den beE-Mitarbeitern geklärt werden müssen. Dabei muss ein Berater die Position des Kandidaten wertschätzen, seine eigene Position für den Mitarbeiter nachvollziehbar machen und tragbare Kompromisse finden können. Hier ist die Fähigkeit zur zugewandten Konfrontation entscheidend.
- *Analysefähigkeit und strukturiertes Vorgehen:*
  Diese Kompetenzen sind wichtig für die Strategiefindung im Bewerbungsprozess, aber auch bei der Klärung aller Hindernisse in der Stellensuche.
- *Motivationsfähigkeit:*
  Ein guter Berater kann Initiative und Engagement wecken, das Vertrauen der Kandidaten in ihre Stärken steigern und Mut machen bei Rückschlägen oder in Phasen scheinbarer Stagnation. Er fördert die Kreativität seiner Kandidaten und unterstützt ihre Initiative im gesamten Bewerbungsprozess.

Diese Fähigkeiten sind umso wichtiger, je mehr bei Mitarbeitern größere Vermittlungshemmnisse erkennbar sind oder eine schwierige persönliche Situation den Bewerbungsablauf beeinflusst.

Alle Berater der beE ICN hatten umfassende Erfahrung auf allen Gebieten der Personalberatung. Einige waren darüber hinaus durch eine Coaching-Ausbildung für die Begleitung und Unterstützung von Mitarbeitern und Teams qualifiziert. Beides waren wichtige Grundlagen für die Beratungstätigkeit.

6. *Integrationsfähigkeit*

Besteht ein beE-Team aus internen und externen Beratern, muss jeder von ihnen trotz aller Eigenständigkeit zu einem hohen Maß an Informations- und Erfahrungsaustausch mit den anderen Beratern bereit sein. Erstens kann nur so die Einarbeitung und Abstimmung zwischen internen und externen Kollegen funktionieren, zweitens dient dieser Austausch dazu, die Beratung und das Leistungsangebot kontinuierlich zu optimieren und zu aktualisieren.

Während der ersten zwölf Monate der beE ICN trafen sich alle Berater einmal in der Woche, um sich über Erfahrungen, Erfolge und Lösungsansätze auszutauschen. Nach dem ersten Jahr reichte ein Jour fixe in zweiwöchigem Abstand aus. In diesen Besprechungen konnte auch die beE-Leitung die Berater über aktuelle Themen informieren. Das Job-Center stellte zudem regelmäßig neue Trends am Arbeitsmarkt vor und informierte über aktuelle Vakanzen.

Notwendige Kompetenzen der beE-Berater

1. Kenntnis des relevanten Arbeitsmarkts
2. Kenntnis des Zielgruppenprofils
3. Erfahrung als Recruiter
4. Identifikation mit dem beE-Konzept
5. Beratungskompetenz
6. Integrationsfähigkeit

Bei der Auswahl der Berater muss man zudem darauf achten, dass sie neben einschlägiger Berufserfahrung und entsprechendem Ausbildungsniveau vor allem überdurchschnittliche Motivation und persönliches Engagement mitbringen. Denn für die Akzeptanz bei den beE-Mitarbeitern ist neben der Fachkompetenz auch das persönliche Auftreten entscheidend. Das Lebensalter der Berater spielte für die beE-Kandidaten hingegen keine Rolle.

TIPP:

✍ *Sind ausländische Mitarbeiter unter den beE-Kandidaten, muss man darauf achten, ob eine fremdsprachige Beratung und daher Berater mit den entsprechenden Fremdsprachenkenntnissen notwendig sind.*

✍ *Auch für andere Gruppen mit speziellen Bedürfnissen (z. B. Querein-steiger ins Lehramt, Existenzgründer) sollte man zusätzlich zum persönlichen Berater einen Ansprechpartner im beE-Team mit entsprechenden Spezialkenntnissen anbieten.*

8.3 Mitarbeiter des Job-Centers

Die Mitarbeiter des Job-Centers stellen den Kontakt der beE zum internen und externen Arbeitsmarkt her. Über sie laufen alle Verbindungen zu den potenziellen Arbeitgebern. Außer ihnen treten nur die Bewerber selbst in Kontakt mit den Arbeitgebern; die Einzelberater sprechen dagegen nicht direkt mit den externen Firmen. Denn nur so haben alle an den beE-Kandidaten interessierten Unternehmen einen zentralen Ansprechpartner im Job-Center; Informationen und Absprachen laufen in klar definierten Kanälen – ein wichtiges Plus für eine erfolgreiche Zusammenarbeit mit den verschiedenen Unternehmen.

Die Tätigkeit im Job-Center ist vor allem eine „Vertriebs-aufgabe": Die Mitarbeiter des Job-Centers werben bei den in Frage kommenden Unternehmen für den Bewerberpool der beE, analysieren den Arbeitsmarkt und fahnden nach offenen Stellen. Gleichzeitig präsentieren sie bei diesem Austausch ihr Unternehmen und die beE als solche. Von ihnen hängt ab, ob die beE zu einem Markenzeichen wird, an das sich die Personalvertreter der externen Firmen und der unternehmenseigenen Bereiche so erinnern, dass sie dort regelmäßig nach Bewerbern suchen.

Wer im Job-Center arbeitet, braucht also eine Vielzahl von Kompetenzen:

1. Hohe Kundenorientierung
Niemand in der beE kennt die potenziellen Arbeitgeber und ihre
Bedürfnisse so gut wie die Mitarbeiter des Job-Centers. Nur sie
können die Aktivitäten der Job-Akquisition und -Vermittlung auf
diese Bedürfnisse abstimmen und Ideen für ein erfolgreiches Job-
Center entwickeln. Dazu bedarf es eines hohen Maßes an Kundenorientierung und an Bereitschaft, selbstständig Konzepte zu entwerfen und bei den Unternehmen am Arbeitsmarkt umzusetzen.

2. Fähigkeit zu kontinuierlicher Arbeitsmarktanalyse
Ein Teil der täglichen Arbeit im Job-Center ist das systematische
Sichten des aktuellen und für die beE-Mitarbeiter relevanten
Arbeitsmarkts. Die zuständigen Mitglieder des beE-Teams müssen
also einen stabilen Analyseprozess entwickeln und anwenden, der
alle Optionen am Arbeitsmarkt erfasst. Insbesondere müssen sie
auch den so genannten „verdeckten Arbeitsmarkt", also die nir-
gendwo ausgeschriebenen Stellen, erkennen und sichtbar machen.

3. Gewandtes Auftreten
Das Job-Center spricht die Unternehmen nach Abschluss der
Arbeitsmarkt-Recherche zuerst per Telefon an, bevor es Informati-
onsmaterial und gegebenenfalls Kandidatenunterlagen zusendet.
Dieser erste Kontakt ist die größte Hürde. Um sie zu überwinden,
ist ein gewandtes und sicheres Auftreten unerlässlich, gepaart mit
der Fähigkeit, in kurzer Zeit die wichtigsten Informationen klar zu
formulieren. Auch bei der persönlichen Kontaktaufnahme auf
Fach- und Karrieremessen ist diese Kompetenz der Job-Center-
Mitarbeiter eine wichtige Voraussetzung.

4. Gepflegte Erscheinung und Umgangsformen
Äußert ein Unternehmen nach dem ersten Kontakt mit der beE
Interesse an deren Angebot, folgen oft persönliche Gespräche. Viele
Unternehmen wollen sich vor Ort ein Bild von der Arbeit und den
Räumlichkeiten der beE machen. In anderen Fällen stellt die
Leitung des Job-Centers das Konzept der beE und die Profile der
Kandidaten bei den interessierten Firmen persönlich vor. Für den
Erfolg aller dieser Gespräche ist von Nutzen, wenn die Vertreter des

Job-Centers neben einer überzeugenden inhaltlichen Präsentation auch durch ihre Erscheinung und ihre Umgangsformen ein professionelles Bild vermitteln.

5. *Fähigkeit zu Kontaktpflege und Marketing*
Mit zunehmender Laufzeit einer beE wächst auch die Größe des akquirierten Firmennetzwerkes. Dabei kommt es darauf an, die neu gewonnenen Partner regelmäßig zu kontaktieren, um die Grundlage für eine langfristige Zusammenarbeit zu schaffen. Das beE-Team braucht hier die richtigen Ideen (z. B. durch einen Firmen-Newsletter oder Platzieren interessanter Profile), die geeignete Vorgehensweise und Vertriebsgeschick, um im Gedächtnis der relevanten Ansprechpartner zu bleiben, ohne die Kontakte überzustrapazieren.

6. *Organisationstalent und Belastbarkeit*
Für das Job-Center braucht man ein Multi-Tasking-Talent. Denn eine Unzahl von verschiedenartigen Aufgaben muss oft gleichzeitig bewältigt werden: Kontakt zu den Firmen, Organisation und Durchführung der Bewerbervermittlung, Planung von Job-Börsen, Rücksprachen mit den Beratern zu einzelnen Profilen u.v.m. Das Job-Center ist in vielerlei Hinsicht die Drehscheibe einer beE: Als einzige Stelle innerhalb des beE-Teams hat es mit allen beteiligten Seiten zu tun – mit den externen Arbeitgebern, mit den Beratern und mit den Bewerbern selbst.

Wer für all das verantwortlich ist, muss auch unter Druck hervorragend arbeiten und seine Arbeit und seine Prioritäten gut strukturieren können. Er muss gegenüber den Arbeitgebern stets klar organisiert auftreten. Nur dann wird er sie als Partner für das wichtige Firmennetzwerk gewinnen.

In der beE ICN war eine Mitarbeiterin für alle Aktivitäten des Job-Centers verantwortlich. Unterstützt wurde sie dabei von einem Berater und ca. vier bis fünf Praktikanten, die sie vor allem bei der strukturierten Sichtung des Arbeitsmarktes und bei allen Vermittlungsprozessen (vergleiche 7.4) entlasteten.

Notwendige Kompetenzen der Mitarbeiter im Job-Center
1. Kundenorientierung
2. Arbeitsmarktanalyse
3. Gewandtes Auftreten
4. Gepflegte Erscheinung
5. Kontaktpflege und Marketing
6. Organisationstalent und Belastbarkeit

8.4 Assistenz

Die Assistenten sind einerseits für den wichtigen organisatorischen Rahmen zuständig, also Terminorganisation, Buchungen von Räumen und Veranstaltungen, Betreuung der IT-Infrastruktur, Materialbestellungen, Catering u. Ä. Andererseits können sie das Team in seiner inhaltlichen Arbeit unterstützen, beispielsweise durch die selbstverantwortliche Gestaltung von Präsentationsunterlagen, die Erstellung von Informationsmaterial, die Pflege der Homepage usw.

Auch die Assistenzkräfte müssen sich, wie alle anderen Mitglieder des beE-Teams, mit dem Konzept der Arbeitsvermittlung identifizieren. Denn ein reibungsloser Ablauf ihrer organisatorischen Aufgaben ist ein wichtiger Beitrag für den Erfolg der beE: Die Assistenten entlasten damit nicht nur ihre Kollegen, sondern schaffen auch für die Kandidaten und die externen Partner effiziente und professionelle Rahmenbedingungen. Gerade die unter Umständen anfänglich vorhandene Skepsis vieler Mitarbeiter, ob sich die beE wirklich wie versprochen um sie kümmern wird, wird unter anderem auch durch eine umsichtige und umfassende organisatorische Betreuung abgebaut.

Die beE ICN beschäftigte zwei Assistentinnen, die sich die Tätigkeiten gemäß ihrer persönlichen Ausrichtung teilten: Eine Assistentin verantwortete das gesamte organisatorische Spektrum; die zweite Assistentin war für die Gestaltung sämtlicher Kommunikations- und Marketing-Materialien verantwortlich (vergleiche 11.3).

8.5 Gehaltsabrechnung

Eine funktionierende Gehaltsabrechnung ist Grundvoraussetzung für die produktive Arbeit einer bee: Das Einkommen ist für jeden Mitarbeiter ein sensibler Punkt, besonders während des Bezugs eines geringeren bee-Einkommens nach dem Verlust des bisherigen Arbeitsplatzes. Da die Personalabrechnung in einer bee im Vergleich zur regulären Gehaltsabrechnung einige Besonderheiten (vergleiche 9.3) aufweist, muss man vor dem Start unbedingt die reibungslose Abwicklung der Gehaltsabrechnung sicherstellen.

Empfehlenswert ist hier, erfahrene Fachkräfte für diese Aufgabe einzusetzen. Denn auf sie kommt eine Flut von Spezialthemen im Zusammenhang mit dem bee-Gehalt zu. Diese können am besten solche Fachleute bewältigen, die die gängige Gehaltsabrechnung im Unternehmen beherrschen.

Wie bei allen Themen der bee ist auch beim Gehaltsthema das offene und glaubwürdige Gespräch mit den Mitarbeitern wichtig, auch und vor allem bei Spezialfragen einzelner Mitarbeiter. Hier bedarf es der Professionalität, offene Fragen zunächst gesondert und fundiert zu klären, bevor Antworten gegeben werden. Widersprüchliche oder vage Aussagen untergraben hingegen von Anfang an das Vertrauen in die bee.

Die bee ICN beauftragte mit der Gehaltsabrechnung einen konzerneigenen Personaldienstleister. Dieser nutzte das eigens für die bee ICN angepasste Abrechnungsverfahren (vergleiche 9.3). Drei Fachkräfte mit langjähriger Erfahrung in der Siemens-Gehaltsabrechnung waren dort für die bee-Mitarbeiter zuständig. Sie wickelten dabei nicht nur die administrativen Aspekte der Gehaltsabrechnung ab, sondern übernahmen auch eigenverantwortlich die Abfindungsberechnungen sowie teilweise die Vorbereitung der Aufhebungsverträge bei Ausscheiden aus der bee ICN.

TIPP:

 Bei Mitarbeitern, für die kein Kurzarbeitergeld bezogen werden kann, gelten abrechnungstechnische Sonderregelungen. Dafür benötigen die Fachleute der Gehaltsabrechnung entsprechende Spezialkenntnisse.

> ☜ *Auf den Punkt gebracht:*
> Es hat sich bewährt, frühzeitig festzulegen, wer die klassischen
> Themen der Personaladministration (Gehaltsabrechnung, Be-
> rechnung der Abfindung, Erstellung von Endzeugnissen) wäh-
> rend der beE-Laufzeit verantwortet. Idealerweise geschieht dies
> an einer zentralen Stelle.

8.6 Qualifikationsanbieter

Die Auswahl der Qualifikationsanbieter wird immer von dem
übergeordneten Ziel bestimmt, die Schulungsprogramme genau auf
die beE-Zielgruppe zuzuschneiden. Daher ist für den Qualifikationsanbieter wie bei allen anderen externen Partnern (Berater,
Trainer) ein wichtiges Kriterium, dass er die Zielsetzung und
Arbeitsweise der beE versteht. Dabei ist ebenfalls entscheidend, dass
sich der Qualifikationsanbieter schnell einen Überblick über den
spezifischen Bedarf der beE-Mitarbeiter verschaffen kann. Außerdem muss der Anbieter die aktuellen und zukünftig am Arbeitsmarkt gefragten Qualifikationen kennen und in sein Schulungs-
programm aufnehmen.

Bei großen Unternehmen oder Konzernen sprechen diese
Kriterien für einen internen Qualifizierungsanbieter, sofern er die
gesamte Spannbreite der erforderlichen Schulungen bieten kann.

Obwohl innerhalb des Siemens-Konzerns ein breit gefächertes Angebot an
internen Qualifizierungsprogrammen vorhanden ist, prüfte die beE ICN zunächst neben den internen auch die Angebote mehrerer externer Anbieter.
Den Zuschlag erhielten schließlich zwei interne Anbieter, weil sie den Bedarf
der beE ICN aufgrund ihrer Kenntnis der Siemens-Mitarbeiter am genauesten
abdecken konnten. Der eine Anbieter war spezialisiert auf Schulungen zu
allen Themen des IT-Bereichs, der andere Anbieter hatte ein breites Programm an Schulungsmaßnahmen zu Themen wie Betriebswirtschaft, Spra-
chen, Soft Skills usw.
Von unschätzbarem Vorteil war, dass sich die beiden Anbieter für die beE
ICN zu einem gemeinsamen Projekt mit einem gemeinsamen Projektmanager
zusammenschlossen. Dieser Projektmanager war alleiniger Ansprechpartner

für das bee-Team in allen Qualifizierungsbelangen. Dadurch konnte das weit verzweigte Thema der Qualifizierung effizient und präzise gelöst werden.

> *Auf den Punkt gebracht:*
>
> • Als Qualifizierungsanbieter empfiehlt sich dringend ein großer Anbieter (mit *einem* Ansprechpartner!), der das gesamte Themenspektrum abdecken kann. Nur so kann die bee innerhalb ihrer zwölfmonatigen Laufzeit mit vertretbarem Aufwand ein bedarfsadäquates Schulungsprogramm entwickeln.
>
> • Dringend erforderlich ist die kontinuierliche Abstimmung zwischen den bee-Beratern und dem Schulungsanbieter während der gesamten Laufzeit der bee, um dauerhaft bedarfsgerechte Schulungsmaßnahmen anzubieten.

TIPP:

 Bei der Auswahl des Qualifizierungsanbieters muss man frühzeitig Kosten vergleichen, da auf diesem Markt gravierende Preisunterschiede bestehen.

 Der Markt von Qualifizierungsanbietern ist schwer überschaubar und die Auswahl eines geeigneten Anbieters nimmt viel Zeit in Anspruch. Daher sollte man sich, wenn möglich, zunächst unternehmensintern umsehen. Besteht dort keine entsprechende Möglichkeit, ist es sinnvoll, einen passenden Dienstleister auf dem regionalen Weiterbildungsmarkt zu suchen. Eine erste Hilfestellung kann hierbei die Agentur für Arbeit geben.

9 Die Infrastruktur

Bei der Ausstattung einer Transfergesellschaft spielen verschiedene Faktoren eine Rolle:

Primär geht es dabei selbstverständlich um die Funktionsfähigkeit der Arbeitsvermittlung. Die für die geplanten Leistungen notwendige Infrastruktur muss vorhanden sein, um das Angebot der bee zu gewährleisten. Dazu gehören als Grundausstattung neben einer ausreichenden Anzahl von Büros, Besprechungszimmern und Seminarräumen Arbeitsplätze für die bee-Kandidaten und das bee-Team. Ebenso sind sorgfältig ausgewählte IT-Tools, beispielsweise Datenbank- und Gehaltsabrechnungssysteme, unverzichtbar.

Darüber hinaus erfüllt die Infrastruktur der Transfergesellschaft noch einen weiteren wichtigen Zweck: Sie beeinflusst den ersten Eindruck der bee-Mitarbeiter von den angebotenen bee-Leistungen. Eine durchdachte und über das unbedingt Notwendige hinausgehende Ausstattung signalisiert den Kandidaten, dass ihr Arbeitgeber ihnen auch nach ihrem Übertritt weiterhin Wertschätzung entgegenbringt, ihre Bedürfnisse kennt und ihnen optimale Bedingungen für die Bewerbungsaktivitäten bietet. Dies ist eine der grundlegenden Ängste der Mitarbeiter bei ihrer Entscheidung für oder gegen die bee (vergleiche 5.2).

Positive Signale werden beispielsweise durch die Wahl eines attraktiven Standorts oder durch PC-Arbeitsplätze für die bee-Mitarbeiter gesetzt. Sie erzeugen ein professionelles und freundliches Ambiente, das die Mitarbeiter entscheidend dabei unterstützt, sich auf ihre Aufgabe der Arbeitsplatzsuche zu konzentrieren.

Eine sorgfältige Ausstattung hat zudem auch eine wichtige Wirkung auf die externen Partner, wie Trainer, Berater und personalverantwortliche potenzieller Arbeitgeber. Sie alle brauchen ein professionelles Arbeitsumfeld. Zudem verschaffen sich Pressevertreter oder an Erfahrungsaustausch interessierte Manager anderer Unternehmen stets vor Ort ein Bild von der Arbeit der bee. Sie alle fungieren als wichtige Multiplikatoren für die Idee der internen

Arbeitsvermittlungseinheit und damit für das Image des vom Personalabbau betroffenen Unternehmens. Die Infrastruktur darf daher nicht als Nebensache behandelt werden.

9.1 Standort/Räumlichkeiten

Für die Wahl des Standortes einer Transfergesellschaft muss man verschiedene Kriterien beachten:

1. Eine möglichst zentrale Lage ermöglicht kurze Anfahrtswege und erhöht die Bereitschaft der Kandidaten, die Angebote der beE mehrmals in der Woche zu nutzen.
2. Die Räume müssen sowohl mit PKW als auch mit öffentlichen Verkehrsmitteln gut erreichbar sein.
3. Der Standort der beE muss auf jeden Fall in klarer räumlicher Distanz zu den bisherigen Arbeitsplätzen der beE-Mitarbeiter liegen. Das erleichtert es ihnen, sich auch innerlich von ihrem bisherigen Arbeitsumfeld zu trennen und in Ruhe an ihrer persönlichen Bewerbungsstrategie zu arbeiten.
4. Alle notwendigen Räumlichkeiten sollten sich gebündelt nur in einem Gebäude befinden. So etabliert man die beE als zentrale Anlaufstelle für die Mitarbeiter zu allen Themen rund um Bewerbung und Arbeitsmarkt.
5. In der Umgebung der beE sollten Verpflegungsmöglichkeiten vorhanden sein. Dies können Kantinen anderer Unternehmen, günstige Bistros oder Restaurants sein.

Neue Anfahrtswege und ein neues Arbeitsumfeld sind ein wichtiger Faktor, die Mitarbeiter bereits rein äußerlich auf den Schritt in ein neues Arbeitsleben einzustellen.

Gleichzeitig muss das neue Arbeitsumfeld so beschaffen sein, dass es den Mitarbeitern nicht als qualitativer Rückschritt gegenüber ihrem bisherigen Arbeitsplatz erscheint. Dies sollte man auch bei der Wahl der Büroräume für die beE berücksichtigen: Helle und freundliche Büroräume sind ein Muss für die Motivation von beE-Mitarbeitern. Eine angenehme Atmosphäre wird durch das entsprechende Mobiliar unterstützt. Dabei kommt es nicht darauf an, kostspielige Designermöbel anzuschaffen – eine reelle und im Unternehmen übliche Einrichtung, beispielsweise aus aufgelösten Büros, erfüllt den gleichen Zweck.

Bei der Entscheidung über Umfang und Größe der Bürofläche gibt es eine Leitlinie: Idealerweise sollte so viel Platz zur Verfügung stehen, dass alle Aktivitäten der beE, von der täglichen Arbeit des beE-Teams bis hin zu den Workshops und den von den Mitarbeitern organisierten Initiativgruppen, innerhalb dieser Räume stattfinden können. Ausgenommen davon sind die Qualifizierungskurse, die meist in den Räumen der Anbieter selbst ablaufen, sowie die Job-Börsen, für die es einer großen Fläche und besonderer Gegebenheiten bedarf.

Die beE ICN lag an einem Verkehrsknotenpunkt der Münchner Innenstadt in unmittelbarer Nähe zu Hauptverkehrsstraßen sowie mit U- und S-Bahn-Anschlüssen zu mehreren Linien. Das Gebäude verfügte zudem über eine Tiefgarage. Der Standort war in München eine bekannte Adresse, ohne in irgendeiner Verbindung zu Siemens zu stehen.

Insgesamt mietete Siemens dort für die beE ICN eine Fläche von ca. 1800 m² (verteilt auf zwei Stockwerke) an. Diese unterteilte sich in die folgenden Bereiche:

In einem großen zentralen Bereich befanden sich die Arbeitsplätze des beE-Teams. Daneben befanden sich zwanzig PC-Arbeitsplätze für die beE-Mitarbeiter. Sechzig zusätzliche Arbeitsplätze, ebenfalls ausgestattet mit PC und Telefon, standen in einem weiteren Stockwerk des Gebäudes zur Verfügung. An den Arbeitsbereich für die Kandidaten schloss sich eine so genannte „Kommunikations- und Informationsecke" an: An kleinen Tischen konnten sich die Kandidaten dort untereinander oder mit den Beratern austauschen. Des Weiteren gab es Informationsflächen für die Mitteilungen des Job-Centers: Hier konnte man sich zum einen die tagesaktuellen Stellenaushänge (vergleiche 7.4) ansehen, zum anderen fanden sich dort interessante Informationen rund um den Arbeitsmarkt (z. B. aktuelle Zeitungsartikel). In einem weiteren Raum gab es einen Getränke- und Kaffeeautomaten und eine kleine Raucherecke.

Diese zentrale Fläche war umgeben von kleineren Büro- und Workshopräumen. Insgesamt konnten vierzehn Räume für vertrauliche Gespräche und

Beratungen genutzt werden; in einem davon befand sich das Selbstlernstudio (vergleiche 7.3). Drei Gruppenräume und zwei Vortragsräume waren für die Workshops und Unternehmenspräsentationen vorgesehen.

Diese Größe und Anordnung erwies sich als ausreichend für die bee ICN mit ihrem Team aus elf Mitarbeitern und vier bis fünf Praktikanten sowie den zwölf externen Beratern (die jeweils an einzelnen Tagen der Woche im Büro der beE tätig waren) und den insgesamt 518 beE-Mitarbeitern.

Mit der Kantine einer benachbarten Firma schloss Siemens eine Vereinbarung, die es den beE-Mitarbeitern ermöglichte, dort zu einem günstigen Preis mittags essen zu gehen.

TIPP:

✑ *Welche Größe und welchen Umfang die Bürofläche haben muss, ist zum Zeitpunkt der Anmietung meist schwer zu beantworten. Denn die Anzahl der Mitarbeiter, die sich für den Übertritt in die beE entscheiden, steht normalerweise bei den Verhandlungen zu den Räumen noch nicht fest. Ideal ist hier, wenn innerhalb des ausgewählten Gebäudes die Option zur kurzfristigen Anmietung weiterer Räume besteht.*

✑ *Die Räume und die Infrastruktur sollten rechtzeitig vor dem Start der beE zur Verfügung stehen. So kann das verantwortliche Team noch entsprechende Vorarbeiten durchführen (Informationen rund um den Arbeitsmarkt und erste Jobaushänge anbringen, Räume gestalten u. Ä.)*

✑ *Da die Job-Börse nicht in den Räumen der beE stattfindet, müssen für diesen Tag neben der eigentlichen Messezone auch Räume für Einzelgespräche und Vorstellinterviews angemietet werden. Auch hier ist es sinnvoll, die Job-Börsen nicht auf dem Gelände der früheren Arbeitsplätze der beE-Mitarbeiter abzuhalten.*

9.2 Ausstattung der Arbeitsplätze für beE-Kandidaten

Neben der richtigen Auswahl geeigneter Büroräume sollte man auch großen Wert auf eine gute Ausstattung der einzelnen Arbeitsplätze legen. Vor allem eine moderne PC-Ausrüstung ist wichtig.

Sie dient den Mitarbeitern dazu, nach möglichen Arbeitgebern und offenen Stellen zu suchen und ihre Bewerbungen so professionell wie möglich zu gestalten. Für die Erledigung dieser Aufgaben sollten an den Arbeitsplätzen für die bee-Kandidaten alle Möglichkeiten hierzu existieren. Im Einzelnen sind dazu nötig:

1. PC mit gängiger Software
2. Intranet- und Internetzugang
3. Firmeneigene Mail-Adresse
4. Telefon- und Fax-Anschluss
5. Drucker, Scanner und Kopierer

Da die bee-Mitarbeiter keine Anwesenheitspflicht in der bee haben und meist nur für einige Stunden in der Woche tatsächlich in den Räumen der bee arbeiten, muss natürlich keineswegs für jeden von ihnen ein eigener Arbeitsplatz vorhanden sein. Jedoch sollte die Zahl der Arbeitsplätze so ausgelegt sein, dass auch bei größtem Andrang stets ausreichend PCs und Drucker bzw. Kopierer zur Verfügung stehen.

Um ihren Mitarbeitern optimale Bewerbungsvoraussetzungen zu bieten, verfügte die bee ICN über eine umfassende und vollständige Kommunikationsinfrastruktur: So gab es an jedem der 80 PC-Arbeitsplätze einen Telefonanschluss mit einer Siemens-internen Rufnummer. Jeder Mitarbeiter behielt zudem seine bisherige berufliche Mail-Adresse, unter der er weiterhin erreichbar war. Schwarz-Weiß- und Farbdrucker standen ebenso wie Kopierer, Fax und Scanner zur Verfügung. Die gesamten Geräte wurden durch Siemens technisch betreut.

Bei der Planung der Ausstattung ging Siemens davon aus, dass nicht alle Mitarbeiter privat über entsprechende technische Möglichkeiten verfügen. Wer wollte, konnte also seine gesamten Bewerbungsaktivitäten in der bee durchführen.

9.3 IT-Tools

Für seine Arbeit benötigt das bee-Team Tools, die den gesamten Vermittlungs- und Gehaltsabrechnungsprozess einer Transfergesellschaft vollständig unterstützen. Dazu existieren bisher nur wenig spezialisierte und ausgereifte Systeme auf dem Markt. Daher ist es häufig notwendig, in ihrer Funktion ähnliche Systeme zu adaptieren bzw. eine Neuprogrammierung in Auftrag zu geben. Folgende leistungsfähige Tools sind unerlässlich:

Bewerberdatenbank

Zur umfassenden Betreuung und Vermittlung der bee-Kandidaten benötigt das bee-Team eine effiziente Datenbank. Darin müssen nicht nur die einzelnen Bewerberprofile erfasst und verwaltet werden, sondern es bedarf auch einer guten Suchfunktion, mit dem das Job-Center die Bewerberprofile mit den Anforderungen der offenen Stellen abgleichen kann (Matching). Solche Datenbank-Tools sind durchaus auf dem Markt erhältlich; sie müssen aber in der Regel an die besonderen Anforderungen der Vermittlungsprozesse in einer Transfergesellschaft angepasst werden.

In der Münchner Transfergesellschaft verwendete man das schon seit Längerem im Siemens-Konzern eingesetzte Recruiting-Tool „MrTed TalentLink". Es wurde für die Arbeit der bee um einige Parameter erweitert bzw. verändert. Insgesamt waren folgende Eigenschaften des Systems von Bedeutung für die bee ICN:

1. *Erfassung der Grunddaten des Mitarbeiters:*
   • Vollständiger Kandidatenname und ggf. akademischer Titel
   • Kontaktinformationen (Anschrift, Telefon privat und mobil, Mailadresse, Erreichbarkeit)
   • Persönliche Daten (Familienstand, Kinderzahl, Geburtsdatum, Staatsangehörigkeit, Aufenthaltsstatus für Deutschland)
   • Höchster allgemein bildender Schulabschluss
   • Hochschulabschlüsse
   • Abgeschlossene Berufsausbildungen
   • Höchster Bildungsabschluss mit Datum

- Informationen zur letzten beruflichen Tätigkeit
- Fachliche Kompetenzen (Programmiersprachen, PC-Kenntnisse)
- Sprachkenntnisse
- Führungserfahrung
- Bisheriges und zukünftig gewünschtes Einkommen
- Mobilität
- Gewünschtes Arbeitszeitmodell
- Bereitschaft zu Zeitarbeit

TIPP:

 Die Erfassung sozialer Kompetenzen der Mitarbeiter (z. B. Teamfähigkeit oder Zielorientierung) stellt einen zusätzlichen Aufwand dar, bietet aber in der Regel keinen Mehrwert, weil geeignete Profile für offene Stellen im ersten Schritt ausschließlich nach Ausbildung, Fachkenntnissen und Berufserfahrungen ausgewählt werden.

2. Speicherung und Aktualisierung relevanter Dokumente:
Relevante Dokumente zum Mitarbeiter, wie verschiedene Varianten von Lebensläufen, Kompetenzprofile, Zeugnisse u. Ä., konnten in der Bewerberdatenbank hinterlegt und unkompliziert aktualisiert werden.

3. Leistungsstarke Suchfunktion (Matching):
Die Mitarbeiter des Job-Centers konnten über eine Suchfunktion passgenau Profile für offene Stellen herausfiltern. Dabei erlaubte das System sowohl eine Volltextsuche über alle Kandidatenprofile als auch eine Suche in vordefinierten Profil-Kategorien.

4. Dokumentation des Status der Beratungs- und Bewerbungsaktivitäten:
In einer Protokollfunktion konnten der aktuelle Stand der Beratung, Informationen zu den Bewerbungsaktivitäten des Kandidaten und abgeschlossene Qualifizierungsmaßnahmen festgehalten werden. Die Berater bzw. das Job-Center konnten im System zudem hinterlegen, wenn ein Mitarbeiter vor dem Abschluss eines Arbeitsvertrags und folglich nicht mehr für Vermittlungen zur Verfügung stand.

Das Profil von Mitarbeitern, die aus der beE ausschieden, wurde bei ihrem Austritt vollständig „geschlossen".

TIPP:

 Für eine erfolgreiche Arbeit muss das Job-Center im System dokumentieren können, wann und an welche Firmen es die Profile der einzelnen Mitarbeiter versandt hat. Dadurch kann es ggf. Nachfragen an die betreffenden Unternehmen richten. Außerdem kann es gegenüber den Mitarbeitern zu jedem Zeitpunkt Auskunft über den aktuellen Bewerbungsstand geben.

Gehaltsabrechnungssystem

Das Gehaltsabrechnungssystem für eine Transfergesellschaft muss in der Lage sein, alle mit dem Bezug von Transferkurzarbeitergeld verbundenen Größen zu berechnen und zu verwalten (vergleiche 10.2). Für gängige Abrechnungssysteme sind bisher häufig nur Module für die Berechnung von konjunkturellem Kurzarbeitergeld erhältlich (vorübergehender Arbeitsausfall). So kann es vonnöten sein, ein bestehendes Gehaltsabrechnungssystem für die spezifischen Anforderungen in einer Transfergesellschaft auszubauen. Die wichtigsten Punkte, die ein solches Gehaltsabrechnungssystem leisten muss, sind[1]

a) Berechnen des garantierten Netto- oder ggf. Bruttoentgelts auf Grundlage des bisherigen Bemessungsentgelts

b) Berechnen des Arbeitgeberzuschusses zum Transferkurzarbeitergeld (d. h. Aufstockung zum Transferkurzarbeitergeld und Ist-Entgelt auf das garantierte Netto- oder ggf. Bruttoentgelt)

c) Ermitteln des garantierten Netto- oder ggf. Bruttoentgelts auch bei Austritt während eines laufenden Kalendermonats

d) Darstellen und Ausweisen aller steuerpflichtigen Gehaltsbestandteile (Ist-Entgelt, Arbeitgeberzuschuss, sonstige Einmalbezüge wie Urlaubsentgelt, Erfolgsbeteiligung u. Ä., vergleiche 10.1)

e) Darstellen und Ausweisen der KuG-Beträge zur Bestätigung auf der Lohnsteuerbescheinigung für die Ermittlung des Progressionsvorbehalts

---

1. Definitionen der verschiedenen Gehaltsbestandteile finden sich in den jeweiligen Kapiteln sowie im Glossar.

f) Berechnen des fiktiven Arbeitsentgeltes sowie Ermitteln der darauf fälligen Sozialversicherungsbeiträge (vergleiche 10.1)

g) Berechnen von Zuschüssen zur privaten Krankenversicherung

h) Erstellen der Abrechnungsliste Kurzarbeitergeld für die monatliche Rückerstattung des Transfer-KuG durch die Agentur für Arbeit

i) Erstellen der Prüfliste für die Sozialversicherung (Darstellen des brutto Soll- und brutto Ist-Entgelts sowie des maßgeblich fiktiven Entgelts, von dem der Arbeitgeber allein den Gesamtbeitrag zur Kranken-, Pflege- und Rentenversicherung abführt)

j) Steuern der Abrechnung von besonderen Bezügen (z. B. Erfindervergütungen), die ggf. zusätzlich zum garantierten Netto- oder ggf. Bruttoentgelt ausgezahlt werden, und zwar durch Einstellen einer entsprechenden Lohnart „nicht anrechenbarer Einmalbezug"

k) Rückrechnen der Entgeltabrechnung bei nachträglichem Erfassen von Urlaub

l) Anrechnen von Einmalzahlungen als Ausgleich Arbeitgeber-KuG-Zuschuss, d. h., wenn z. B. durch die Anrechnung des zusätzlichen Nettourlaubentgelts auf das garantierte Nettoentgelt das garantierte Nettoentgelt überschritten wird, wird der überschüssige Betrag als Vortrag für den nächsten Monat festgeschrieben und wird dann als Ausgleich Arbeitgeber-KuG-Zuschuss auf das garantierte Nettoentgelt angerechnet.

Darüber hinaus müssen zahlreiche Detailregelungen, darunter auch firmenspezifische Besonderheiten, eingearbeitet werden. Die Entwicklung bzw. die Anpassung des Gehaltsabrechnungssystems bedarf also einer ausreichenden Vorlaufzeit sowie einer engen Zusammenarbeit zwischen den Experten der beE und den Software-Entwicklern.

Siemens bemühte sich zunächst, bei externen Trägern von Transfergesellschaften eine für die Transferkurzarbeit geeignete Gehaltsabrechnungssoftware bzw. -dienstleistung einzukaufen. Weil diese jedoch nicht in geeigneter Form angeboten wurden, beauftragte Siemens einen unternehmensinternen

Systemdienstleister damit, das im Konzern für die Gehaltsabrechnung eingesetzte SAP HR-System weiterzuentwickeln. Die dortigen Fachleute benötigten
reichliche zwei Monate Zeit vom Auftragseingang bis zur Fertigstellung. Das
eigens für die bee ICN entwickelte Gehaltsabrechnungsmodul bewährte sich
in der Praxis besten.

9.4 Fachliteratur

Wie bei den PC-Arbeitsplätzen sollte man den Kandidaten auch
alle für die extensive Stellensuche wichtigen Printmedien in den
bee-Räumen zur Verfügung stellen, also Tages- und Wochenzei-
tungen, Fachzeitschriften für Wirtschaft und die relevanten Branchen, kurz: alle Printmedien, die Stellenanzeigen veröffentlichen
bzw. über potenzielle Arbeitgeber berichten.

Die bee ICN stellte ihren Mitarbeitern nicht nur alle wichtigen Printmedien zur
Verfügung, sondern richtete zusätzlich auch eine kleine Fachbibliothek zum
Thema „Bewerbungen" ein. Allgemeine Ratgeber zu Bewerbungsstrategien
und Selbstpräsentation waren darin ebenso vertreten wie Bücher zu persönlichem Auftreten oder Gesprächsführung. Insgesamt umfasste die Bibliothek
ca. 30 ausleihbare Titel.

9.5 Betriebswirtschaftliche Infrastruktur

von Winfried Kles, kaufmännischer Leiter der Siemens bee ICN

Wie in allen Unternehmensbereichen dient die betriebswirtschaft-
liche *Infrastruktur* auch in einer bee dem Ziel, die bee-Aktivitäten
für alle kaufmännischen und treuhänderischen Belange transparent zu machen. Dabei dient diese Infrastruktur zwei Aufgaben:

*a)   den Berichtspflichten gegenüber dem abgebenden Unternehmen,
      beispielsweise über:*

- Gesamtkosten für die bee
- Kosten für den Betrieb der bee (Personalkosten bee-Team,
  Infrastrukturkosten)

- Höhe der gezahlten Abfindungen an die ausscheidenden beE-Mitarbeiter
- Anzahl der Vermittlungen
- Sonstige Reporting-Informationen (im unternehmensinternen Berichtswesen festgelegt)

b) *den Berichtspflichten gegenüber dem Beirat (sofern im Sozialplan ein Beirat vereinbart wurde)*

Aus ihnen können sich folgende kaufmännische Aufgaben einer beE gegenüber einem Beirat ergeben:

- Mittelverwendungsplanung für das Jahresbudget
- Mittelverwendungsplanung für das Quartalsbudget
- Quartalsweise Controllingberichte zur Mittelverwendung, zu Qualifizierungsmaßnahmen, zu Vermittlungsmaßnahmen und -erfolgen sowie zur Verwendung der erwirtschafteten Mittel, der ersparten Remanenzkosten usw.

TIPP:

 Bei größeren Transfergesellschaften kann es sinnvoll sein, dass der Beirat die Mittel für die beE schrittweise freigibt, um eine durchgängig hohe Qualität der Vermittlungsarbeit zu garantieren.

Das notwendige Controlling in einer beE dient jedoch nicht nur den beschriebenen Berichtspflichten, sondern ist auch in anderer Hinsicht von Nutzen. Zum einen sind die Arbeitnehmervertreter und Mitarbeiter im Konzern sowie Partner wie die Agentur für Arbeit stets interessiert an einem Einblick in die Vermittlungsstatistiken. Eine fundierte und umfassende Datenauswertung trägt gegenüber diesen Zielgruppen zu einer professionellen Zusammenarbeit bei. Darüber hinaus steht eine Transfergesellschaft, wie bereits erwähnt, stets auch im Blickpunkt der Öffentlichkeit, vor allem in der betroffenen Region. Auch gegenüber der Presse sollte man also mit handfesten Zahlen zu den beE-Aktivitäten aufwarten können.

Besonders interessante Auswertungsfelder für diese Zwecke sind beispielsweise:

- Kandidatenstruktur
  (nach Alter, Geschlecht, Gehaltsgruppe, Tätigkeitsfeld, Ausbildung, Vollzeit/Teilzeit, Betriebszugehörigkeit u. a.)
- Verweildauer der Kandidaten in der beE
- Vermittlungsquote
  (aufgegliedert nach gleichen Kriterien wie Kandidatenstruktur)

Generell entsprechen die Aufgaben bei Controlling und Reporting in einer beE den üblichen kaufmännischen Aufgaben in einem Unternehmen. Daher reichen hier die dafür gängigen Systeme aus, man bedarf keiner speziell ausgestatteten IT-Tools.

Da für die beE ICN im Sozialplan die Gründung eines Beirats vereinbart worden war (vergleiche 3.4), hatte der kaufmännische Leiter sowohl gegenüber dem beauftragenden Bereich ICN als auch gegenüber dem Beirat die oben beschriebenen Berichtspflichten. Um diesen gerecht zu werden, arbeitete die beE ICN mit sechs verschiedenen Kostenstellen, die im Prinzip die in 10.1 aufgeführten Kostenarten widerspiegelten:

- Kostenstelle 1: Personalkosten beE-Kandidaten
- Kostenstelle 2: Abfindungen bei Ausscheiden aus beE
- Kostenstelle 3: Qualifizierungsmaßnahmen
- Kostenstelle 4: Placementkosten (= Kosten für externe Berater und Trainer in der beE)
- Kostenstelle 5: Overheadkosten (= Kosten für Infrastruktur und Betrieb der beE, z. B. Büromieten, PC/IT-Kosten, Zeitschriften/Bücher u. Ä.)
- Kostenstelle 6: Personalkosten beE-Team

Die Kaufmannschaft der beE ICN übernahm die Aufgabe der Vorkontierung. Für die kaufmännische Abwicklung hingegen nutzte man die vorhandene Infrastruktur von Siemens, um die kaufmännischen Aufgaben für die beE und für ICN so kostengünstig und effizient wie möglich zu gestalten: So nahm das ICN-eigene Rechnungswesen die Rechnungs- und Kostenbuchungen vor, mit der Personalabrechnung für die beE-Mitarbeiter beauftragte man eigens geschulte Fachleute eines konzerneigenen Personaldienstes (vergleiche 8.5). Auch für die treuhänderisch bedeutsame Aufgabe der sachlich und zeitlich richtigen Bildung und Auflösung von Rückstellungen arbeitete die beE ICN eng mit dem Siemens-internen Rechnungswesen zusammen.

Bei den zahlreichen Dienstleistungsverträgen, die die beE ICN beispielsweise mit den externen Beratern, den Anbietern der Qualifizierungsmaßnahmen, mit internen IT-Anbietern und für die beE-Infrastruktur schließen musste, nutzte die kaufmännische Leitung ebenfalls bestehende Ressourcen: Die Einkaufsabteilung von ICN unterstützte bei der Verhandlung und Erstellung der Verträge.

Für sämtliche Aktivitäten der Budgetierung und des Controllings verwendete die beE ICN SAP/R3 und Excel, die dafür mit keinerlei zusätzlichen spezifischen Funktionen ausgestattet werden mussten.

Checkliste zur Vorbereitung der Infrastruktur einer beE

1. Standort / Räumlichkeiten
Anforderungen:
☐ Zentrale Lage
☐ Gute Erreichbarkeit
☐ Räumliche Distanz zu den bisherigen Arbeitsplätzen
☐ Bündelung aller genutzten Räumlichkeiten in einem Gebäude
☐ Sicherstellung von Verpflegungsmöglichkeiten
To Do:
• Auswahl von geeignetem Standort und ausreichend großer Immobilie
• ggf. Abschluss von Mietverträgen
• Festlegung der Öffnungszeiten

1.1 Allgemeine Ausstattung der Räumlichkeiten
Anforderungen:
☐ Zweckmäßige und einheitliche Büromöbel
☐ Dekorative Ausgestaltung mit ggf. Pflanzen, Bildern etc.
☐ Technisches Equipment wie:
• PCs
• Faxgeräte
• Drucker

- Kopiergeräte
- Scanner
- ☐
- ☐ Getränkeautomat
- ☐ Zugangsberechtigungen beE-Kandidaten und -Team

To Do:
- Auswahl und Organisation der gesamten Ausstattung
- Sicherstellung der regelmäßigen Wartung der technischen Geräte, ggf. Abschluss eines Wartungsvertrages
- Klärung der Zugangsberechtigungen

1.2 Ausstattung Workshop- / Besprechungsräume
Anforderungen:
- ☐ Workshopräume:
- Moderatorenausstattung
- Flipchart
- Pinwände
- Overheadprojektor/Beamer
- Verpflegung für die Workshop-Gruppen
- Reservierungssystem für alle Räume

To Do:
- Organisation der notwendigen Ausstattung
- Entscheidung über die Verpflegung der Workshopgruppen und ggf. Sicherstellung der Bewirtung
- Auswahl einer Vorgehensweise für die unkomplizierte und schnelle Buchung und Verwaltung der verschiedenen Räume

2. Ausstattung der Arbeitsplätze der beE-Kandidaten
Anforderungen pro Arbeitsplatz:
- ☐ PC mit gängiger Software (z.B. Office, Outlook)
- ☐ ggf. Möglichkeit der Bearbeitung von CBTs
- ☐ Intranet- und Internetzugang
- ☐ Firmeneigene Mailadresse für jeden Kandidaten
- ☐ Telefonanschluss

To Do:
- Festlegung der Anzahl benötigter Arbeitsplätze
- Entscheidung, welche Ausstattung zur Verfügung gestellt wird
- Beschaffung und Installation der benötigten Ausrüstung
- ggf. Installation eines eigenen Servers
- Identifikation von Ansprechpartner für zuverlässigen und schnellen IT-Support
- ggf. Abschluss eines IT-Dienstleistungsvertrags

3. IT-Tools
Anforderungen
- ☐ Bewerberdatenbank
- ☐ Gehaltsabrechnungssystem
- ☐ ggf. Firmendatenbank für beE-Kandidaten zur Suche nach möglichen Arbeitgebern
- ☐ Ggf. CBTs

To Do:
- Auswahl geeigneter Tools zur optimalen Unterstützung der Prozesse in der beE
- Ggf. Beauftragung von Anpassung bzw. Neuprogrammierung der IT-Tools
- Ggf. Auswahl, Kauf und Installation einer Firmendatenbank
- Ggf. Auswahl, Kauf und Angebot von CBTs

3.1 Büromaterial
Anforderungen:
- ☐ Übliches Büromaterial für beE-Kandidaten und -Team
- ☐ Drucker- und Kopierpapier

To Do's:
- Bestellung des notwendigen Büromaterials zum Start der beE

To Do:
- Auswahl und Kauf der Fachbücher
- Einrichtung einer Präsenzbibliothek
- Auswahl, Bestellung und Auslage von Fachzeitschriften und Tageszeitungen

4. Fachliteratur
Anforderungen:
Für die Zielgruppe relevante
☐ Fachbücher rund ums Thema Arbeitsmarkt und Bewerbungsprozess
☐ Fachzeitschriften mit Stellenausschreibungen
☐ Überregionale und lokale Tageszeitungen mit Stellenausschreibungen

10 Die Kosten

von Winfried Kles, kaufmännischer Leiter der Siemens beE ICN

Bei der Entscheidung, ob ein Unternehmen den Personalabbau über eine Transfergesellschaft vollzieht, spielt natürlich die Frage nach den Kosten dieses Modells eine bedeutende Rolle. Dabei verteilt sich die Finanzierung einer beE auf die folgenden Säulen:

1. Mittel des abgebenden Unternehmens (vergleiche 10.1)
2. Mittel der Agentur für Arbeit = Transferkurzarbeitergeld (vergleiche 10.2)
3. Zuschüsse zu Qualifizierungsmaßnahmen aus dem Europäischen Sozialfonds (vergleiche 10.3)
4. evtl. Mittel von Kommunen oder anderen Institutionen (z. B. Leistungen gemeinnütziger Organisationen)

Wie sich diese Mittel zusammensetzen und welche Voraussetzungen gegeben sein müssen, damit ein Unternehmen Zuschüsse in Anspruch nehmen kann, legen die folgenden Abschnitte dar.

10.1 Die Kosten für das Unternehmen

Die Kosten, die ein Unternehmen für eine Transfergesellschaft zu zahlen hat, setzen sich aus den folgenden Kostenarten zusammen:

Kostenarten für das Unternehmen

1. Remanenzkosten
2. Infrastrukturkosten
3. Kosten für das beE-Team
4. Qualifizierungskosten

1. Remanenzkosten:
Diese Kosten sind, ganz allgemein gesprochen, die vom Betrieb zu tragenden Personalkosten für alle in die beE eingetretenen Mitarbeiter. Sie heißen „Remanenzkosten", weil es diejenigen Personalkosten sind, die über die Zahlungen der Agentur für Arbeit hinaus beim Unternehmen verbleiben. Man kann davon ausgehen, dass diese Kosten ca. 50 – 60 % der vormaligen Bruttogehaltskosten pro Arbeitnehmer pro Monat betragen.
Die Remanenzkosten setzen sich wie folgt zusammen:

a) Aufstockungsbetrag auf Transferkurzarbeitergeld
Die Höhe dieses Aufstockungsbetrags richtet sich nach dem im Sozialplan festgelegten garantierten Nettoentgelt für die beE-Mitarbeiter. In der Regel beträgt es 80 % der bisherigen Nettobezüge, eine höhere Aufstockung ist jedoch ebenfalls denkbar.

b) Vergütung für Urlaubs-, Feier- und Krankheitstage
Urlaubs-, Feier- und Krankheitstage gelten als „Tage ohne Arbeitsausfall", weil der Arbeitgeber diese Tage auch ohne Personalanpassungsmaßnahmen hätte bezahlen müssen, ohne eine Arbeitsleistung dafür zu erhalten. Für diese Tage ohne Arbeitsausfall zahlt die Agentur für Arbeit kein Transferkurzarbeitergeld, sondern der Arbeitgeber muss voll für das im Sozialplan festgelegte garantierte Nettoentgelt aufkommen.

TIPP:

℞ *Bis zum Start der beE sollten die Mitarbeiter ihren Resturlaub aus dem bisherigen Arbeitsverhältnis genommen haben, weil sonst bei Verrechnung dieser Urlaubstage kein Transferkurzarbeitergeld gezahlt wird, da diese Tage keine Tage mit Arbeitsausfall sind.*

℞ *Den Urlaubsanspruch in der beE sollten die Mitarbeiter regelmäßig über die gesamte Laufzeit hinweg einlösen, damit der Arbeitgeber die Kosten für die Tage ohne Arbeitsausfall und damit ohne KuG-Bezug besser kalkulieren kann.*

c) Sozialversicherungsbeiträge

Während der Zahlung von Transfer-KuG, also während der Zeit in der beE, besteht für die Mitarbeiter weiterhin Sozialversicherungspflicht. Der Arbeitgeber muss die Sozialversicherungsbeiträge für diese Zeit also weiterhin berechnen und abführen. Dabei unterscheidet das Gesetz auch hier zwischen den Tagen mit Arbeitsausfall (also die „normalen" Arbeitstage in der beE) und den Tagen ohne Arbeitsausfall (die Urlaubs/Feier- und Krankheitstage). Für die Tage mit Arbeitsausfall werden Sozialversicherungsbeiträge für Kranken-, Pflege und Rentenversicherung (nicht aber für die Arbeitslosenversicherung) erhoben, allerdings nur auf Basis von 80 % des ausgefallenen Entgelts.[1] Diese Beiträge zahlt der Arbeitgeber in voller Höhe, d. h., er übernimmt sowohl den Arbeitgeber- als auch den Arbeitnehmeranteil.

Das Entgelt für die Tage ohne Arbeitsausfall, das so genannte „Ist-Entgelt", ist ebenfalls sozialversicherungspflichtig. Davon werden Beiträge zu allen Versicherungsarten, also auch zur Arbeitslosenversicherung, abgeführt. Diese Beiträge tragen Arbeitnehmer und Arbeitgeber je zur Hälfte.

Der Aufstockungsbetrag des Arbeitgebers zum Transferkurzarbeitergeld auf das garantierte Nettoentgelt der Mitarbeiter ist sozialversicherungsfrei, soweit er zusammen mit dem Transfer-KuG 80 vH des Unterschieds zwischen Soll- und Ist-Entgelt nicht übersteigt (§ 2 Abs.2 Nr. 4 ArEV).

Insgesamt kann man davon ausgehen, dass bei einer professionell geführten beE die Sozialversicherungsbeiträge ungefähr 25 % der Gesamtkosten (ohne Berücksichtigung der individuellen Abfindung) für eine beE ausmachen.

TIPP:

✎ *Aufgrund der Bedingungen des Transferkurzarbeitergelds und weil das Arbeitsentgelt/Ist-Entgelt die jährliche Beitragsbemessungsgrenze unterschreitet, tritt für freiwillig oder privat krankenversicherte Mitarbeiter in einer beE Versicherungspflicht ein.*

---

1. Höchstens jedoch 80 % der Beitragsbemessungsgrenze der Rentenversicherung.

d) Leistungen bei Beendigung des Arbeitsverhältnisses und Ausscheiden aus der beE

In der Regel werden bei Ausscheiden aus der beE dem Mitarbeiter Abfindungen gezahlt; sie sind im Einzelnen in dem zwischen Betriebsleitung und Betriebsrat geschlossenen Sozialplan geregelt. Die Höhe der Abfindung richtet sich in gängiger Praxis nach einer Abfindungsformel, in die das rechnerische Bruttomonatsgehalt, die Betriebszugehörigkeit und das Alter des Mitarbeiters (in Form eines Abfindungsfaktors) eingehen. Darüber hinaus können soziale Aspekte wie Schwerbehinderten- und Kinderzuschlag, Umzugskosten bei einem neuen Beschäftigungsverhältnis, Abgeltung von Jubiläums- oder Betriebsrentenansprüchen usw. Berücksichtigung finden.

Je nach Sozialplan können auch zusätzliche Abfindungserhöhungen zu den normalen Abfindungen gezahlt werden. Diese sind umso höher, je schneller ein Mitarbeiter die beE verlässt, und bieten so den Mitarbeitern einen Anreiz, die Stellensuche früh und engagiert anzugehen und die beE vorzeitig (vor dem definierten Laufzeit-Ende) zu verlassen.

TIPP:

🖢 *Eine Abfindungserhöhung sollte man unbedingt im Sozialplan vorsehen. Beide Parteien profitieren davon: Der Mitarbeiter erhält eine höhere Abfindung, die beE spart Remanenz- und sonstige Kosten. Dabei sollte die Abfindung immer kleiner als die gesparten Kosten sein.*

2. Infrastrukturkosten:
Darunter fallen alle Kosten, die für den Betrieb der beE anfallen. Dies sind im Wesentlichen die Kosten für die Räume der beE, die IT-Infrastruktur (PCs, Telefone, Server, Gebühren u. Ä.), Drucker, Kopierer, Büromaterial, Zeitschriften/Bücher usw.

3. Kosten für das beE-Team:
Dies umfasst die Kosten für Geschäftsführung und Personal der beE sowie die Kosten für die Verpflichtung externer Personalberater.

4. *Qualifizierungskosten:*
Die Kosten für die einzelnen Qualifizierungsmaßnahmen können sehr unterschiedlich hoch sein. Die Höhe hängt im Wesentlichen von der Dauer der Maßnahmen und der Zahl der Teilnehmer ab. So können Sofortmaßnahmen (z. B. Vermittlung von PC-Anwenderkenntnissen für Microsoft-Produkte) 200 Euro pro Teilnehmer kosten. Langfristige Maßnahmen, wie das Erlernen der Programmiersprache C++, die Weiterbildung zum Applikationsspezialisten oder zum SAP Consultant, kosten hingegen bis zu 12.000 Euro pro Teilnehmer.

Wichtig ist vor allem die zielgerichtete Verwendung der Qualifizierungsgelder im Sinne der Mitarbeiter. Denn im Vordergrund steht nur die Erhöhung der Vermittlungsfähigkeit am Arbeitsmarkt.

Die Finanzierung einer Transfergesellschaft ist in hohem Maße davon abhängig, dass sich überhaupt eine ausreichende Zahl von Mitarbeitern für den beE-Eintritt entscheidet. Deshalb ist es wichtig, dass die finanzielle Ausstattung der jeweiligen beE den Mitarbeitern nach Abschluss des Interessenausgleichs und Sozialplans möglichst präzise dargestellt wird. Denn die finanziellen Rahmenbedingungen sind ein wesentlicher Faktor dafür, wie die Mitarbeiter das beE-Angebot bewerten.

Auch die Kandidatenprofile und die Qualität der Vermittlungsleistung beeinflussen die Kosten entscheidend: Bei einer zu geringen Vermittlungsquote scheiden nur wenige Kandidaten frühzeitig aus der beE aus – die laufenden Kosten bleiben über die gesamte Laufzeit hoch.

TIPP:

☞ *Sind in Interessenausgleich und Sozialplan neben der Transfergesellschaft auch andere Wege des Personalabbaus vorgesehen (beispielsweise Aufhebungsverträge mit Abfindungsregelungen), ist es wichtig, die Mittel für die Transfergesellschaft klar von den Mitteln für die anderen Abbauwege zu trennen. Andernfalls kann es zu Interessenkonflikten kommen, z. B. zwischen denjenigen Mitarbei-*

tern, die das Unternehmen mit einer möglichst hohen Abfindung verlassen wollen, und denjenigen, die am Übertritt in die bee interessiert sind. Ein solcher Konflikt erzeugt unnötige Unruhe in der ohnehin angespannten Abbausituation.

Für die Gesamtkosten der bee ICN lassen sich die prozentualen Anteile der einzelnen Kostenarten wie folgt darstellen:

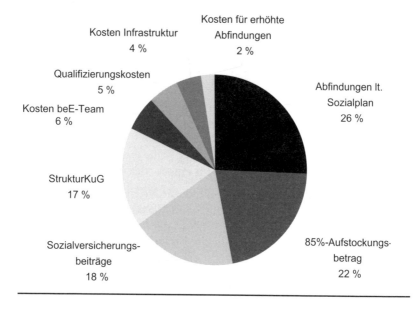

Abbildung 22: Gesamtkosten der bee ICN nach Herkunft

Von den Gesamtkosten der bee ICN wurden 90 % direkt für die betreuten bee-Mitarbeiter aufgewandt. 28 % entfielen auf Abfindungen, 40 % auf Aufstockung des Transferkurzarbeitergeldes auf 85 % Nettolohn und Sozialversicherungsbeiträge, nur 17 % entfielen auf das von der Agentur für Arbeit gewährte Strukturkurzarbeitergeld[1]. Die Qualifizierungsmaßnahmen betrugen nur 5 % der Gesamtkosten. Die Kosten für das bee-Team und die Infrastruktur machten 10 % der Gesamtkosten aus.

---

1. Bei der bee ICN galten noch die Regelungen zum Strukturkurzarbeitergeld. Diese wurden zum 01.01.2004 durch das Instrument des Transferkurzarbeitergelds (§ 216b SGB III) ersetzt.

Dabei muss man allerdings beachten, dass die Kostenanteile abhängig von den Vereinbarungen im Sozialplan sind und daher nicht verallgemeinert werden können.

10.2 Bezug von Transferkurzarbeitergeld

Das Transferkurzarbeitergeld (Transfer-KuG) ist eine der wichtigsten Säulen bei der Finanzierung einer Transfergesellschaft. Es empfiehlt sich daher unbedingt, vor der Betriebsvereinbarung über die Einrichtung einer beE die Voraussetzungen für den Bezug von Transfer-KuG mit der Agentur für Arbeit zu klären. Es ist darüber hinaus sinnvoll, die Realisierung der beE im Sozialplan davon abhängig zu machen, dass das Transfer-KuG auch tatsächlich gewährt wird, denn ein Unternehmen kann den eigentlichen Antrag auf KuG-Bezug erst nach dem Abschluss des Interessenausgleichs und Sozialplans stellen (vergleiche 4.2).

Die Bedingungen für das Transfer-KuG sind in § 216 b SGB III verankert. Sie wurden bereits in Kapitel 2.2.1 Voraussetzungen und Rahmenbedingungen dargestellt, da sie gleichzeitig die Bedingungen für die Schaffung einer beE sind. Sie sollen deshalb lediglich mit folgender Checkliste noch einmal in Erinnerung gerufen werden:

Bedingungen für den Bezug von Transferkurzarbeitergeld:

1. Dauerhafter unvermeidbarer Arbeitsausfall mit Entgeldausfall
2. Personalanpassung wegen Betriebsänderung
3. Zusammenfassung der Mitarbeiter in einer beE
4. Drohende Arbeitslosigkeit
5. Wiedereingliederung in versicherungspflichtige Beschäftigung
6. Teilnahme an Profiling
7. Anzeige über Arbeitsausfall an Agentur für Arbeit
8. Vermittlungsvorschläge durch Arbeitgeber
9. Meldungen an Agentur für Arbeit zum 30.06. und 31.12.

Für Arbeitnehmer mit mindestens einem Kind beträgt das Transfer-KuG derzeit 67 % des bisherigen pauschalierten Nettoentgelts, für alle anderen Arbeitnehmer 60 % (Stand 03/2005). Das pauschalierte Nettoentgelt errechnet sich aus dem bisherigen monatlichen Bruttoentgelt abzüglich der Steuern (je nach Steuerklasse und Kinderfreibeträgen, jedoch ohne individuelle Freibeträge) sowie abzüglich der Sozialversicherungsbeiträge. Dabei wird in der Krankenversicherung (im Gegensatz zur Renten-, Arbeitlosen- und Pflegeversicherung) nicht der tatsächliche Beitragssatz der Krankenkasse des jeweiligen Arbeitnehmers zugrunde gelegt, sondern der Durchschnittsbeitragssatz aller Krankenkassen (daher die Bezeichnung „pauschaliertes Nettoentgelt" [1]).

TIPP:

 Arbeitnehmer mit der Steuerklasse V, deren Kinder nicht auf ihrer eigenen Lohnsteuerkarte eingetragen sind, sollten, um das Transfer-KuG von 67 % zu erhalten, einen entsprechenden Nachweis erbringen (beispielsweise die Lohnsteuerkarte des Ehepartners, auf der die Kinder eingetragen sind).

Der Arbeitgeber geht gegenüber den Mitarbeitern der beE zunächst in Vorleistung, d. h., er zahlt zunächst das garantierte monatliche Nettoentgelt aus und beantragt nach Monatsende rückwirkend die Erstattung des darin enthaltenen Transfer-KuG bei der Agentur für Arbeit.

Das Transferkurzarbeitergeld wird für jeden Tag gezahlt, an dem der Arbeitnehmer von Arbeitsausfall betroffen ist. (Das heißt: für jeden regulären Werktag – außer Urlaubs- und Krankheitstagen, denn an diesen Tagen hätte der Arbeitnehmer auch auf seinem bisherigen Arbeitsplatz keine Arbeitsleistung erbracht.) Der Arbeitgeber erhält also für Feier-, Urlaubs- und Krankheitstage kein Transferkurzarbeitergeld für den jeweiligen Arbeitnehmer in der beE. Beim monatlichen Antrag auf Erstattung des gezahlten Trans-

---

1. Das pauschalierte monatliche Nettoentgelt wird definiert als „das um die gesetzlichen Entgeltabzüge, die bei Arbeitnehmern gewöhnlich anfallen, verminderte Bruttoarbeitsentgelt". Als „gewöhnliche Entgeltabzüge" gelten Steuern, die Beiträge zur Sozialversicherung und zur Arbeitsförderung sowie sonstige gewöhnlich anfallende Abzüge.

fer-KuG muss der Arbeitgeber gegenüber der Agentur für Arbeit die monatlichen Ausfallstunden sowie das gezahlte Transfer-KuG und dessen Berechnung je Mitarbeiter nachweisen (vergleiche 4.2). Bestimmte Personengruppen sind vom Transfer-KuG ausgeschlossen. Die für ein Industrieunternehmen wichtigsten dieser Gruppen sind:

- Arbeitnehmer, die in einer geringfügigen Beschäftigung i.S.d. § 8 SGB IV stehen
- Arbeitnehmer, die Krankengeld beziehen
- Arbeitnehmer in einem ruhenden Dienstverhältnis (z. B. Elternzeit; beE-Mitarbeiter, die per Arbeitnehmerüberlassung vorübergehend bei einem anderen Arbeitgeber tätig sind [vergleiche 7.4])

10.3 Zuschüsse zu Qualifizierungsmaßnahmen

Für die Qualifizierungsmaßnahmen, die in einer durch Transfer-KuG geförderten beE verpflichtend sind, entstehen ebenfalls Kosten. Für diese Kosten kann ein Unternehmen Zuschüsse aus dem Europäischen Sozialfond (ESF) beantragen, die sich auf bis zu 90 % der Qualifizierungskosten belaufen können. Der ESF ist ein Finanzinstrument der Europäischen Union, das geschaffen wurde, um die Umsetzung der beschäftigungspolitischen Ziele der EU zu unterstützten. Der ESF bietet Beihilfen für solche Programme, „die die ‚Beschäftigungsfähigkeit' der Menschen entwickeln oder wiederherstellen".[1] Dabei bezieht sich die Förderung vor allem auf kleinere und mittlere Unternehmen.

Beantragen muss man diese Mittel aus dem so genannten „ESF-BA-Programm" ebenfalls bei der Agentur für Arbeit. Es besteht jedoch kein Rechtsanspruch auf diese Zuschüsse, da die Mittel aus dem ESF beschränkt sind. Auch hier sollte ein Unternehmen also möglichst frühzeitig mit der Agentur für Arbeit klären, ob und unter welchen Bedingungen ESF-Mittel verfügbar sind.

---

1. Informationen zum Europäischen Sozialfond: http://europa.en.int/comm/employment_social/esf2000/index-de.htm

Die bee ICN erhielt keinerlei Zuschüsse aus dem Europäischen Sozialfond. Sie trug die Kosten für die Qualifizierung ihrer Mitarbeiter vollständig alleine.

10.4 Kosten-Nutzen-Analyse: Vergleichsrechnung zu klassischem Sozialplan

Darüber, wie sich die Kosten einer Transfergesellschaft zu den Kosten eines klassischen Sozialplans mit Abfindungsregelungen verhalten, lässt sich keine generell verbindliche Aussage treffen, da dies von verschiedenen Faktoren abhängt:

- von der finanziellen Ausstattung der bee
- von der Anzahl der in die bee übergetretenen Mitarbeiter
- vom Durchschnittsalter der betroffenen Mitarbeiter
- von der Dauer der Betriebszugehörigkeit der betroffenen Mitarbeiter
- von der vereinbarten Berechnung der Abfindungen
- von der vereinbarten Höhe des Aufstockungsbetrags
- von der Verweildauer der einzelnen Mitarbeiter in der bee
- von der Anzahl der möglichen Kündigungsschutzklagen u. a.

Ein weiterer Aspekt, den man bei der Kostenabschätzung berücksichtigen muss, ist, dass ein Arbeitgeber durch den bee-Übertritt der Mitarbeiter per Aufhebungsvertrag (vergleiche 3.3) eine relativ schnelle Personalreduktion erzielt und außerdem Prozesskosten durch eventuelle Kündigungsschutzklagen vermeidet.

Bei der bee ICN ergab eine Vergleichsrechnung zwischen klassischem Sozialplan und dem Modell der bee ICN, dass unter den gegebenen Bedingungen (Kandidatenstruktur, Vermittlungsquote von 80 %) trotz der großzügigen Ausstattung der bee die Transfergesellschaft wirtschaftlicher war als ein Abbau per Aufhebungsverträgen mit Abfindung. Ein wichtiger Faktor dafür war, dass die übergetretenen Mitarbeiter eine sehr ausgewogene Mischung von Altersgruppen und Betriebszugehörigkeit darstellten.

11 Kommunikation und Marketing

Eine konsequente Kommunikationspolitik sowie gutes Marketing sind für die Vorbereitung und Umsetzung einer beE soewie während ihrer gesamten Laufzeit unerlässlich. Die dazu notwendigen Strategien und Konzepte muss man dabei unbedingt auf die unterschiedlichen Zielgruppen ausrichten: die Belegschaft innerhalb des Unternehmens, die beE-Mitarbeiter, externe Partner und Arbeitgeber, Pressevertreter usw. Sie alle müssen klare und konsistente Informationen erhalten.

11.1 Die interne Kommunikation während der beE-Laufzeit

Innerhalb eines Unternehmens gibt es zwei Mitarbeitergruppen, die Informationen über die beE benötigen: die Mitarbeiter innerhalb der beE und die Gesamtbelegschaft des Unternehmens einschließlich der Arbeitnehmervertreter. Sie unterscheiden sich in ihren Informationsbedürfnissen und Kommunikationszielen; man muss sie deshalb auf unterschiedliche Art und Weise ansprechen.

Bei der Zielgruppe der beE-Mitarbeiter geht es vor allem darum, die internen Informationsabläufe sinnvoll und effizient zu organisieren. Dagegen ist die Kommunikation mit der Gesamtbelegschaft des Unternehmens darauf ausgerichtet, die Idee der beE und ihre Umsetzung bekannt zu machen und regelmäßig darüber zu berichten.

Entscheidender Grundstein für die Kommunikation mit beiden Zielgruppen ist die Kommunikation vor Start der beE. Wenn diese, wie in 5.2 beschrieben, schnell, umfassend und glaubwürdig geschieht, ebnet sie den Weg für eine erfolgreiche Kommunikation auch während der Laufzeit der beE.

Kommunikation innerhalb der bee

Bei der Kommunikation mit den bee-Mitarbeitern muss das bee-Team vor allem Transparenz anstreben: Die Mitarbeiter müssen die für sie relevanten Abläufe kennen und verstehen. Dabei sollte das bee-Team nicht nur die Inhalte der einzelnen Module sowie die organisatorischen und administrativen Vorgänge darstellen, sondern besonders auch die Leistungen des Job-Centers hervorheben. Nur so erkennen die Mitarbeiter, welche Unterstützung ihnen das Job-Center bietet und wie die Job-Vermittlung funktioniert; sie erfahren zudem frühzeitig, welche Job- und Einzelveranstaltungen angeboten werden. Das ist die Basis für die Arbeitsfähigkeit der bee.

Entsprechend lag auch in der bee ICN der Schwerpunkt der täglichen Kommunikation auf den Informationen zur Bewerbungs- und Vermittlungsarbeit. Dazu standen verschiedene Medien zur Verfügung:

In einem ersten Schritt informierte das Job-Center die Mitarbeiter per Mail und in den Einzelberatungen über den konkreten Stand der Stellenakquisition und -vermittlung. Dadurch wussten die Mitarbeiter zu jedem Zeitpunkt, wann ihre Profile bei welchen Bereichen und Unternehmen platziert worden waren. Darüber hinaus machte das Job-Center über Mail die jeweiligen „Jobs of the Week" bekannt, also die frisch akquirierten Stellen. Diese aktuellen Vakanzen veröffentlichte es z. T. auch an zahlreichen Jobwänden in den bee-Räumen. Zusätzlich sprach es für einige Spezialisten-Stellen spezifische Kandidaten per Telefon oder Mail an.

Für die Mitteilungen der Initiativgruppen (vergleiche 7.6) standen die gleichen Informationsmedien (Aushang und Mailverteiler) zur Verfügung.

Für alle individuellen Angelegenheiten, beispielsweise Termine für Workshops, Bestätigung von Qualifizierungsmaßnahmen und Einzelberatungen, sprach das bee-Team die Mitarbeiter frühzeitig per Mail oder Telefon an.

Alle aktuellen Informationen zu Veranstaltungen, Job-Börsen sowie Übersichten der zur Verfügung stehenden Bücher und CBTs konnten die Mitarbeiter auch auf der bee-eigenen Homepage nachlesen.

Ein wichtiges Instrument für die Motivation der Mitarbeiter wie des bee-Teams selbst war eine große Ziffernanzeige im Eingangsbereich der bee, auf der die aktuelle Zahl der auf neue Arbeitsplätze vermittelten bee-Kandidaten zu sehen war. Da die Vermittlungsquote während der gesamten Laufzeit kontinuierlich anstieg, erhöhte sich auch die Zahl auf der Anzeige regelmäßig. Dies fand so große Aufmerksamkeit bei jedem, der die beE-Räume betrat, dass einige der Mitarbeiter vor ihrem Wechsel zu neuen Arbeitgebern sogar Wert darauf legten, ihre erfolgreiche Vermittlung selbst auf dem Zähler zu dokumentieren.

TIPP:

 Um die Kommunikation per Mail wirklich effizient einzusetzen, ist ein Verzeichnis aller Mail-Adressen der Mitarbeiter unabdingbar. Wichtig ist dabei die konsequente Pflege und Aktualisierung der enthaltenen Mailadressen. Wenn möglich, sollten sich die Mitarbeiter zusätzlich zu den Mailadressen in der bee auch private Mailanschlüsse zulegen, um auch zu Hause schnell erreichbar zu sein.

Kommunikation innerhalb des Unternehmens

Nicht nur vor ihrer Einrichtung, sondern auch während ihrer eigentlichen Laufzeit ist die interne Arbeitsvermittlung einer bee ein wichtiges Thema für die gesamte Belegschaft. Hier sollte man die Information über die Tätigkeit dieser Einheit nicht nur dem persönlichen Kontakt unter den Kollegen überlassen. Vielmehr empfiehlt sich eine kontinuierliche Informationspolitik über die Aktivitäten und die Vermittlungszahlen der bee. Sie zeigt Belegschaft und bee-Mitarbeitern, dass der Arbeitgeber die übergetretenen Mitarbeiter nicht sich selbst überlässt.

Als Kanäle für die interne Information eignen sich in diesem Stadium besonders die Medien der internen Unternehmenskommunikation, vor allem die Mitarbeiterzeitschrift. Denkbar sind aber auch Mailings der Geschäftsleitung oder eine eigene Homepage und, falls vorhanden, Beiträge im Unternehmens-Fernsehen.

Interessante Themen für die firmeninterne Berichterstattung sind neben dem Stand der Vermittlungszahlen auch die Veranstaltungen oder besondere Aktionen in der bee. Authentizität gewinnen solche Meldungen, wenn auch betroffene Mitarbeiter zu Wort kommen.

Die Leitung der beE ICN arbeitete besonders mit dem Online-Magazin des Geschäftsbereichs ICN zusammen, um die Arbeit ihres Teams bekannt zu machen. So erschien wenige Tage nach Start der beE das erste Interview mit einem übergetretenen Mitarbeiter zu den Gründen seines Übertritts und seinem ersten Eindruck von der beE. In den folgenden Wochen stellte das Magazin die einzelnen Workshops vor und berichtete auch ausführlich über die unterschiedlichen Einzelveranstaltungen, z. B. die Angebote für Existenzgründer. Während der gesamten Laufzeit erschienen Artikel über die einzelnen Job-Börsen und Unternehmenspräsentationen sowie immer wieder über die aktuellen Vermittlungsquoten und den Weg der bereits vermittelten Mitarbeiter. Darüber hinaus berichtete auch die konzernweite Mitarbeiterzeitschrift von Siemens in größeren Abständen über den laufenden Abbau bei ICN sowie die erfolgreiche Arbeit der beE ICN.

Die gesamte interne Pressearbeit sollte zweierlei erreichen: Erstens wollte das beE-Team der Konzernbelegschaft zeigen, dass sie ihr Versprechen an die beE-Mitarbeiter tatsächlich einhielt. Zum anderen machte man die Arbeit der beE ICN damit auch bei solchen Geschäftsbereichen innerhalb von Siemens bekannt, die nach Personal suchten.

 Auf den Punkt gebracht:
Eine kontinuierliche und umfassende Berichterstattung im Unternehmen über die Aktivitäten und Erfolge einer beE macht deutlich, dass die beE-Mitarbeiter weiterhin eine wichtige Mitarbeitergruppe sind. So können sie nicht als „abgeschoben" gelten.

11.2 Die externe Kommunikation während der beE-Laufzeit

Die externe Kommunikation, d. h. die Berichterstattung durch die regionale und überregionale Presse, erfüllt einen ähnlichen Zweck wie die firmeninterne Kommunikation: Bei erfolgreicher Arbeit der beE und ihrer positiven Darstellung in der Öffentlichkeit wirbt das Unternehmen für sich und zeigt seine soziale Verantwortung. Gleichzeitig macht sich die beE dadurch bundesweit bei Arbeitgebern bekannt und unterstützt den Aufbau eines Firmennetzwerks durch das Job-Center. Gerade deshalb ist es wichtig, sich nicht nur auf die Berichterstattung der Tagespresse zu verlassen, sondern auch gezielt Artikel in Tageszeitungen, Fachzeitschriften der relevanten Branchen, in Rundschreiben von Firmenverbänden und in Magazinen für die Personalarbeit zu platzieren.

Da Siemens durch den umfassenden Personalabbau bei ICN mehr denn je im Blickpunkt der Öffentlichkeit stand, war es wichtig, von Anfang an auch über die Einrichtung der beE ICN und ihre Zielsetzung zu informieren. Dies geschah zunächst über die Presseabteilung des Geschäftsbereichs. Schnell traten dann Journalisten direkt an die Leitung der beE ICN heran. In zahlreichen Interviews stellte die Leiterin ihre Arbeit und Erfolge vor.

Dazu kamen viele Gespräche mit Managern und Kollegen anderer Industrieunternehmen. Durch die Presseberichte waren sie auf das erfolgreiche beE-Modell der Siemens AG aufmerksam geworden und verschafften sich häufig vor Ort ein genaueres Bild von der Arbeit der internen Arbeitsvermittlung. Sie fungierten via Mund-zu-Mund-Propaganda als Multiplikatoren in der Branche, so dass sich auch über diesen Weg Arbeitgeber auf der Suche nach Fachkräften an das Job-Center der beE ICN wandten.

Wichtig war der beE-Leitung auch der intensive Erfahrungsaustausch mit den Verantwortlichen anderer Transfergesellschaften und Vermitllungseinheiten. Darin konnte sie das eigene Konzept auf Stärken und Schwächen prüfen und gleichzeitig mit ihrem eigenen Wissen die Gestaltung anderer Transfergesellschaften unterstützen.

Insgesamt betrieb die beE ICN während ihrer gesamten Laufzeit kontinuierliche Öffentlichkeitsarbeit.

TIPP:

✍ *Der Umgang mit Journalisten bedarf einer gewissen Übung. Deshalb sollte das beE-Team vor dem Gespräch mit Journalisten die Unterstützung von Fachleuten für Presse- oder Öffentlichkeitsarbeit suchen.*

✍ *Die PR-Abteilung des betroffenen Unternehmens kann ihrerseits die Öffentlichkeitsarbeit der beE gezielt steuern und mit ihren Pressekontakten helfen, die richtigen Kanäle für die öffentliche Darstellung der beE zu öffnen.*

☝ *Idealerweise ist die Leitung der bee verantwortlich für die gesamte interne und externe Kommunikation und übernimmt auch selbst die Planung und Steuerung der Kommunikationsmaßnahmen mit den Fachleuten.*

11.3 Die Marketing-Instrumente

Für die umfassende und offene Kommunikation mit den betroffenen Mitarbeitern, der Gesamtbelegschaft und der Öffentlichkeit steht eine Vielzahl von Instrumenten zur Verfügung. Welche man daraus auswählt und wie die richtige „Mischung" aussieht, hängt von den jeweiligen Rahmenbedingungen und Zielgruppen ab. Wichtig ist in jedem Falle, das notwendige Marketingbudget bereits bei der Planung festzulegen.

Egal, für welche Mittel sich eine bee entscheidet, sie darf nie aus den Augen verlieren, dass sie vertrauens- und glaubwürdig sein muss. Bewährt hat sich dafür eine nüchterne und klare Aufbereitung der Informationen mit einer ansprechenden Gestaltung.

Neben der beschriebenen Presse- und Öffentlichkeitsarbeit gehörten die folgenden Medien zu den grundlegenden Kommunikations- und Marketing-Instrumenten der bee ICN:

1. Logo
Die bee ICN gab sich von Anfang an ein eigenes Logo, das auf allen Informations- und Marketing-Unterlagen erschien. Dadurch erhielt sie schnell eine eigene Identität.

2. Mitarbeiter-Flyer
Er enthielt eine Übersicht über die grundlegenden Bausteine des bee-Konzepts sowie die wichtigsten Daten der bee ICN (Adresse, kurzer Überblick über die vorhandene Infrastruktur). Diesen Flyer erhielten alle Mitarbeiter, denen der Übertritt in die bee angeboten wurde, bei den allgemeinen Informationsveranstaltungen (s. Anhang 2).

3. Homepage für Belegschaft und beE-Mitarbeiter

Nachdem die Einrichtung der beE bekannt gegeben worden war, wurden alle bis dahin vorhandenen Informationen über die beE ICN auf der Intranet-Homepage des Bereichs ICN veröffentlicht. Hier gab es auch die Möglichkeit, Fragen an das beE-Team zu stellen und mit Kollegen über den Eintritt in die beE zu diskutieren. Die Homepage war für alle Mitarbeiter der Siemens AG im Intranet zugänglich.

Während der Laufzeit gab es eine eigene Homepage exklusiv für die beE-Mitarbeiter. Diese Extranet-Seite war per Passwort auch über jeden Internet-Zugang erreichbar. Dort konnten die Mitarbeiter sämtliche Informationen über die laufenden beE-Aktivitäten abrufen, Veranstaltungstermine einsehen und buchen, aktuelle Job-Angebote abfragen, die Liste vorhandener CBTs und Fachliteratur einsehen usw. Auf der Homepage waren außerdem sämtliche relevanten Informationen der Agentur für Arbeit hinterlegt.

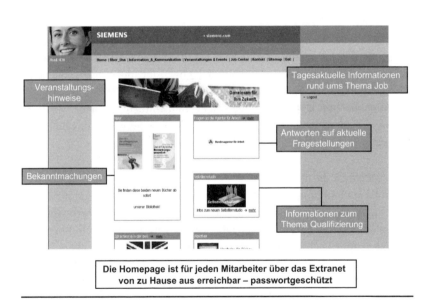

Abbildung 23: Homepage der beE ICN

4. Informationspaket für beE-Mitarbeiter

Das so genannte „Informationspaket" war eine ca. 10-seitige Broschüre, die jeder beE-Mitarbeiter nach der Unterschrift seines Übertrittsvertrags per Post an seine Privatanschrift erhielt. Darin waren noch einmal alle grundlegenden Rahmenbedingungen der beE-Zugehörigkeit aufgeführt. Zudem fand der Mitarbeiter darin den Namen und die Telefonnummer seines persönlichen Beraters sowie eine Übersicht über die nächsten Schritte in der beE.

5. *Firmen-Flyer*
Wenn das Job-Center einen ersten telefonischen Kontakt zu potenziellen Arbeitgebern aufgebaut hatte, sandte es den Ansprechpartnern einen Flyer zu, der den kostenlosen Vermittlungs-Service der beE noch einmal in seinen wichtigsten Punkten zusammenfasste und die Vorteile dieses Recruiting-Kanals (z. B. schnelle Verfügbarkeit der Bewerber) darstellte. Dieser schriftliche Kontakt brachte nicht nur das vorangegangene Telefonat noch einmal in Erinnerung, sondern bot auch eine gute Grundlage für die zukünftige Zusammenarbeit.

6. *Firmen-Newsletter*
Um die einmal geknüpften Kontakte mit den Firmen weiter zu pflegen, versandte das Job-Center ca. alle zwei bis drei Monate einen Newsletter. Er informierte über das gesamte Spektrum der beE-Dienstleistungen und stellte die verfügbaren Bewerber-Profile anonymisiert dar. Diese Informationen brachten die beE ICN bei den Personalverantwortlichen immer wieder in Erinnerung, so dass diese bei passenden Vakanzen gerne auf das beE-Team zugingen.

7. *Plakate für die Job-Börsen*
Für die Veranstaltung der Job-Börsen entwarf das beE-Team großflächige Plakate, die sie in den Räumen der beE ICN und auf den Job-Börsen einsetzte (s. Anhang 1). Das darauf verwendete, eigens entwickelte Symbol benutzte das Job-Center auch für die Vorbereitung der Job-Börsen, vor allem für die Einladungen an die interessierten Unternehmen. Es wurde bei jeder neuen Job-Börse nur farblich umgewandelt, so dass ein hoher Wiedererkennungswert vor allem bei den externen Partnern gegeben war. Da bereits die erste Job-Börse sehr erfolgreich war, unterstützte dieses Symbol eine hohe Teilnahme von rekrutierenden Firmen an den weiteren Veranstaltungen.

8. Informationspakete für Unternehmen auf der Job-Börse
Die auf den Job-Börsen anwesenden Firmenvertreter erhielten am Tag ihrer Anreise ein Informationspaket, das noch einmal alle für den reibungslosen Ablauf der Messe notwendigen Materialien enthielt:

* Namensschilder
* Individuelle Terminpläne für die vorterminierten Interviews
* Lebensläufe der zum Interview geladenen Kandidaten
* Hotline-Nummern für organisatorische Fragen (die ansonsten auch an den zuständigen persönlichen Ansprechpartner gestellt werden konnten, vergleiche 7.4)
* Flyer der beE ICN (vergleiche Punkt 2)
* Feedback-Bogen (vergleiche Punkt 9)
* Essensmarken für den Mittagstisch

9. Feedback-Bögen für Mitarbeiter und teilnehmende Firmen nach der Job-Börse (s. Anhang 3 und 4):
Am Ende der Job-Börse erhielten sowohl die Mitarbeiter als auch die Firmenvertreter Feedback-Bögen, auf denen das beE-Team die Meinungen und Urteile der Teilnehmer einholte. Anhand der Ergebnisse aus dieser Befragung konnte es die Organisation der folgenden Job-Börsen weiter optimieren.

10. Feedback-Bögen für Mitarbeiter bei Austritt aus der beE (s. Anhang 5)
Mitarbeiter, die aus der beE ICN ausschieden, erhielten nach ein paar Wochen einen Feedback-Bogen, in dem sie die wichtigsten Fakten zu ihren Bewerbungsaktivitäten festhielten und die Unterstützung durch ihren Einzelberater und die beE beurteilten.

✎ *Auf den Punkt gebracht:*
Eine durchdachte und professionelle Kommunikations- und Marketing-Strategie ist ein entscheidender Faktor für den Erfolg der beE-Arbeit. Deshalb ist es sinnvoll, für dieses Thema von Anfang an Fachleute einzubinden. Im Idealfall ist ein solcher Experte Mitglied des beE-Teams.

Zielgruppen und mögliche Kommunikations- und Marketingmedien einer beE

MEDIEN	ZIELGRUPPEN			
	Mitarbeiter der beE	Gesamtbelegschaft des Unternehmens	Externe Arbeitgeber	Öffentlichkeit
Mitarbeiterzeitschrift Geschäftsbereich	•	•		
Mitarbeiterzeitschrift Unternehmen	•	•		
Homepage Intranet	•	•		
Homepage Extranet	•			
Unternehmens-TV	•	•		
Fernsehen			•	•
Radio			•	•
Tages-/Wochenzeitung			•	•
Fachpresse			•	
Logo	•	•	•	
Mitarbeiter-Flyer	•			
Firmen-Flyer			•	
Informationspaket bei Übertritt	•			
Firmen-Newsletter			•	
Plakate Job-Börsen	•		•	
Informationspakete Job-Börsen			•	
Feedback-Bögen Job-Börse	•		•	
Mailings	•	•	•	
Schwarzes Brett	•			
Feedback-Bögen bei Austritt	•			

12 Die Erfolge der Siemens beE ICN

Keine Frage: Das Modell der beE ICN hat sich bewährt. Und das nicht nur durch den großen Vermittlungserfolg, sondern auch durch das Signal der sozialen Verantwortung, das Siemens damit gegenüber seinen Mitarbeitern gesetzt hat. Die Umsetzung dieses erfolgreichen Modells einer Transfergesellschaft verlief zudem aus personal- und betriebswirtschaftlicher Sicht so zufrieden stellend, dass die Unternehmensleitung die während der zweijährigen Laufzeit gewonnenen Kompetenzen mittlerweile fest in der Personalarbeit bei Siemens verankert hat: Ende 2004 wurde das Projekt einer internen Vermittlungseinheit in ein Competence Center umgewandelt. Dieses Competence Center steht nun dem gesamten Siemens-Konzern an allen deutschen Standorten zur Verfügung, um alle Geschäftsbereiche bei Personalanpassungen professionell zu unterstützen. Dies muss nicht immer in der Größenordnung der in diesem Buch beschriebenen Personalanpassung in der Netzwerksparte von 2002 und 2003 ablaufen – das modulare Konzept der Siemens-Transfergesellschaft erlaubt die Anpassung an unterschiedlichste Rahmenbedingungen. Dazu zählen nicht nur der Umfang der zu bewältigenden Personalreduktion, sondern auch die Strukturen des jeweiligen regionalen Arbeitsmarktes und das jeweilige Profil der betroffenen Mitarbeiter.

Die folgenden Abschnitte legen den Erfolg der beE ICN in Zahlen dar und fassen die wichtigsten Faktoren für die gelungene Umsetzung dieses Modells noch einmal in übersichtlicher Form zusammen.

12.1 Die Vermittlungszahlen

Der wichtigste Erfolg der beE ICN waren zweifellos die Vermittlungszahlen: Ein Großteil derjenigen Arbeitnehmer, denen ICN keine Arbeit mehr bieten konnte, wurde vor der betriebsbedingten Kündigung bewahrt und erhielt eine neue Perspektive. Ein solches

Ergebnis ist nicht nur essenziell für die Mitarbeiter selbst – auch die übrige Belegschaft, die Unternehmensführung, die Arbeitnehmervertretungen und die Öffentlichkeit bemessen zuallererst an der Vermittlungsquote, ob die Transfergesellschaft das gehalten hat, was man sich von ihr versprach. Dabei geben die Zahlen nicht nur Aufschluss darüber, wie viele Mitarbeiter insgesamt eine neue Arbeitsstelle fanden, sondern sie können auch Hinweise dazu liefern, welche Parameter (Alter, Tätigkeitsfeld usw.) die Vermittlung beeinflussen.

Die Gesamtvermittlungsquote bei der bee ICN betrug am Ende ihrer Laufzeit (31.12.2004) 80 %. Das bedeutet: Von 518 bee-Mitarbeitern wurden 413 in neue Arbeit vermittelt. Davon traten 139 eine neue Arbeitsstelle bei einem anderen Geschäftsbereich des Siemens-Konzerns an; 274 Kandidaten wechselten in den externen Arbeitsmarkt, z. B. zu so renommierten Arbeitgebern wie Bosch, BMW, dem Deutschen Patentamt, ZF Friedrichshafen oder der Technischen Universität München sowie zahlreichen kleinen und mittleren Unternehmen. Diese Zahlen übersteigen bei Weitem die Erwartungen, die man bisher in der aktuellen Arbeitsmarktsituation an Transfergesellschaften stellte.

Betrachtet man die Vermittlungszahlen im Detail, zeigt sich zudem, dass sich keines der im Vorfeld geäußerten Vorurteile gegen die bee ICN bewahrheitete: So wurden keineswegs nur solche Kandidaten vermittelt, die ohnehin gute Perspektiven auf dem Arbeitsmarkt hatten, sondern auch sehr viele Bewerber, die sich zunächst geringere Vermittlungschancen ausgerechnet hatten. Zudem unterschieden sich die Vermittlungserfolge zwischen den einzelnen Altersgruppen nur leicht.

Vermittlung nach Quartalen

Die Vermittlungsquote stieg während der Laufzeit der bee ICN kontinuierlich an.

Das Vorurteil, dass in Transfergesellschaften nur einige wenige Kandidaten sofort eine neue Stelle finden, während der Rest grundsätzlich am Ende der Laufzeit in die Arbeitslosigkeit „abgeschoben" wird, war damit widerlegt. Die Vermittlungszahlen zeigen außerdem, dass die Bemühungen des bee-Teams, durch konstante Einzelberatung und regelmäßige gezielte Einzelver-

anstaltungen und Angebote auf den jeweiligen Bedarf der Kandidaten einzu-
gehen, erfolgreich waren. So erreichte das Team eine gleich bleibend hohe
Vermittlungsquote auch mit denjenigen Kandidaten, die sich zunächst am
Arbeitsmarkt schwerer taten und daher länger in der Transfergesellschaft
blieben.

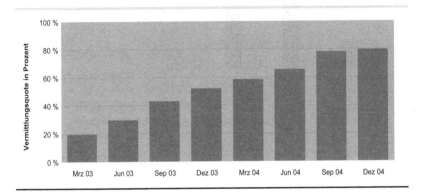

Abbildung 24: Vermittlungsquote der beE ICN kumuliert nach Quartalen

Vermittlung nach Altersgruppen

Die Vermittlungsquoten der einzelnen Altersgruppen lagen allesamt in einem
äußerst positiven Bereich.

Eine der kleinsten Gruppen, mit 73 Kandidaten, war die der 19- bis 29-
Jährigen. Sie wurden zu 92 % vermittelt und erzielten damit die höchste
Quote. Die größte Gruppe mit 233 Kandidaten stellten die 30- bis 39-Jährigen;
von ihnen fanden ca. 83 % einen neuen Arbeitsplatz. Bei den 40- bis 49-
Jährigen unterschrieben von den 162 Kandidaten dieser Altersgruppe 74 %
einen Arbeitsvertrag bei einem anderen (internen oder externen) Arbeitgeber.
Von den 50 Mitarbeitern über 50 Jahren konnten 64 % eine neue Arbeitsstelle
antreten. Die Strategie, bei diesen Mitarbeitern die Vorteile der Lebens- und
Berufserfahrung sowie die geringere Fluktuation in den Vordergrund zu
stellen, war vor allem bei mittelständischen Unternehmen aufgegangen.

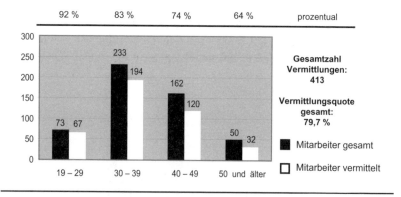

Abbildung 25: Vermittlungsquote der beE ICN nach Altersstruktur

Vermittlung nach Tätigkeitsfeld

Die Vermittlungsquoten für die unterschiedlichen Tätigkeitsfelder wiesen kaum Unterschiede auf.

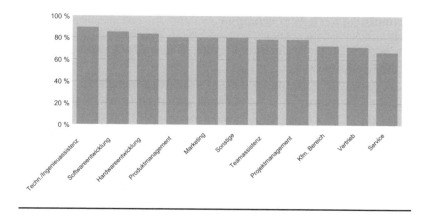

Abbildung 26: Vermittlungsquote der beE ICN nach Tätigkeitsfeld

Mitarbeiter aus technischen Gebieten wurden nur leicht besser vermittelt als Mitarbeiter aus anderen Aufgabengebieten. Die Höchstquote von 89 % erreichte die beE ICN für Mitarbeiter aus dem Bereich der technischen bzw. der Ingenieurassistenz, alle anderen Gruppen wurden zu 67 bis 85 % vermittelt.

In genauen Zahlen heißt das: Bei den technischen Tätigkeitsfeldern erzielte die beE ICN fast durchweg überdurchschnittliche Vermittlungsquoten. So verließen von 179 Software-Entwicklern 152 und damit 85 % die beE ICN mit einer Anschlussbeschäftigung. Von 42 Hardware-Entwicklern fanden 35 und damit 83 % einen neuen Arbeitsplatz.

Auch für Mitarbeiter aus nicht spezifisch technisch orientierten Arbeitsgebieten konnte die beE ICN zahlreiche neue Arbeitsplätze eröffnen. Von 25 Mitarbeitern aus dem Produktmanagement wechselten 20 aus der beE ICN zu einem anderen Arbeitgeber; das entspricht 80 %. Das gleiche Ergebnis erreichten die Marketing-Experten mit ebenfalls 80 % (12 von 15) wie auch Mitarbeiter mit ganz unterschiedlichen sonstigen Tätigkeitsfeldern (4 von 5 Mitarbeitern, 80 %).

Bei den 51 Teamassistenten fanden 40 eine neue Stelle (78 %). Von den insgesamt 23 Projektmanagern unter den beE-Mitarbeitern verließen 18 die beE ICN mit einem neuen Arbeitsvertrag (78 %). Mitarbeiter aus dem kaufmännischen Bereich wurden zu 73 % vermittelt (48 von 66). Von den Vertriebsfachleuten hatten 71 % Erfolg bei ihren Bewerbungen (45 von 63).

Etwas geringere, aber dennoch sehr erfolgreiche Vermittlungszahlen erzielte die beE ICN für Service-Mitarbeiter: Hier konnten 14 von 21 Arbeitnehmern einen neuen Arbeitsvertrag abschließen (67 %).

Vermittlung nach Bildungsabschluss

Die Vermittlungserfolge für die unterschiedlichen Bildungsabschlüsse der beE-Mitarbeiter zeigen noch einmal deutlich, dass das modulare Konzept der beE ICN tatsächlich auf sehr unterschiedliche Zielgruppen abgestimmt werden kann: Sämtliche Mitarbeitergruppen, von Arbeitnehmern ohne Ausbildung bis hin zu Akademikern mit Promotion oder MBA erreichten Vermittlungsquoten von rund 80 %.

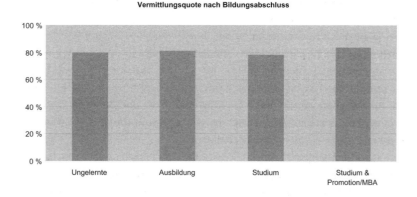

Abbildung 27: Vermittlungsquote der beE ICN nach Bildungsabschluss

Im Einzelnen stellt sich das wie folgt dar: Für vier der fünf beE-Mitarbeiter ohne Berufsausbildung konnte das beE-Team neue berufliche Perspektiven eröffnen (entspricht 80 %). Die 146 beE-Mitarbeiter mit einer Lehre oder einem Fachschulabschluss konnten zu 81 % (119 Mitarbeiter) vermittelt werden. Von 323 Arbeitnehmern mit einem Studienabschluss hatten 253 (78 %) Erfolg bei ihren Bewerbungsbemühungen. Die höchste Erfolgsquote schließlich erzielten die Mitarbeiter mit Promotion oder MBA: Von ihnen wechselten 84 % auf einen neuen Arbeitsplatz (37 von 44).

Insgesamt belegen die Vermittlungsstatistiken der beE ICN vor allem eines: Das Konzept, mit flexibel einsetzbaren Maßnahmenmodulen und einer intensiven Einzelberatung jeden einzelnen Mitarbeiters individuell und passgenau zu unterstützen, übertraf mit einer Gesamtvermittlungsquote von 80 % für alle Zielgruppen sämtliche Erwartungen.

12.2 Weitere Erfolge

Im Rückblick lassen sich neben den eigentlichen Vermittlungszahlen auch eine Reihe weiterer Erfolge für die beE ICN konstatieren. Sie wirken im mittlerweile aus dieser beE entstandenen Competence Center weit über die zweijährige Laufzeit des ersten Modells fort:

1. Umsetzen der sozialen Verantwortung
Obwohl Siemens, wie jedes andere Unternehmen, seinen Mitarbeitern keinen lebenslangen Arbeitsplatz garantieren kann, stand es mit der bee ICN
doch zu seinem Versprechen von sozialer Verantwortung. Für die betroffenen
Mitarbeiter war dies ein entscheidender Rettungsanker in einer Phase, in der
sie ohne eigene Schuld in existenzielle Sorgen gestürzt waren.

2. Erhalt des Rufs als attraktiver Arbeitgeber
Auch nach außen unterstützte die erfolgreiche bee-Arbeit ein positives Image
des Münchner Unternehmens und damit seine gesellschaftliche Glaubwürdigkeit weit über die Krise hinaus. Dies spiegelte sich auch in den zahlreichen
Veröffentlichungen in der Presse wider. Der verantwortungsvolle Umgang mit
den eigenen Mitarbeitern und die Tatsache, dass Siemens die ausgeschiede-
nen Mitarbeiter zwei Jahre lang mit einem eigens dazu beauftragten Team
unterstützte, untermauerten den Ruf des Unternehmens als attraktiver Arbeitgeber. Dies zahlt sich in Zeiten wirtschaftlicher Hochs doppelt aus, denn
ein solcher Ruf ist beim Recruiting ein großer Wettbewerbsvorteil und trägt
dazu bei, die wertvollen Kompetenzträger im Unternehmen zu halten.

3. Hohe Akzeptanz bei Arbeitnehmervertretern
Über die Unterschrift unter den Interessenausgleich und den Sozialplan
hinaus unterstützte die Arbeitnehmervertretung die Idee des bee-Modells
auch während der Umsetzungsphase. Der Erfolg des Modells erhöhte die
Akzeptanz noch weiter, so dass die Arbeitnehmervertreter mittlerweile bei
anderen bevorstehenden Personalreduktionen innerhalb des Unternehmens
den Vorschlag einer internen bee selbst aktiv in die Verhandlungen einbringen.

4. Konstruktive Zusammenarbeit mit der Agentur für Arbeit
Mit der Agentur für Arbeit in München konnte das bee-Team bereits in der
Planungsphase ein vertrauensvolles Verhältnis aufbauen. Dadurch war bei
der gesamten weiteren Zusammenarbeit und der Gewährung von Transferkurzarbeitergeld ein reibungsloser Ablauf möglich. Dies legte den Grundstein
für weitere erfolgreiche Kooperationen mit der Agentur für Arbeit.

5. Positive Einstellung der Belegschaft gegenüber ihrem Arbeitgeber
Die greifbaren Erfolge der beE ICN gewährleisteten auch während der Phase des wirtschaftlichen Tiefs eine positive Einstellung der gesamten Belegschaft gegenüber Siemens als Arbeitgeber.

6. Professionelle Arbeitsatmosphäre innerhalb der beE und hohe Zufriedenheit der Mitarbeiter
Die gesetzten Rahmenbedingungen und das bedarfsgerechte Vorgehen des beE-Teams trugen zu einer professionellen und insgesamt optimalen Arbeitsatmosphäre in der beE bei. Die Mitarbeiter honorierten die erfolgreichen Unterstützungsangebote mit großer Zufriedenheit.

7. Aufbau eines Firmennetzwerks als Basis für zukünftige Vermittlungen
Durch das Prinzip der aktiven Job-Vermittlung konnte die beE ICN schon in den ersten Monaten ihrer Laufzeit ein umfangreiches Firmennetzwerk aufbauen, das stetig erweitert wurde. Diese derzeit 450 Firmenkontakte bilden jetzt die Grundlage für die zukünftige Vermittlungsarbeit.

8. Etablierung des beE-Teams als interner Spezialist und Dienstleister am Markt
Das beE-Team baute während seiner Tätigkeit zahlreiche neue Kompetenzen und umfassendes Know-how zu den Themen Einrichtung und Führung von Transfergesellschaften, Beratung, Einzel- und Gruppenplacement, Personalvermittlung und Arbeitsmarktstrukturen auf. Weil es dabei nicht auf das Konzept eines externen Personaldienstleisters zurückgriff, kommen diese Kenntnisse jetzt dem Siemens-Konzern auch in seiner zukünftigen Personalarbeit zugute. In Phasen des Personalabbaus, aber auch in Phasen des Personalaufbaus steht in Zukunft erweitertes internes Fachwissen zur Verfügung, von dem alle Geschäftsbereiche des Konzerns wie auch externe Unternehmen profitieren können.

9. Effiziente Verwendung des beE-Budgets
Durch von Beginn an konstant steigenden Vermittlungen sowie eine hohe Gesamtvermittlungsquote wurden die zur Verfügung gestellten finanziellen Mittel nicht vollständig ausgeschöpft. Dadurch konnte denjenigen Mitarbeitern, die innerhalb der garantierten Laufzeit der beE ICN noch nicht vermittelt worden waren, eine Verlängerung angeboten und die Laufzeit auf insgesamt 24 Monate ausgedehnt werden.

12.3 Die Faktoren für den Erfolg

Worauf genau gründete sich der besondere Erfolg der bee ICN? Was machte sie anders als andere Transfergesellschaften, dass sie zu einem solch viel beachteten Best-Practice-Modell wurde? Die Parameter, die zu diesem Ergebnis führten, sind in den einzelnen Kapiteln bereits dargestellt worden. Hier werden die zehn wichtigsten Erfolgsfaktoren noch einmal im Überblick dargestellt:

1. Internes Modell
Dass die bee ICN eine Einheit innerhalb des Siemens-Konzerns war und von internen Personalberatern konzipiert und umgesetzt wurde, eröffnete dem bee-Team weitaus bessere Einfluss- und Beratungsmöglichkeiten, als sie ein externes Team gehabt hätte: Dadurch, dass Personalfachleute von Siemens die betroffenen Siemens-Mitarbeiter betreuten, hatten sie eine genauere Kenntnis und mehr Verständnis für die Profile der bee-Kandidaten als externe Personalexperten. So konnten sie die Vermittlung schneller und effizienter angehen.

Gleichzeitig sicherte das interne Modell den bee-Mitarbeitern ihren Status als Siemens-Mitarbeiter – ein unersetzbarer Vorteil bei ihren Bewerbungen.

2. Modulares Konzept
Die Baukasten-Struktur des Konzepts ermöglichte es, flexibel und schnell auf die jeweiligen Bedürfnisse der bee-Mitarbeiter zu reagieren und, wo nötig, auch Feinjustierungen und Ergänzungen während der bee-Laufzeit vorzunehmen. Der modulare Aufbau erlaubte außerdem, das Konzept variabel auf unterschiedlichste Zielgruppen anzuwenden. Dabei konnte das bee-Team entweder die Inhalte eines einzelnen Moduls oder die Zusammensetzung des Maßnahmenpakets variieren. So stimmte es das Konzept und die Leistungen sehr spezifisch auf die ICN-Mitarbeiter ab.

3. Ausrichtung auf Vermittlung
Nach der intensiven Einführungs- und Workshop-Phase waren alle Aktivitäten der bee ICN einzig und allein auf die Vermittlung der Kandidaten ausgerichtet. So führten alle Maßnahmen die Mitarbeiter von Anfang an intensiv in Richtung Arbeitsmarkt: Während der Beratung stand der Arbeitsmarkt immer

im Vordergrund und sämtliche Qualifizierungsmaßnahmen zielten ausschließlich auf eine Verbesserung der konkreten Vermittlungsaussichten. Das Job-Center unterstrich diese Ausrichtung durch regelmäßige Job-Angebote und unpassende Vermittlungsaktivitäten.

4. Persönliche Einzelberatung

Die individuelle Begleitung jedes einzelnen Mitarbeiters durch einen Berater stellte sicher, dass jeder Mitarbeiter in seinem Bewerbungsprozess konstant professionelle Unterstützung erhielt. In diesem zentralen Baustein der persönlichen Einzelberatung konnten die Maßnahmen für jeden einzelnen Mitarbeiter individuell zusammengestellt werden. Hier liefen die Fäden aller Aktivitäten in der beE zusammen: Die Kandidaten und Berater bereiteten gemeinsam die Ergebnisse der Workshops nach, definierten konkrete Bewerbungsschritte, bereiteten Vorstellungsgespräche vor und wählten die nötigen Qualifizierungsmaßnahmen aus. Die sorgfältige Auswahl der eingesetzten Berater war dabei entscheidend, um einen durchgängigen Qualitätsstandard in der Einzelberatung zu erreichen.

5. Aktives Agieren im Arbeitsmarkt

Die beE ICN hatte mit dem Job-Center eine klar definierte Schnittstelle zum Arbeitsmarkt und seinen Anforderungen. Dadurch war die beE ICN immer am Arbeitsmarkt präsent und konnte sich ein großes Firmennetzwerk aufbauen. Die tägliche Job-Akquisition eröffnete einen umfassenden Überblick über den regionalen und bundesweiten Stellenmarkt. Dadurch konnte das Job-Center gezielt Stellen für seine Zielgruppen ermitteln und Profile aktiv am Arbeitsmarkt platzieren.

6. Temporäre Einsätze

Die Gründung der internen Zeitarbeitsfirma KompTime GmbH wie auch die Möglichkeit des „Schnupperarbeitsverhältnisses" eröffnete den Mitarbeitern neben der klassischen Bewerbung für eine Festanstellung weitere Wege in den Arbeitsmarkt. Diese alternativen Wege führten nicht nur zu hohen Übernahmequoten in Festanstellungen, sondern die Mitarbeiter konnten dadurch auch ihre Qualifikationen erhalten bzw. erweitern und gewannen neues berufliches Selbstbewusstsein.

7. *Engagiertes Kernteam*

Das elfköpfige und damit relativ kleine Kernteam arbeitete engagiert an der Umsetzung und laufenden Optimierung des Konzepts. Die meisten Team-Mitglieder waren auch am Entwurf des Konzepts beteiligt gewesen und identifizierten sich daher von Anfang an mit diesem Weg der intensiven Arbeitsvermittlung. Dies war Grundvoraussetzung für das Funktionieren des Konzepts. Ein großer Vorteil bei der Realisierung war außerdem, dass das Kernteam sich während der beE-Laufzeit nicht veränderte. Diese Stabilität trug ebenfalls zum Gelingen des Projekts bei.

8. *Transparenz und Offenheit*

Transparenz und Offenheit gegenüber den Mitarbeitern von Anfang an war oberstes Gebot bei der Kommunikation des beE-Teams. Alle Inhalte und Abläufe in der beE ICN sollten stets allen Mitarbeitern bekannt sein. Dieses Vorgehen vermittelte den Mitarbeitern die nötige Sicherheit, um sich für einen Eintritt in die beE zu entscheiden und anschließend alle Angebote der beE ICN anzunehmen.

9. *Schnelligkeit*

Die Mitarbeiter bekamen von ihren Einzelberatern innerhalb von 24 Stunden Antwort auf alle ihre Anfragen. Dies bewährte sich beispielsweise dann, wenn sich der Mitarbeiter vor einem kurzfristigen Vorstellungsgespräch noch mit seinem Berater absprechen wollte oder schnelles Reagieren auf eine Stellen-anzeige gefragt war.

Schnelligkeit war auch ein entscheidender Erfolgsfaktor bei der Platzierung der Mitarbeiterprofile am Arbeitsmarkt: Das Job-Center lieferte den Arbeitge-bern auf ihre Anfragen innerhalb von 48 Stunden eine gezielte Auswahl geeigneter Profile.

10. *Umfassendes Servicepaket für rekrutierende Arbeitgeber*

Alle Vermittlungsleistungen der beE ICN, von der Bereitstellung geeigneter Lebensläufe über die Vereinbarung von Interviews bis zur Organisation der Job-Börsen, waren für die Arbeitgeber kostenlos. Die beE-Kandidaten waren zudem für eine Einstellung sofort ohne Kündigungsfristen verfügbar. Dies waren wichtige Wettbewerbsvorteile gegenüber anderen Personalvermitt-lern.

13 Die Resonanz der Mitarbeiter auf die beE ICN

Die Resonanz der Mitarbeiter auf die Tätigkeit einer beE wird natürlich vor allem durch das Ergebnis beeinflusst – wer neue Arbeit gefunden hat, wird eine positivere Bilanz ziehen als jemand, dessen Bemühungen ohne Erfolg blieben. Dennoch ist es für eine qualitativ hochwertige Arbeit einer beE wichtig, bei den Reaktionen und Urteilen ihrer Mitarbeiter genauer hinzuhören.

Um die Resonanz der Mitarbeiter abzufragen, gibt es verschiedene Wege. Der wichtigste davon ist sicherlich der persönliche Kontakt der Berater zu den Mitarbeitern. Darüber hinaus empfehlen sich auch strukturierte Beurteilungen, beispielsweise in Form von Feedback-Bögen, die die Mitarbeiter bei ihrem Ausscheiden anonym ausfüllen können. Eine weitere Möglichkeit sind Abfragen während der beE-Laufzeit, beispielsweise zu Qualität und Inhalt bestimmter Module oder dazu, wo Bedarf zu gesonderten Veranstaltungen besteht.

Einen Überblick, wie die Mitarbeiter der beE ICN die Transfergesellschaft von Siemens beurteilen, sollen die anschließenden Interviews geben. Die folgenden Seiten sind deshalb für die Planung und Umsetzung einer Transfergesellschaft aufschlussreich, weil darin deutlich wird, mit welchen Motivationen die Mitarbeiter in eine beE eintreten, welche Überlegungen sie während der Laufzeit bewegen und was ihnen besonders wichtig bei der Betreuung durch eine Transfergesellschaft ist. Dieser Blick auf die beE aus Sicht der betroffenen Arbeitnehmer erleichtert es, ein Konzept zu entwickeln, das dem tatsächlichen Bedarf der eigenen Mitarbeiter entspricht und so für Arbeitgeber und Arbeitnehmer ein Erfolgsmodell wird.

Interviews

Mitarbeiter, 43 Jahre, Dipl.-Ingenieur für Elektrotechnik, 17 Jahre bei der Siemens AG, in der beE ICN 18 Monate, vermittelt zur Siemens AG in der Schweiz

1. Welche Tätigkeit hatten Sie vor der beE ICN bei ICN?

Ich war Produktmanager. Mein Aufgabenspektrum reichte von der Ideenfindung und Marktbeobachtung über die Definition der Produkteigenschaften in Zusammenarbeit mit Vertrieb, Service und Entwicklung sowie den darauf folgenden Marketing-Prozess bis zur Markteinführung des Produkts und der Abkündigung alter Produktversionen. Es war also ein recht umfangreicher Verantwortungsbereich.

2. Hat es Sie überrascht, dass Sie vom Abbau betroffen waren?

Jein. Vom Umfeld her war mir klar, dass in meiner Abteilung auch abgebaut werden würde, aber ich war mir sicher, dass es mich nicht treffen würde.

3. Wie viel Zeit verging vom Angebot bis zu Ihrer Entscheidung, in die beE einzutreten?

Das ging sehr schnell – ich habe mich innerhalb von zwei Tagen zum Eintritt entschlossen. Allerdings habe ich zuvor Gespräche mit der Personalabteilung geführt und mich dort beraten lassen, wie die Chancen auf dem Arbeitsmarkt für mich aussehen. Dabei sagte man mir klar, dass der Arbeitsmarkt zu diesem Zeitpunkt sehr eng sei und ich – auch aufgrund meines Alters – nicht damit rechnen könne, sofort wieder eine neue Stelle zu finden. Das hat mir die Augen geöffnet; ich war davon ausgegangen, dass ich problemlos einen neuen Arbeitgeber finden würde.

4. Was hat Sie zum Eintritt in die beE bewogen?

Es gab drei Alternativen: Eintritt in die beE, Aufhebungsvertrag oder eine Kündigungsschutzklage. Der Weg einer Klage schied von vornherein für mich aus, da ich mich damit in eine Opferrolle begeben hätte. Diese Haltung wollte ich nicht einnehmen: Ich wollte vorwärts, nicht zurück blicken. Blieben also noch Aufhebungsvertrag und beE. Dass ich mich für Letztere entschied, war auch stark durch die Beratung in der Personalabteilung beeinflusst: Ich wusste jetzt, dass ich unter Umständen nicht so leicht und schnell eine neue Arbeit finden würde, wie ich zunächst angenommen hatte. Außerdem hatte ich mich seit sehr langer Zeit nicht mehr bei einem Arbeitgeber beworben, kannte also die aktuellen „Spielregeln" gar nicht. Daher erschien es mir sehr sinnvoll, mich dabei von den Fachleuten der bee beraten zu lassen.

Außerdem verschaffte mir die bee etwas „Luft" bei der Stellensuche. Der Verlust des Arbeitsplatzes stürzt einen ja erst mal in eine Krise. Ich stellte damals alles in Frage, was ich bisher gemacht und für richtig gehalten hatte. Das wollte ich als Chance nutzen, einfach auch mal Neues zu überlegen und auszuprobieren. Und das konnte ich nur mit dem Rückhalt durch die bee ICN, die mir – zunächst für 14 Monate, durch die Verlängerung schließlich für 18 Monate – Sicherheit bot.

5. Hat es für Sie eine Rolle gespielt, dass die bee ICN eine interne Transfergesellschaft war?

Dass die bee ICN eine Siemens-eigene Lösung war, war für mich sehr wichtig. Ich war damals schon 17 Jahre bei Siemens – da bauen sich einfach Gemeinsamkeiten auf. Deshalb bestand dann auch ein größeres Vertrauensverhältnis und die Kommunikation lief einfacher und schneller ab.

6. Welche Informationen über die bee ICN bekamen Sie vorab? War die Informationspolitik von ICN zufrieden stellend?

Grundsätzlich hat das bee-Team sein Ziel erreicht, uns – also die betroffenen Mitarbeiter – von Anfang an sehr offen und vertrauenswürdig zu informieren. Inhaltlich drehten sich die Informationen am Anfang allerdings vor allem um Fragen der Organisation und der rechtlichen Grundlagen einer bee; zu den Leistungen selbst erhielten wir noch nicht allzu viele Informationen. Mein Hauptwissen über die Leistung der bee bestand darin, dass sie mich im Bewerbungsprozess begleiten und unterstützen würde, aber das reichte mir eigentlich für meine Entscheidung bzw. gab den Ausschlag für diese Entscheidung.

7. Wann hatten Sie das erste Gespräch mit Ihrem Berater? Welchen Eindruck gewannen Sie dabei?

Mitte Januar hatte ich das erste Gespräch mit meinem Berater. Dabei handelte es sich um einen Berater, den die bee ICN von einer externen

Personalberatung verpflichtet hatte. Mein Eindruck von diesem ersten Treffen war ausgesprochen gut: Der Berater ging mit mir meine Unterlagen und meine Qualifikationen durch und stellte mir die Marktlage für mein spezifisches Profil dar. Dabei vermittelte er mir einerseits ein sehr realistisches Bild dessen, was mich auf dem Arbeitsmarkt erwartete, andererseits beurteilte er meine Qualifikationen positiv und sagte, dass ich durchaus gute Chancen bei der Stellensuche habe. Das baute mich sehr auf und gab mir Zuversicht. Insofern war dieses erste Gespräch ein sehr wichtiger Schritt für mich.

8.   Wann begannen die ersten Vorstellungsgespräche für Sie?
Mitte und Ende Februar 2003 (also ca. zwei Monate nach Start der beE) hatte ich meine ersten beiden Bewerbungsgespräche. Diese Gespräche ergaben sich jedoch durch meine eigene Initiative. Allerdings half mir mein Berater sehr dabei, meine Unterlagen entsprechend zu gestalten und mich auf die Gespräche vorzubereiten; da hat er mich wirklich hervorragend beraten. Beide Stellen kamen letztlich nicht in Frage, aber die Vorstellungsgespräche waren eine wichtige Erfahrung, um dann in die Workshops der beE ICN zu gehen. Im Nachhinein ist mir klar geworden, dass ich vor diesem Hintergrund der ersten Bewerbungsgespräche die Hinweise in den Workshops viel besser einordnen konnte.

9.   Wie viele Bewerbungen verschickten Sie insgesamt?
• *innerhalb des Siemens-Konzerns*
• *bei anderen Arbeitgebern*
Insgesamt habe ich 72 Bewerbungen verschickt, bei ca. 20 % davon bin ich zu Vorstellungsgesprächen eingeladen worden. Dabei kamen auf eine Bewerbung innerhalb des Siemens-Konzerns ca. sechs Bewerbungen nach extern.

10.   Wie viel Prozent der Woche verbrachten Sie mit beE-Aktivitäten?
Wenn man es auf die reine Tätigkeit beschränkt, also Stellensuche im Internet und in Zeitungen, Unterlagen vorbereiten, Bewerbungen schreiben usw., dann waren es vielleicht zehn bis zwanzig Stunden pro Woche. Aber insgesamt beschäftigt einen diese Situation natürlich jeden Tag der Woche 24 Stunden lang. Man hat ständig damit zu tun, sich immer wieder am eigenen Schopf aus der Krise zu ziehen, sich selbst zu motivieren, Misserfolge zu verarbeiten und zu entscheiden, welche der vielen Richtun-

gen und Möglichkeiten man weiterverfolgen will und was eigentlich erfolgsversprechend ist. Aber wenn man diese Erfahrungen gut verarbeitet, ist man danach umso erfolgreicher.

11. Worin bestand über Ihre eigenen Bewerbungsaktivitäten hinaus der Mehrwert durch die beE ICN?

Ich habe vor allem von zu Hause aus meine Bewerbungen betrieben. In den Räumen der beE ICN selbst war ich nur selten. Dennoch bot mir die beE in mehrfacher Hinsicht einen echten Mehrwert:

Ich bekam Informationen darüber, wie ein Bewerbungsprozess aus Sicht eines Unternehmens abläuft: Was geschieht mit meiner Bewerbung, wie ist ihr Weg innerhalb des Unternehmens? Was muss ich bei einer Bewerbung per Mail beachten? Wie liest ein Personalberater meine Bewerbung? Das war sehr aufschlussreich für mich, denn das hätte ich ohne die beE nie erfahren und hätte also auch meine Bewerbungen nicht darauf ausrichten können.

Ein weiterer großer Pluspunkt war die Begleitung während der Bewerbungen: Ich konnte mir von Profis Urteile und Tipps zu meinen Bewerbungsunterlagen und meinen Vorstellgesprächen einholen, das hat mir viel Sicherheit gegeben.

Was ich auch ganz hervorragend fand, waren die Job-Börsen: Man traf dort auf Firmen, die garantiert Stellen zu vergeben hatten und außerdem immer zu einem Kurzinterview bereit waren – eine Firma, die auf solch eine Job-Börse kommt, wimmelt einen nicht ab. Und man konnte sich gleich persönlich präsentieren – dadurch konnte ich einen ganz anderen Eindruck hinterlassen als nur durch die Unterlagen im normalen Bewerbungsprozess. So bekam ich beispielsweise bei einem Großunternehmen, das mir meine schriftlichen Unterlagen wegen meines Alters bei allen Stellenausschreibungen postwendend zurückgeschickt hatte, durch das persönliche Gespräch auf der Job-Börse doch noch ein Vorstellungsgespräch.

Sehr nützlich war auch, dass ich während meiner beE-Zeit ein Praktikum bei einem Arbeitgeber absolvieren konnte, bei dem evtl. eine Festanstellung zustande kommen sollte. Diese ergab sich zwar dann nicht, aber ich bekam sehr positives Feedback für meine Arbeit, was mein Selbstbewusstsein ungemein stärkte. Außerdem gewann ich dadurch weitere Berufserfahrung, die ich in meinen Lebenslauf einbauen konnte.

12. Wie verlief der Bewerbungsprozess für Ihre jetzige Stelle?
Das Job-Center hatte immer wieder mein Profil bei passenden Anfragen von Arbeitgebern mitgeschickt, auch auf diese Stelle. Dann ging alles sehr schnell: vom Erstkontakt bis zur Zusage dauerte es sieben Tage. An einem Donnerstag rief mich der Arbeitgeber an und fragte, ob ich mir vorstellen könne, in der Schweiz zu arbeiten. Dann wurde ich für Dienstag und Mittwoch zu einem Bewerbungs-Workshop eingeladen und zwei Tage später hatte ich die Zusage. Insgesamt hatte ich einen sehr guten Gesamteindruck – so eine Schnelligkeit und Entscheidungsfreudigkeit hatte ich bei keiner meiner Bewerbungen erlebt, und auch die Stelle selbst war so attraktiv, dass ich keine Sekunde mit meiner Zusage zögerte.

13. Wie sieht Ihre neue Stelle aus?
Ich bin in einem Geschäftszweig von Siemens Schweiz für die weltweite Geschäftsstrategie verantwortlich. Das heißt, ich habe auch viele internationale Kontakte und mein Verantwortungsbereich ist noch sehr viel größer als auf meiner früheren Stelle.

14. Sind Sie zufrieden mit Ihrer neuen Stelle?
Ich bin jetzt seit vier Monaten auf dieser neuen Stelle und bin außerordentlich zufrieden. Der gute Eindruck aus der Bewerbungsphase hat sich nicht nur bestätigt, sondern wird sogar jeden Tag noch besser.

15. Hätten Sie diese Stelle auch ohne Unterstützung der beE gefunden?
Nein, diese Stelle ganz sicher nicht. Wie gesagt, das Job-Center bekam eine Anfrage und leitete daraufhin mein Profil weiter.

16. An welchen Leistungen der beE haben Sie teilgenommen und welche davon fanden Sie besonders hilfreich?
Die Einzelberatung fand ich aus den oben genannten Gründen sehr hilfreich (s. Frage 7). Der Berater war einfach ein Sparringspartner für den gesamten Bewerbungsprozess.

Bei den Workshops habe ich an allen Angeboten teilgenommen – „Orientierungsworkshop", „Bewerbungsunterlagen erstellen", „Wege in den Markt", „Interview-/Telefontraining" und „Manage Yourself". Alle diese Veranstaltungen fand ich sehr hilfreich; sie waren eine gute Ergänzung zu meinen eigenen Überlegungen und gaben mir wichtige Anregungen.

Das Job-Center hat sehr stark eigene Initiative gezeigt: Die verantwortliche Beraterin ist immer wieder auf mich zugegangen und hat mir gesagt, wo sie mein Profil platziert hat. Dabei hatte sie auch einen sehr guten Riecher dafür, wo mein Profil wirklich passte. Die Stellenaushänge des Job-Centers habe ich weniger genutzt, weil ich zu selten in den beE-Räumen war und die Aushänge dadurch immer zu spät gesehen habe. Auch die regelmäßigen Mails mit „Jobs of the Week" waren für mich persönlich nicht so ergiebig, einfach weil für meine speziellen Interessen nichts darunter war. Dabei war das Spektrum darin durchaus breit gefächert.

Neben den bereits erwähnten Job-Börsen (s. Frage 11) fand ich auch die Unternehmenspräsentationen eine sehr gute Einrichtung. Es war interessant zu sehen, wie die Firmen ihr eigenes Marketing gestalten, wie der Firmenvertreter sich und sein Portfolio präsentiert und wie er dabei auftritt.

Bei den Einzelveranstaltungen war besonders die Veranstaltung „Von der Arbeitslosigkeit zum Traumjob" eine echte Bereicherung. Der Erfahrungsbericht dieses Firmengründers darüber, wie er aus der Arbeitslosigkeit herausgekommen war und wie er sein Alter positiv vermarktet hat, fand ich sehr motivierend.

17. Fiel es Ihnen schwer, sich auf neue berufliche Ziele einzustellen? Hat Ihnen die beE dabei geholfen?

Einerseits war ich von meinen beruflichen Erfahrungen so breit angelegt, dass es leicht war, mir viele verschiedene Dinge vorzustellen. Andererseits hat es gerade das schwer gemacht, denn irgendwann wird die Zeit, die einem in der beE bleibt, immer knapper, und es war schwierig, dann bei solch einem breiten Spektrum noch den richtigen Fokus zu behalten. Insgesamt durchlief ich sicher einen langen Lernprozess während meiner beE-Zeit. So war ich beispielsweise zu Beginn, Anfang 2003, noch sehr darauf fixiert, im Raum München zu bleiben. Als dann nach 18 Monaten das Angebot aus der Schweiz für diese Stelle kam, wusste ich aufgrund der vorherigen Bewerbungserfahrungen, dass mir nichts Besseres als diese Stelle passieren konnte.

18. Was ist Ihrer Meinung nach das hervorstechendste Merkmal der beE ICN?

Die Möglichkeit, die kritische Situation des Arbeitsplatzverlustes in Ruhe, mit dem Rückhalt durch die beE, zu verarbeiten. Und die Möglichkeit, in diesem Prozess der neuen Zielfindung auch mal Dinge „mit Netz" ausprobieren zu können.

19. Was war das Besondere an der beE ICN, was zeichnet sie gegenüber anderen Arbeitsvermittlungen oder der eigenen Stellensuche aus? Was würden Sie sich zusätzlich wünschen?

Das Besondere war das außerordentlich engagierte beE-Team, in dem jeder Einzelne seine unterschiedlichen Stärken eingebracht hat. Dabei habe ich sehr bewundert, wie dieses Team trotz der angespannten Situation immer freundlich und hoch engagiert blieb; das hat sicher viel Kraft gekostet. Es war auch eine gute Mischung aus einigen erfahrenen Mitarbeitern und jüngeren und ganz jungen Mitarbeitern. Für alle von ihnen galt, dass sie immer zuverlässig und kompetent alle meine Anfragen beantwortet haben.

20. Welches Gesamturteil würden Sie über die beE ICN fällen?

Mein Gesamturteil lautet eindeutig: hervorragend. Zum einen wegen der Leistung des beE-Teams und der beE-Programme. Zum anderen aber auch, weil Siemens es gewagt hat, eine solche tolle Einrichtung für seine Mitarbeiter aufzubauen. Es wird immer so leicht geschimpft über Siemens, aber die beE ICN war wirklich ein sehr soziales Projekt und ist ein großer Pluspunkt für diesen Arbeitgeber.

Interview mit einem Mitarbeiter, 49 Jahre, Dipl.-Mathematiker, 20 Jahre bei der Siemens AG, in der beE ICN 20 Monate, vermittelt als Realschullehrer

1. Welche Tätigkeit hatten Sie vor der beE ICN bei ICN?

Ich habe ursprünglich bei Siemens als Software-Entwickler begonnen. Durch eine interne Weiterbildung wechselte ich dann in Marketingaufgaben. Zu Beginn des Telekommunikations-Booms ging ich zu ICN in den Vertrieb. Dort wechselte ich nach einigen Jahren wieder ins Marketing. Zuletzt betreute ich Internet- und Intranet-Auftritte und die Organisation von Messen und Veranstaltungen.

2. *Hat es Sie überrascht, dass Sie vom Abbau betroffen waren?*

Nein, überhaupt nicht. Schon ein halbes Jahr vor Bekanntgabe des Personalabbaus zeichnete sich in unserer Abteilung ab, dass ein Abbau kommen würde. Deshalb hatte ich mich in diesem halben Jahr auch schon selbst nach einer anderen Stelle umgesehen und Vorstellgespräche geführt.

3. *Wie viel Zeit verging vom Angebot bis zu Ihrer Entscheidung, in die beE einzutreten?*

Genau kann ich das nicht mehr sagen, aber ich habe schon eine Weile überlegt, bevor ich den Vertrag unterschrieben habe. Ich habe mich im Vorfeld u. a. noch von einem Rechtsanwalt, der Personalabteilung und dem Betriebsrat beraten lassen. Außerdem habe ich viele Gespräche mit der Leiterin der beE und den Mitgliedern des beE-Teams geführt, um mir ein Bild zu verschaffen, wer eigentlich für die beE verantwortlich sein wird und wie sich dieses Team seine Vermittlungsarbeit vorstellt.

4. *Was hat Sie zum Eintritt in die beE bewogen?*

Dass ich einfach einen neuen Job wollte. Meinen Arbeitsplatz bei Siemens hätte ich nur durch eine Kündigungsschutzklage erhalten können, und das wollte ich nicht. Denn auf einer Arbeitsstelle, die ich nur durch eine Klage bekommen habe, hätte ich mich nicht wohl gefühlt. Und die Lage auf dem Arbeitsmarkt war damals schwierig, speziell für Marketing-Fachleute. In dieser Situation habe ich mir Unterstützung von der beE ICN erhofft.

5. *Hat es für Sie eine Rolle gespielt, dass die beE ICN eine interne Transfergesellschaft war?*

Ja, das hat sicher eine Rolle gespielt. In eine externe Transfergesellschaft wäre ich wahrscheinlich nicht eingetreten. Aber das hätte natürlich auch davon abgehangen, welche zusätzlichen Vereinbarungen mit dem externen Träger bestanden hätten.

6. *Welche Informationen über die beE ICN bekamen Sie vorab? War die Informationspolitik von ICN zufriedenstellend?*

Auf den Informationsveranstaltungen hatte ich den Eindruck, dass die Leiterinnen und die Berater das Beste aus der schwierigen Situation zu machen versuchen. Die verantwortlichen Mitarbeiter haben sich wirklich sehr engagiert.

7. Wann hatten Sie das erste Gespräch mit Ihrem Berater? Welchen Eindruck gewannen Sie dabei?

Das erste Gespräch kam ziemlich schnell. Und mein Berater hat mich über die gesamte Zeit wirklich sehr gut betreut.

8. Wann begannen die ersten Vorstellgespräche für Sie?

Das kann ich nicht mehr genau abgrenzen, weil ich ja bereits ein halbes Jahr vorher mit der Stellensuche begonnen hatte und auch nach dem Start der beE ICN einige Vorstellgespräche durch eigene Kontakte bekommen habe. So ergab sich auch eine Möglichkeit zu einer Vertriebstätigkeit für eine Firma. Weil ich mir nicht ganz sicher war, ob das für mich in Frage kommt, hat mir die beE die Chance gegeben, das im Rahmen eines sechsmonatigen Schnupperpraktikums auszuprobieren. Das war wirklich sehr gut: Ich konnte dort arbeiten, war aber gleichzeitig noch in der beE. Nach drei Monaten wusste ich dann, dass diese selbstständige Vertriebstätigkeit nichts für mich ist, und so konnte ich für meine weiteren Bewerbungen wieder die Unterstützung der beE in Anspruch nehmen. Dass ich die Freiheit hatte, so etwas auszuprobieren, war toll.

9. Wie viele Bewerbungen verschickten Sie insgesamt?
- *intern*
- *extern*

Insgesamt habe ich sicher mehrere hundert Bewerbungen verschickt, ca. 40 % davon innerhalb des Siemens-Konzerns. Bei ca. 10 % meiner Bewerbungen kam ein Telefoninterview oder Vorstellungsgespräch zustande. Es gab aber auch immer wieder Phasen, in denen sich gar nichts bewegte. Ganz zum Schluss hatte ich dann allerdings drei feste Stellenangebote, zwischen denen ich mich entscheiden konnte.

10. Wie viel Prozent der Woche verbrachten Sie mit beE-Aktivitäten?

Im Grunde ist man die ganze Zeit damit beschäftigt. Während meines Schnupperpraktikums habe ich mich auch weiter bei anderen Firmen beworben, und in den übrigen Phasen nahmen mich die beE- und Bewerbungsaktivitäten voll in Anspruch, egal ob werktags oder am Wochenende. Zwar habe ich meinen Urlaub genommen, aber richtig Urlaub macht man in der Situation der Job-Suche natürlich nicht.

11. Worin bestand über Ihre eigenen Bewerbungsaktivitäten hinaus der Mehrwert durch die bee ICN?

Der Mehrwert bestand ganz klar darin, dass ich gelernt habe, wie ich meine Bewerbungsaktivitäten gezielt angehe: Erst definieren, welche Firmen wirklich für mich in Frage kommen, dann telefonisch Kontakte knüpfen und nur dort, wo es erfolgsversprechend ist, Bewerbungsunterlagen an den Ansprechpartner schicken. Das habe ich bei meinen Bewerbungen vor der bee sicher falsch gemacht.

Mein Berater hat mit mir für jede einzelne Bewerbung eine Strategie entwickelt. Ganz wichtig war dabei für mich, wie er mich auf die einzelnen Vorstellgespräche vorbereitet, mit mir trainiert und auch alle Interviews nachbereitet hat. Diese Einzelberatung war in meinen Augen das Beste an der bee. Ich habe gemerkt, wie ich bei jedem Gespräch besser werde. Das hat mich sehr motiviert. Und das hat wiederum bewirkt, dass ich bei den folgenden Interviews viel selbstbewusster auftreten konnte. Zum Schluss war ich so gut, dass ich bei jedem Vorstellgespräch punkten konnte.

12. Wie verlief der Bewerbungsprozess für Ihre jetzige Stelle?

Über die bee ICN habe ich erfahren, dass das Kultusministerium Quereinsteiger für Lehrer an Realschulen sucht. Darauf habe ich mich beworben.

13. Wie sieht Ihre neue Stelle aus?

Ich arbeite seit drei Monaten als Lehrer an einer Realschule und absolviere daneben die notwendigen Schulungen für diesen Quereinstieg.

14. Sind Sie zufrieden mit Ihrer neuen Stelle?

Grundsätzlich bin ich natürlich glücklich, dass ich wieder Arbeit habe und nicht in die Arbeitslosigkeit gehen musste. Diese Arbeit ist allerdings etwas völlig anderes als bisher. Ich muss diesen Beruf ganz neu lernen und daher ist diese Anfangsphase recht anstrengend, zumal ich ja bereits voll im Lehrberuf arbeite und gleichzeitig die Umschulungen durchlaufe. Erst wenn ich diese Doppelbelastung überstanden habe, sehe ich etwas klarer.

15. Hätten Sie diese Stelle auch ohne Unterstützung der bee gefunden?

Nein, diese Stelle ganz sicher nicht. Wie gesagt, von der Möglichkeit des Quereinstiegs habe ich durch das Job-Center erfahren.

Zeitgleich zum Anruf aus dem Kultusministerium hatte ich auch zwei andere Stellenangebote vorliegen: eines für eine sehr interessante Marketingtätigkeit am Bodensee und ein weiteres für eine internationale Vertriebsaufgabe in Bayern. Diese beiden Stellen waren in der Zeitung ausgeschrieben; ich hätte sie also im Prinzip auch ohne die beE gesehen. Aber wie man richtig im Bewerbungsprozess vorgeht und wie man überhaupt bis zu einem Vorstellgespräch kommt, habe ich erst durch die Einzelberatung in der beE ICN gelernt.

16. *An welchen Leistungen der beE haben Sie teilgenommen und welche davon fanden Sie besonders hilfreich?*
Die Einzelberatung war für mich eindeutig der große Pluspunkt in der beE. Ohne meinen Berater wäre mein Bewerbungsprozess viel unprofessioneller und bei Weitem nicht so zielgerichtet verlaufen.

An anderen Leistungen, sprich: an Workshops, Job-Börsen, Einzelveranstaltungen und einem Englisch-Sprachkurs, habe ich ebenfalls teilgenommen und sie waren auch interessant, aber am wichtigsten war für mich die Betreuung durch meinen Berater.

17. *Fiel es Ihnen schwer, sich auf neue berufliche Ziele einzustellen? Hat Ihnen die beE dabei geholfen?*
Die berufliche Neuorientierung war auf keinen Fall einfach und hat auch lange Zeit in Anspruch genommen.

18. *Was ist Ihrer Meinung nach das hervorstechendste Merkmal der beE ICN?*
An erster Stelle die Einzelberatung. Darüber hinaus auch, dass das beE-Team während der gesamten Laufzeit die angebotenen Leistungen ständig nach dem aktuellen Bedarf ausgerichtet und immer weiter optimiert hat. Man hat auch gemerkt, dass das Team sich immer wieder neue Angebote und Veranstaltungen einfallen ließ, um die verbleibenden Kandidaten weiter zu unterstützen. Das fand ich sehr positiv.

19. *Was war das Besondere an der beE ICN, was zeichnet sie gegenüber anderen Arbeitsvermittlungen oder der eigenen Stellensuche aus? Was würden Sie sich zusätzlich wünschen?*
Die Leistungen der beE ICN waren auf jeden Fall tausendmal besser als zum Beispiel die Angebote der Agentur für Arbeit und auch alle anderen Arbeitsvermittlungen sind überhaupt kein Vergleich. Das beE-Team hat sich sehr für unsere Vermittlung engagiert und das höchst professionell.

Dabei habe ich auch als positiv empfunden, dass das Team relativ jung war und daher sehr motiviert an seine Aufgabe heranging.

20. Welches Gesamturteil würden Sie über die beE ICN fällen?
Das beE-Team hat sich auf jeden Fall sehr bemüht und viel für unsere Vermittlung getan.

Interview mit einer Mitarbeiterin, 32 Jahre, Dipl.-Ingenieurin Elektrotechnik mit Schwerpunkt Nachrichtentechnik, 5 Jahre bei der Siemens AG, in der beE ICN 14 Monate, vermittelt zu einer Pharmafirma

1. Welche Tätigkeit hatten Sie vor der beE ICN bei ICN?
Ich war Systemingenieurin und hatte die Funktion einer Teamleiterin.

2. Hat es Sie überrascht, dass Sie vom Abbau betroffen waren?
Ja, ich war völlig überrascht; es war sogar ein richtiger Schock. Denn ich hatte im Vorfeld immer wieder mit meinem Vorgesetzten gesprochen und war sicher, dass ich nicht betroffen sein würde.

3. Wie viel Zeit verging vom Angebot bis zu Ihrer Entscheidung, in die beE einzutreten?
Das ging sehr schnell, innerhalb von zwei bis drei Wochen. Ich habe mich noch vom Betriebsrat beraten lassen, aber da ich relativ spät erfahren habe, dass ich vom Abbau betroffen bin, blieb einfach nicht viel Zeit für andere Alternativen. Damals hat es mich geärgert, dass alles so rasch ging, aber rückschauend bin ich sehr froh, dass ich die Zeit in der beE hatte.

4. Was hat Sie zum Eintritt in die beE bewogen?
Angesichts der knappen Zeit kam ein Aufhebungsvertrag nicht in Frage, weil ich so schnell keine andere Stelle hätten finden können. Und den Weg einer Kündigungsschutzklage wollte ich nicht gehen, weil mir das zu aufwändig und nervenaufreibend war.

5. Hat es für Sie eine Rolle gespielt, dass die beE ICN eine interne Transfergesellschaft war?
Ja, auf alle Fälle. Denn einer der Punkte, die ich wirklich gut an der beE ICN fand, war, dass ich bis zum letzten Tag Siemens-Mitarbeiterin war.

Das hat mir das Gefühl gegeben, gut aufgehoben und in gewisser Weise behütet zu sein. Ich war nicht arbeitslos, sondern nur arbeitsuchend – das hat für mich einen großen Unterschied ausgemacht. Auch das war einer der Gründe, in die beE einzutreten.

6. *Welche Informationen über die beE ICN bekamen Sie vorab? War die Informationspolitik von ICN zufrieden stellend?*

Ich habe mir einen Termin beim beE-Team geben lassen und mich direkt bei zwei Beratern informiert, was die beE eigentlich macht. Diese Gespräche waren wirklich höchst professionell: Die Berater waren sehr engagiert und haben positiv, dabei aber realistisch dargestellt, was in der beE gemacht wird. So hatte ich das Gefühl, genau zu wissen, was mich erwartet. Das blieb auch während der gesamten Laufzeit so: Die ganze Kommunikation war sehr motivierend, ohne dass irgendetwas schöngeredet wurde. Alles, was das beE-Team angekündigt und versprochen hat, hat es auch umgesetzt. So hatte ich bis zum Schluss immer volles Vertrauen in die beE.

7. *Wann hatten Sie das erste Gespräch mit Ihrem Berater? Welchen Eindruck gewannen Sie dabei?*

Nach meiner Unterschrift unter den beE-Vertrag hatte ich sehr schnell das erste Gespräch mit meinem Einzelberater. Bei unserem ersten Gespräch hatte er auch gleich sehr viele Vorstellungen und Vorschläge, was ich alles machen könnte und sollte. Aber ich stand zu diesem Zeitpunkt noch so unter dem Schock, vom Abbau betroffen zu sein, und hatte ohnehin beruflich ein sehr anstrengendes Jahr hinter mir, dass ich mir erst mal eine Pause gönnen und seine Vorschläge gar nicht sofort umsetzen wollte. Darüber haben wir in den folgenden Gesprächen sehr offen gesprochen und er hat mir daraufhin diese Pause zugestanden. Es war ein exzellentes und vertrauensvolles Arbeitsverhältnis. Aus internen Gründen hatte ich dann nach ein paar Monaten eine andere Beraterin, mit der die Zusammenarbeit genauso gut weiterlief. Mir fiel auf, dass zwischen den Beratern offenbar eine sehr gute und professionelle Übergabe stattgefunden hatte; die Beraterin hat nahtlos übernommen und war bestens informiert. Auch sie hat mich phantastisch beraten, Schwerpunkte für meine Bewerbungsstrategie mit mir herausgearbeitet und mir sehr gut dargestellt, wohin welche Entscheidung für mich führen kann.

8. Wann begannen die ersten Vorstellgespräche für Sie?
Durch meine weit verzweigten persönlichen Kontakte innerhalb von Siemens hatte ich bereits ohne eigene Bewerbungen in den ersten Wochen drei Siemens-interne Stellenangebote: eines in den USA, eines in Norwegen und eines in München. Die habe ich aber ausgeschlagen, weil ich, wie gesagt, erst mal Zeit brauchte, um meine Situation ganz neu zu überdenken.

9. Wie viele Bewerbungen verschickten Sie insgesamt?
• *intern*
• *extern*
Bewerbungen habe ich während der beE-Zeit nicht allzu viele verschickt; aus der Letzten ergab sich ein konkretes Stellenangebot, nämlich das für meine jetzige Stelle. Durch persönliche Kontakte, die Job-Börse und ein Schnupperpraktikum hatte ich aber davor insgesamt noch fünf weitere Angebote bekommen, davon drei intern und zwei extern.

10. Wie viel Prozent der Woche verbrachten Sie mit beE-Aktivitäten?
Ich habe den Großteil von zu Hause gemacht. Im Verhältnis zu meinen gesamten Aktivitäten war ich ca. 15 % in den beE-Räumen. Ungefähr einmal im Monat habe ich ein Gespräch mit meiner Beraterin geführt und ihr über meine Aktivitäten berichtet, so dass sie wusste, dass ich am Ball bleibe. Das hat sicher dazu beigetragen, dass sie mir den Freiraum gab, den ich brauchte.

11. Worin bestand über Ihre eigenen Aktivitäten hinaus der Mehrwert durch die beE ICN?
Ich habe mich sehr stark selbst um meine berufliche Neuorientierung gekümmert, weil ich ja eine gewisse Zeit brauchte, um mir klar zu werden, was ich eigentlich machen will. Als sich dann abzeichnete, dass mich Medizintechnik interessieren würde, habe ich mir auf eigene Faust Schnuppertage bei Pharmafirmen organisiert, bei denen ich mich einen Tag lang in diesem Bereich umsehen durfte. Das hat toll geklappt. Deshalb wollte ich in diesem Bereich auch ein Praktikum machen, um den neuen Tätigkeitsbereich auszuprobieren und auch meine Perspektiven für einen Quereinstieg zu verbessern.

Dass die beE einem die Möglichkeit zu einem Schnupperpraktikum bot, war da ein gigantischer Trumpf gegenüber anderen Bewerbern auf dem Markt; das hat mich begeistert. Ich habe mir das Schnupperpraktikum eigenständig in einer Klinik organisiert und auch selbst die Vereinbarungen getroffen, was ich alles lernen will, um später den Quereinstieg zu schaffen. Eine Festanstellung ist daraus zwar zunächst nicht entstanden, weil zu diesem Zeitpunkt keine Stelle frei war, aber die Tätigkeit hat mich dennoch sehr motiviert. Drei Monate später bot mir die Klinik dann sogar eine Stelle an, nur hatte ich zu diesem Zeitpunkt bereits einen anderen Arbeitsvertrag in der Tasche.

Insgesamt brauchte ich zwar für meine Bewerbungsaktivitäten nicht so viel Unterstützung: Ich habe vieles selbst angestoßen, die Vorstellungsgespräche musste ich nicht trainieren und auch die Bewerbungsmappe habe ich selbst erstellt. Aber es war hilfreich und beruhigend, dass meine Beraterin meine Mappe immer noch mal geprüft hat und mir in einzelnen Punkten wertvolle Hinweise gegeben hat. Und bei allen Aktivitäten hat es mich motiviert, dass durch die beE jemand da war, der mir mit Gesprächen und Ratschlägen zur Seite stand und an mich geglaubt hat.

12. Wie verlief der Bewerbungsprozess für Ihre jetzige Stelle?
Ich habe mich bei einem Pharmaunternehmen beworben und nach zwei Gesprächen hatte ich innerhalb von fünf Wochen die Stelle; das ging wirklich rasant. Dass ich bis zum Beginn dieser Stelle noch in der beE bleiben kann, ist ideal. Das ist ein fließender Übergang, wie er besser nicht hätte sein können.

13. Wie sieht Ihre neue Stelle aus?
Ich werde im Außendienstbereich für Diabetes-Care tätig sein.

14. Sind Sie zufrieden mit Ihrer neuen Stelle?
Da ich erst nächsten Monat auf meiner neuen Stelle anfange, kann ich noch nicht sagen, wie sie in der Praxis ist. Aber ich freue mich unheimlich darauf und bin begeistert, dass ich den Einstieg in diesen neuen Bereich geschafft habe. Ich kann von zu Hause aus arbeiten und werde trotzdem mit Menschen zu tun haben – das hatte mir in der Datenarbeit im Praktikum etwas gefehlt. Ich kann in der Gegend, in der ich meine Familie habe, bleiben und habe ein Einsatzgebiet, das mir rundum zusagt.

15. Hätten Sie diese Stelle auch ohne Unterstützung der bEE gefunden?
Nein, denn dieser Stelle ging ja wirklich ein langer Entwicklungsweg von
mir voraus. Ich hätte mir ohne die Sicherheit durch die bEE wahrscheinlich gar nicht die Zeit genommen, herauszufinden, was ich wirklich will.
Nur weil ich durch die bEE keinen unmittelbaren Druck hatte, sofort eine
neue Stelle anzunehmen, konnte ich mit Ruhe und Sorgfalt herausfinden,
was mir wirklich entspricht. Das war traumhaft.

16. An welchen Leistungen der bEE haben Sie teilgenommen und welche
davon fanden Sie besonders hilfreich?
Die Einzelberatung fand ich sehr gut. Meine Beraterin war wirklich immer
für mich da und hat alle meine Anfragen sehr kompetent und flexibel
beantwortet. Außerdem hat mich beeindruckt, dass von der Beraterin und
dem bEE-Team während der ganzen Zeit viele eigene Ideen und Anregungen kamen, was sie noch für mich tun könnten. Sie haben also nicht nur
auf meine Wünsche reagiert, sondern auch selbst zahlreiche Vorschläge
gemacht, wen sie noch für mich ansprechen, wo sie noch für mich
nachhaken könnten. Und das haben sie auch immer in die Tat umgesetzt,
das war ganz toll.

Bei den Workshops fand ich vor allem den Orientierungsworkshop
sehr hilfreich. Wir hatten eine hervorragende Trainerin, die die Neuorientierung spielerisch mit uns angegangen ist. Es hat mir richtig Spaß
gemacht, Visionen über berufliches Neuland zu entwerfen. Darüber
hinaus war es schön, sich einfach mal mit den anderen betroffenen
Mitarbeitern auszutauschen, denn durch die Erfahrung des Arbeitsplatz-
verlusts waren doch alle ziemlich gebeutelt. Der Workshop hat mir sehr
geholfen, über dieses Anfangstief hinwegzukommen, so dass ich die Zeit
in der bEE schnell als riesige Chance sehen konnte.

Das Job-Center hat sich auch sehr bemüht, mein Profil zu platzieren.
Wir haben dieses Profil im Laufe der Zeit Schritt für Schritt meinen neuen
Zielen angepasst. Die regelmäßigen Mails mit den „Jobs of the Week"
waren ebenfalls sehr gut. – Das Job-Center hat einem den Stellenmarkt
wirklich mundgerecht serviert. Nur wegen meiner zunehmend speziellen
Ausrichtung auf die Medizintechnik habe ich das nicht so umfassend in
Anspruch genommen.

Bei den Qualifizierungen habe ich das Selbstlernstudio genutzt und
dort CBTs zu Excel und Datenbanken absolviert. Das war wirklich gut: In

einem Tag konnte ich ein Zertifikat erwerben, das ich dann meinen Unterlagen beifügen konnte.

17. *Fiel es Ihnen schwer, sich auf neue berufliche Ziele einzustellen? Hat Ihnen die beE dabei geholfen?*

Ich habe ja relativ schnell gemerkt, dass ich die beE als Chance nutzen will, etwas Neues zu machen. Aber was das genau sein sollte, war sehr schwer herauszufinden. Da war es toll, dass mir meine Beraterin diese Zeit gegeben hat. Ich hatte immer das Gefühl, dass sie mir vertraut und an mich glaubt, und das, wo das beE-Team doch auch unter einem gewissen Erfolgsdruck steht, die Mitarbeiter zu vermitteln. Das habe ich ihr sehr hoch angerechnet.

18. *Was ist Ihrer Meinung nach das hervorstechendste Merkmal der beE ICN?*

Die Arbeit der beE ICN war rundum kompetent und überzeugend. Das Team hat immer gehalten, was es versprochen hat. Weil es so professionell gearbeitet hat, war es stets ein ernst zu nehmender Partner. Ich bin richtig gerne dort hingegangen und habe von meinen Bewerbungsaktivitäten berichtet. Das lag auch daran, dass alle immer ganz offen für das waren, was ich gewollt und getan habe. Diese vertrauensvolle Arbeitsatmosphäre habe ich ungemein geschätzt.

19. *Was war das Besondere an der beE ICN, was zeichnet sie gegenüber anderen Arbeitsvermittlungen oder der eigenen Stellensuche aus? Was würden Sie sich darüber hinaus wünschen?*

Das Besondere war das Gefühl, weiter ein Stück von Siemens zu sein und innerhalb des Unternehmens nur die Abteilung gewechselt zu haben. Dadurch erschien mir der notwendige Übergang von der bisherigen auf die neue Arbeitsstelle viel milder. Ich hatte noch meine Siemens-Mail-adresse, die Büroräume hatten noch das Siemens-Mobiliar und alles hatte noch die Siemens-Atmosphäre.

Es war ungemein wertvoll, dass ich mich in dieser Atmosphäre so gut entwickeln konnte. Deshalb fällt mir auch nichts ein, was ich mir noch zusätzlich von der beE wünschen würde.

20. Welches Gesamturteil würden Sie über die beE ICN fällen?
Die Zeit in der beE war eine große Chance. Welche Firma bietet einem schon die Möglichkeit, in solcher Ruhe das zu finden, was einem wirklich entspricht? Alle, die in Zukunft in diese Transfergesellschaft wechseln, sollten wissen, dass sie bei der Siemens-beE wirklich in guten Händen sind.

Anhang

1. Plakat und Design für Job-Börsen

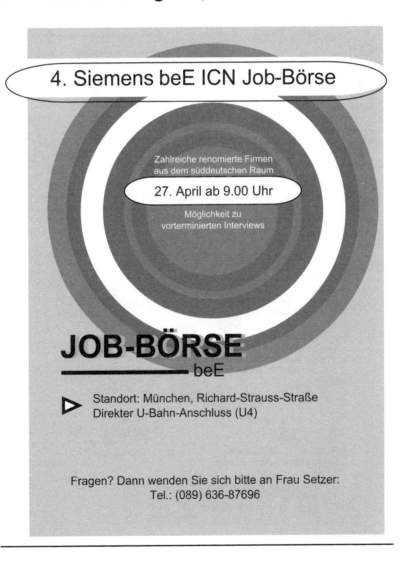

2. Flyer der beE ICN für Mitarbeiter

3. Feedback-Bogen für Mitarbeiter nach der Job-Börse

Liebe Kandidaten/-innen,

vielen Dank für Ihre Teilnahme an der beE ICN JOB-BÖRSE.
Wir hoffen, Sie hatten einen erfolgreichen Tag.

Bitte nehmen Sie sich noch die Zeit, ein paar kurze Fragen zu Ihren Erfahrungen und den Ergebnissen der heutigen Veranstaltung zu beantworten.

1. Wie zufrieden waren Sie mit der Vorbereitung und Organisation der Veranstaltung?

sehr zufrieden	zufrieden	weniger zufrieden	unzufrieden
( )	( )	( )	( )

Anmerkungen:

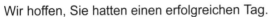
_____

2. Wie empfanden Sie die Atmosphäre auf der Job-Börse?

sehr angenehm	angenehm	weniger angenehm	unangenehm
( )	( )	( )	( )

Anmerkungen:
_____
_____

3. Entsprachen die ausgeschriebenen Vakanzen der anwesenden Unternehmen Ihren Erwartungen?

Bitte geben Sie uns dazu einen Wert zwischen 0 % und 100 % an.
Dabei bedeutet:

0 % _____ 100 %

entsprachen überhaupt   entsprachen vollkommen
        nicht

Wert: [%   ]

Anmerkungen:

_____

_____

4. Konnten Sie auf der Job-Börse bereits erste Folgegespräche vereinbaren?

ja	( )	Wenn **ja**, wie viele?
nein	( )	_____

5. Für die Beantwortung der 5. Frage benutzen Sie bitte wieder die 100er-Skala.

0 % _____ 100 %

wird auf keinen Fall   wird auf jeden Fall
   geschehen   geschehen

Wie groß schätzen Sie die Wahrscheinlichkeit, dass aufgrund dieser Messe ...

5a) ... weiterführende Gespräche bei einem Unternehmen stattfinden werden?

Wert:	%

5b) ... Arbeitsverhältnisse entstehen werden?

Wert:	%

6. Waren auf der Job-Börse Unternehmen vertreten, die Sie sich als zukünftigen Arbeitgeber vorstellen könnten?

( ) nein

( ) ja, nämlich
_____

7. Wie viele interessante und zielführende Gespräche haben Sie heute mit Firmenvertretern geführt?

Anzahl:	

8. Damit wir uns ein besseres Bild von der Nachfrage nach Stellen machen können, möchten wir Ihnen im Folgenden einige persönliche Fragen stellen:

8a) Für welchen Bereich suchen Sie eine Stelle? (Mehrfachnennungen möglich)

Assistenz / Sekretariat... ( )

Hardware (Entwicklung und Testing)............................. ( )

Software (Entwicklung und Engineering).................................. ( )

Kaufmännisch (Accounting & Controlling, Marketing, Vertrieb).... ( )

Projektmanagement / PLM... ( )

Sonstige,
und zwar:_____ ( )

8b) Sie sind

männlich	( )
weiblich	( )

8c) Nach welcher Beschäftigungsart suchen Sie?

Teilzeit	( )
Vollzeit	( )

9. Würden Sie eine vergleichbare Veranstaltung der Siemens beE zu einem späteren Zeitpunkt begrüßen?

ja, bestimmt	eventuell	nein, wahrschein-lich nicht	weiß ich noch nicht
( )	( )	( )	( )

Falls Sie „**nein, wahrscheinlich nicht**" gewählt haben: Wir würden uns über eine kurze Nennung Ihrer Gründe freuen!

_____

_____

Möchten Sie uns sonst noch etwas wissen lassen?

_____

Vielen Dank, dass Sie sich die Zeit genommen haben!

4. Feedback-Bogen für Unternehmen nach der Job-Börse

Liebe Vertreter der Firma XY,

an dieser Stelle möchten wir uns noch einmal herzlichst für Ihre Teilnahme an der bee ICN JOB-BÖRSE bedanken.

Bitte nehmen Sie sich noch die Zeit, fünf kurze Fragen zu Ihren Erfahrungen und den Ergebnissen der heutigen Veranstaltung zu beantworten.

1. **Wie zufrieden waren Sie mit der Vorbereitung und Organisation der Veranstaltung?**

sehr zufrieden	zufrieden	weniger zufrieden	unzufrieden
( )	( )	( )	( )

Anmerkungen:

_____

_____

2. **Durch wen wurde Ihr Unternehmen auf dieser Job-Börse repräsentiert?**

hauptsächlich **Perso-**nalabteilung	hauptsächlich **Fachabtei-**lung	**Personal-** sowie **Fach-**abteilung
( )	( )	( )

3. Nun folgen ein paar kurze Fragen zu den Bewerbern, mit denen Sie heute am Stand Gespräche geführt haben:

3a) Entsprachen die Bewerberprofile den bei Ihrer Firma ausgeschriebenen Vakanzen?

Bitte geben Sie uns dazu einen Wert zwischen 0 % und 100 % an. Dabei bedeutet:

0 % _____ 100 %

entsprachen überhaupt nicht   entsprachen vollkommen

Wert:	%

3b) Bitte geben Sie an, wie sehr Sie folgenden Aussagen zustimmen:

		stim-me voll und ganz zu	stim-me etwas zu	stim-me eher nicht zu	stim-me gar nicht zu	dazu kann ich keine Aus-sage ma-chen
	„Die Bewerber ...					
1	... hatten Erfahrung in der für unsere Firma relevanten Branche.“	( )	( )	( )	( )	( )
2	... besaßen ausreichend Fachkenntnisse.“	( )	( )	( )	( )	( )

3	... entsprachen unseren Erwartungen im Hinblick auf soziale Kompetenzen."	( )	( )	( )	( )	( )
4	... hatten ein angemessenes Auftreten/äußeres Erscheinungsbild."	( )	( )	( )	( )	( )
5	... besaßen genug Bereitschaft zur Mobilität."	( )	( )	( )	( )	( )
6	... waren im richtigen Alter."	( )	( )	( )	( )	( )
7	... hatten realistische Gehaltsvorstellungen."	( )	( )	( )	( )	( )

4. Für die Beantwortung der Fragen Nummer 4 benutzen Sie bitte wieder die 100er-Skala.

0 %   100 %

wird auf keinen Fall
geschehen

wird auf jeden Fall
geschehen

Wie groß schätzen Sie die Wahrscheinlichkeit, dass aufgrund dieser Job-Börse ...

4a) **... weiterführende Gespräche in Ihrem Haus stattfinden werden?**

Wert:	%

4b) **... Arbeitsverhältnisse entstehen werden?**

Wert:	%

5. Werden Sie an einer vergleichbaren Veranstaltung der Siemens beE zu einem späteren Zeitpunkt erneut teilnehmen?

ja, bestimmt	eventuell	nein, wahrscheinlich nicht	kann ich noch nicht sagen
( )	( )	( )	( )

Falls Sie „**nein, wahrscheinlich nicht**" gewählt haben: Wir würden uns über eine kurze Nennung Ihrer Gründe freuen!

_____

_____

Möchten Sie uns sonst noch etwas wissen lassen?

_____

_____

Vielen Dank, dass Sie sich die Zeit genommen haben!

5 Feedback-Bogen für Mitarbeiter nach Austritt

1. a) Wie viele Monate waren Sie in der beE?

_____

   b) In welcher Branche arbeiten Sie jetzt?

_____

   c) In welcher Firma sind Sie heute tätig?

_____

   d) Wie lautet die Bezeichnung Ihrer neuen Stelle?

_____

   e) Wo ist der Standort Ihres neuen Arbeitgebers?

München	restliches Bayern	restliches Deutschland	Ausland

2a) Ist Ihr neues Bruttojahreszieleinkommen im Vergleich zu Ihrem ursprünglichen Bruttojahreszieleinkommen

   besser ....

   schlechter ....

   gleich geblieben ....

   b) Nun zu Ihrer wöchentlichen Arbeitszeit ...

	alte Arbeitszeit	neue Arbeitszeit
35 Stunden		
40 Stunden		
andere, und zwar:		

3. Wie sind Sie auf Ihre neue Stelle aufmerksam geworden? (Mehrfachnennungen möglich)

   Zeitungsinserat..

Unternehmenshomepage........................

Online-Stellenbörse ....

persönliche Kontakte............................

Siemens HRM.................................

Job-Börse....................................

beE / Berater................................

Initiativbewerbung............................

Sonstige, und zwar:

4. Wie viele Bewerbungen hatten Sie insgesamt versendet?

intern: _____   extern: _____

5. Wie viel Zeit verging zwischen dem Absenden Ihrer Bewerbungsunterlagen bis zur Unterschrift Ihres Arbeitsvertrages?

_____

6. Welche Maßnahmen/Impulse durch Ihren Berater empfanden Sie als besonders hilfreich?

_____

_____

7. Welche Maßnahmen/Impulse haben Sie vermisst?

_____

_____

8a) Wie häufig haben Sie im Durchschnitt die beE Räumlichkeiten genutzt?

mehrmals pro Woche	einmal pro Woche	2- bis 3-mal pro Monat	einmal pro Monat	seltener als einmal pro Monat

8b) Wie häufig hatten Sie Kontakt zum beE-Team?

mehrmals pro Woche	einmal pro Woche	2- bis 3- mal pro Monat	einmal pro Monat	seltener als einmal pro Monat	gar keinen

8c) Wenn Sie Kontakt zum Team hatten, wie bewerten Sie dessen Unterstützung?

sehr gut _____

gut _____

zufrieden stellend _____

eher schlecht_____

.

Sonstiges, und zwar: _____

9. Welchen Nutzen haben Sie aus den folgenden Unterstützungsmaßnahmen ziehen können?

Workshop

• Orientierungsworkshop

_____

_____

• Erstellen von Bewerbungsunterlagen

_____

_____

• Wege in den Markt

_____

_____

- Telefontraining

_____

_____

- Interviewtraining

_____

_____

- Manage Yourself

_____

_____

Job-Center

- Vermittlungs- und Weiterleitungsservice von Unterlagen durch das Job-Center

_____

_____

- Job-Börse

_____

_____

- Unternehmenspräsentationen

_____

_____

10. Wie zufrieden waren Sie mit der Infrastruktur der beE bezüglich:

a) Öffnungszeiten / Erreichbarkeit des Teams?

sehr zufrieden	zufrieden	weder noch	weniger zufrieden	unzufrieden

Kommentar:

_____

b) Ausstattung der PC-Arbeitsplätze?

sehr zufrieden	zufrieden	weder noch	weniger zufrieden	unzufrieden

Kommentar:

_____

c) Zeitungen?

sehr zufrieden	zufrieden	weder noch	weniger zufrieden	unzufrieden

Kommentar:

_____

d) Präsenzbibliothek?

sehr zufrieden	zufrieden	weder noch	weniger zufrieden	unzufrieden

Kommentar:

_____

Abbildungsverzeichnis

Literaturverzeichnis

Borchardt, Alexandra (2003). „Die Arbeitsvermittlerin. Porträtserie: 101 Köpfe, auf die Sie achten sollten. Heute: Kerstin Wagner." In: *Financial Times Deutschland*, 08.10.2003. S. 34.

Gaul, Björn, und Otto, Björn (2004). „Die GmbH für eine soziale Abwicklung." In: *Personalmagazin*. 6/2004. S. 46-48.

Grosse Halbuer, Andreas (2003). „Jobvermittlung NOTAUSGANG." In: *Wirtschaftswoche*. 34./2003. S. 80.

Hahn, Frank, und Hess, Wolfgang (2001). *Interessenausgleich und Sozialplan*. Köln: RWS, Verlag Kommunikationsforum.

Hoffmann, Marc (2002). *Die Förderung von Transfer-Sozialplänen: Zuschüsse zu beschäftigungswirksamen Sozialplanmaßnahmen nach den §§ 254ff SGB III*. Köln: Schmidt.

Kieu Linh, Dong Si (2003). *Die „betriebsorganisatorisch eigenständige Einheit" in der betrieblichen Praxis – eine empirische Studie*. Augsburg: Diplomarbeit.

Krone, Sirikit und Müller, Angelika (2000). „Neue Sozialpläne: Von der Abfindung zum Beschäftigtentransfer." In: Institut Arbeit und Technik (Hrsg.). *IAT Jahrbuch 1999/2000*. Gelsenkirchen: Institut Arbeit und Technik im Wissenschaftszentrum Nordrhein-Westfalen. S. 158–178.

Lembke, Mark (2004). „Umstrukturierung in der Insolvenz unter Einschaltung einer Beschäftigungs- und Qualifizierungsgesellschaft." In: *Betriebs-Berater*. 59 (14).

Marimón, Gerald (2002). *Kurzarbeit Null: Beschäftigtentransfer durch Transfergesellschaften*. Augsburg: Univ.Diss.

Marr, Rainer und Steiner, Karin (2003). *Personalabbau in deutschen Unternehmen. Empirische Ergebnisse zu Ursachen, Instrumenten und Folgewirkungen*. Wiesbaden: Deutscher Universitätsverlag.

Müller, Christa (1992). *Beschäftigungsgesellschaften*. Bonn: Dietz.

Oechsler, Walter A. (2000). *Personal und Arbeit. Grundlagen des Human Resource Management und der Arbeitgeber-Arbeitnehmer-Beziehungen.* München/Wien: Oldenbourg.

Reppesgaard, Lars und Jahrfeld, Martin (2004). „*Outplacement-Feuer auf die sanfte Tour.*" In: Computer Zeitung 4/2004. S. 21.

Wagner, Kerstin (2003). „Besser vermitteln als einfach kündigen." In: *Personalmagazin.* 12/2003. S. 58–60.

http://europa.eu.int/comm/employment_social/esf2000/index-de.htm.

1,50/12